日本人のための日中韓興亡史

八幡和郎
Yawata Kazuo

さくら舎

はじめに

『日中韓興亡史』とは、日・中・韓という三つの民族の物語ではなく、日本・中国・韓国朝鮮という三つの国家と国民の物語である。政治や外交を語ろうとすれば、そうあるべきだ。

日本は4世紀ごろとみられる大和朝廷による統一から、独立と統一を維持している。中国では紀元前3世紀に始皇帝が統一帝国を樹立し、朝鮮半島でも7世紀に新羅《シルラ》王国が半島の大半を支配下におさめてから、それぞれ短い分裂期間をのぞいて歴代王朝による継承がおこなわれてきた。

さらにこうした統一国家成立に先行して、その母体となる小国家であるクニがあった。日本では紀元前8世紀に、のちに大和朝廷に発展する小国家が神武《じんむ》天皇によって橿原《かしはら》で建国された、と『日本書紀』は伝えている。ただし、歴代天皇の寿命を極端に長くしているので、それを補正すれば紀元前後になって、現実的な妥当《だとう》性が高い年代になる。

『日本書紀』にある仲哀《ちゅうあい》天皇と神功《じんぐう》皇后による統一国家成立時期も、寿命の長さを調整し、中国の史書や旧満州で現中国吉林《きつりん》省にある高句麗《コグリョ》の好太王《こうたいおう》（広開土王《クァンゲトワン》）碑《ひ》の記述で補正すれば4世紀半ばと推定され、仲哀天皇の高祖父にあたる崇《す》神《じん》天皇による畿内統一は3世紀の半ばということになって、辻褄《つじつま》が合う。

中国の正史である『史記』は、4000年ほど前に世襲による夏《か》王朝が黄河《こうが》の流域に現れたのが漢民族国家の淵源《えんげん》だとする。最近の中国では「中華国家5000年の歴史」ということを好むが、それは少し広く取りすぎだ。

半島では高麗《コリョ》時代に編纂《へんさん》された正史『三国史記』によると、新羅は紀元前後に建国された小国が発展したものであり、朝鮮語《チョソン》も新羅語の系譜を引く。

さらに、そこにそれぞれの建国神話が先立つ。日本神話では『古事記』や『日本書紀』で神々による国生みが語られている。

中国神話では三皇五帝《さんこうごてい》（中国古代の伝説上の8人の帝王）による歴史のはじまりが先行しているが、これらはあくまでも神話であって歴史をなにがしかでも反映しているかどうかは不明だ。

ただ五帝のうち最初の黄帝《こうてい》は、中国人の意識としては天照大神《あまてらすおおみかみ》と神武天皇の中間くらいに位置づけられて、辛亥《しんがい》革命のころには黄帝紀元という暦《こよみ》が使われたことすらある。

朝鮮半島では19世紀になって、日中に対抗して、4000年前の檀君《タングン》による建国という正史に載っていない民間伝承が注目されはじめ、教科書にも取り上げられている。

また、高麗の建国者の王建《ワンゴン》が高句麗の故地《こち》から出たことから、その歴史も韓国史の一部として位置づけられるようになったため、新羅がルーツという意識が曖昧《あいまい》になった。

こんな背景もあって、現代の韓国では、統一朝鮮の成立は新羅でなく10世紀の高麗王国による全土統一をもって語るべきだというのが公式見解になるなど、国家イメージは混乱をつづけ、これからもどうなるかわからない。

しかし、少々の混乱があっても、東アジアというまとまった地域において三つの国家がほぼ安定して千数百年も鼎立《ていりつ》してきたというのは、世界でもほかに類例を見ない。

中国はほとんどの時代において世界最大の大国であったし、日本は19世紀終わりから20世紀前半において世界列強のひとつとなり、1968年から2010年までアメリカに次ぐ世界第二の経済大国としていずれも中国を凌駕《りょうが》した。朝鮮半島の二つの国も、それぞれ意味は違うが世界の重要国の一角を占めるようになった。

前著『日本人のための英仏独三国志』で扱ったイギリス、フランス、ドイツの歴史も長いが、三つの国がヨーロッパの主要国としての地位を固めたのは10〜11世紀のこと。日本でいえば『源氏物語』が書かれた平安時代の中期、いわゆる藤原時代になってからのことだ。

東アジアは21世紀において、世界経済の中心になるとみられる。そんなときに、この三国の歴史をどう理解するかは世界的な関心になる。

ところが、日本人はこの三国の歴史と相互の関係をきちんと理解しているとはいえないし、中国人や半島の人々のように政治的な主張としての観点からこの問題を考えているわけではない。

これでは、世界に向かってアピールして外交戦争を闘うどころではない。そこで、欧米など世界の人々の理解を得られる客観性を確保しつつ、日本人として日中韓の歴史をこう考えたいというものを提供してみたいというのが本書の狙いである。

外交の道具としての歴史観は、自国に利益をもたらすものでなくてはならないが、そのためには、世界の人々に対して説得的でなくては役に立つものにならない。

そして、説得的であるためには、たとえば西洋史における各国の関係についての知識も不可欠であり、その意味で、『日本人のための英仏独三国志』と本書をセットとして書いた意味も、併読していただく意味も、おおいにあると思う。

本書のプロローグでは、あえて、中国が南北朝に分かれていた5世紀という時代を語る。なぜなら、この時代に大和朝廷は朝鮮半島南部に進出し、高句麗と対立し、百済《ペクチェ》、新羅を従えて中国南朝と国交を開始したのであり、近現代につながりを持つ日中韓の外交史が開始された時代だからである。

そして、そののちに、先史時代の東アジアと各民族の成立をどう理解すべきか簡単に論じたうえで、三国の歴史を同時並行的に論じていくことにする。

八幡和郎《やわたかずお》

目次◆日本人のための日中韓興亡史

第2章 古代中国文明と漢民族の成立

第3章 日本と半島の統一国家成立と中国の多民族化

第4章 モンゴル帝国と中世の東アジア

第5章 西洋との出会いと日中韓の興亡

エピローグ

近現代の日中韓関係と世界

日本人のための
日中韓興亡史

中国

- 1368 明
  - 1368 北元 1388
  - 1616 後金
  - 1636 清
- 1644 清
  - 1840-アヘン戦争
  - 1851-太平天国の乱
  - 1894-日清戦争
  - 1900義和団事件
  - 1911辛亥革命
- 1912 中華民国
  - 1928北伐
  - 1931満州事変
  - 1937-日中戦争
  - 1940汪兆銘、南京政府樹立
- 1949 中華人民共和国 / 中華民国(台湾)
  - 1949国民政府、台湾へ
  - 1966-文化大革命
  - 1972ニクソン訪中
  - 鄧小平の改革開放路線
  - 1989天安門事件
  - 2010GDP世界2位に
  - 2013習近平の一帯一路構想

韓国

- 李氏朝鮮
  - 1392朝鮮王国成立
  - 1510三浦の乱
  - 1592,97文禄・慶長の役
  - 1607朝鮮通信使
  - 1609対馬藩と己酉約定
  - 1636清の侵入と服従
  - 1875江華島事件
  - 1882, 84壬午軍乱、甲申政変
- 大韓帝国
  - 1894甲午農民戦争
  - 1897大韓帝国成立
  - 1905日本の保護国に
  - 1907ハーグ密使事件
- 日本統治
  - 1910日韓併合
  - 1919三・一運動
  - 1945連合国軍政
- 韓国 北朝鮮
  - 1948南北朝鮮成立（韓国＝李承晩、北朝鮮＝金日成）
  - 1950-53朝鮮戦争
  - 1960-80年代「漢江の奇跡」
  - 1980光州事件
  - 2002日朝首脳会談

日本

- 南北朝・室町
  - 1404足利義満、明と勘合貿易
  - 倭寇
  - 1467応仁の乱
- 安土桃山
  - 1592,97文禄・慶長の役
- 江戸
  - 1600関ケ原の戦い
  - 1639鎖国
  - 1825異国船打払令
  - 1858日米修好通商条約
- 明治
  - 1871日清修好条規
  - 1876日朝修好条規
  - 1889帝国憲法発布
  - 1894-日清戦争
  - 1904-日露戦争
  - 1910日韓併合
- 大正
  - 1915二十一ヵ条の要求
- 昭和(戦前)
  - 1931満州事変
  - 1937-日中戦争
  - 1941-太平洋戦争
  - 1945無条件降伏（ポツダム宣言受諾）
- 昭和(戦後)
  - 1951サンフランシスコ平和条約
  - 1960年代 高度経済成長
  - 1965日韓基本条約
  - 1972沖縄復帰
  - 1972日中国交正常化
  - 1978日中平和友好条約
  - 1991バブル崩壊
- 平成
  - 2002日本人拉致被害者5人帰国
  - 2011東日本大震災
- 令和

► 年表：日中韓の歴史

中国

＊中国古代の年代はp316を参照

- *BC2070（BC2224） 夏
- BC1600（BC1776） 殷（商）
- BC1046（BC1122） 西周
- BC771-770 東周
- BC256-221 秦
- BC207-206 前漢
- 8 新
- 23-25 後漢
- 220 魏
- 265 西晋
- 316-317 東晋
- 420 宋
- 479 斉
- 502 梁
- 557 陳
- 589 隋
- 618 唐
- 907 （五代十国）
- 960 北宋
- 1127 南宋
- 1276 元

春秋戦国（BC771-770～BC256-221）

三国（220～265）：魏／222 呉 280／221 蜀 263

五胡十六国（316-317～420）：304 五胡十六国 439

南北朝（439～589）
- 南朝：宋・斉・梁・陳
- 北朝：386 北魏／534-551 東魏・550-577 北斉／535-556 西魏・557-581 北周／隋

五代十国（907～960）：後梁・後唐・後晋・後漢・後周

907 遼（契丹） 1125

1115 金 1234

1206 モンゴル

韓国

- 古朝鮮
  - BC2333伝説上の檀君建国
  - BC12c箕子朝鮮建国
  - BC194衛氏朝鮮建国
- 漢帝国（併合）
  - BC108漢四郡設置
  - BC37朱蒙、高句麗建国
  - 3c初 帯方郡設置
  - 313楽浪郡消滅
- 三国時代
  - 百済、新羅が成長
  - 414高句麗の広開土王碑建立
  - 427高句麗、平壌遷都
  - 475百済、熊津遷都
  - 512日本、百済に４県割譲
  - 562任那滅亡
  - 663白村江の戦い
- （唐占領）統一新羅（南北国）（後三国）
  - 676新羅が半島実質統一
  - 698渤海おこる
  - 735唐が新羅統一承認
  - 926渤海滅亡
- 高麗
  - 936高麗が後三国統一
  - 996遼に朝貢
  - 1126金に朝貢
  - 1259モンゴルに降伏
  - 1274文永の役
  - 1281弘安の役

日本

- 縄文
  - BC660伝説上の神武建
- 弥生
  - 57後漢光武帝より奴国王金印を授かる
  - 107倭国王帥升が奴婢
  - 239-265邪馬台国が遣
  - 大和朝廷成立
- 古墳
  - 倭軍が朝鮮進出
  - 百済・新羅と戦う
  - 高句麗と戦い撃退され
  - 421-478倭の五王が南
  - 遣使
  - 552仏教伝来（538説も）
- 飛鳥
  - 607小野妹子、遣隋使として長安へ
  - 630-遣唐使開始
  - 645-大化改新
- 奈良
  - 710平城京遷都
- 平安
  - 794平安京遷都
  - 1016藤原道長摂政に
  - 1086院政開始
  - 1156, 59保元・平治の乱
  - 平清盛、南宋と貿易
- 鎌倉
  - 1221承久の乱
  - 1274文永の役
  - 1281弘安の役

► 中国主要地図

新疆ウイグル自治区
モンゴル
黒龍江省
ハルピン
吉林省
長春
瀋陽
遼寧省
内モンゴル自治区
北京市
フフホト
天津市
河北省
銀川
石家庄
太原
寧夏回族
自治区
済南
黄河
青海省
西寧
山西省
山東省
蘭州
西安
鄭州
江蘇省
甘粛省
長江
陝西省
河南省
合肥
南京
上海市
成都
武漢
安徽省
杭州
四川省
湖北省
尖閣諸島
重慶市
浙江省
長沙
南昌
貴州省
湖南省
江西省
福州
福建省
貴陽
台湾
昆明
広西チワン族
自治区
広州
広東省
雲南省
南寧
香港特別行政区
澳門特別行政区
チベット自治区
海口
海南省
西沙諸島

► 韓国・朝鮮主要地図

羅先特別市
延辺朝鮮族自治州
中国
吉林省
白頭山
鴨緑江
遼寧省
咸鏡北道
両江道
国内城
卒本
慈江道
新義州特別行政区
妙香山
咸鏡南道
平安北道
威化島
平安南道
元山
平壌直轄市
金剛山国際観光特別区
江原道
黄海北道
黄海南道
開城特別市
板門店
江原道
江華島
仁川広域市
ソウル特別市
京畿道
平昌
水原
忠清北道
安東
忠清南道
大田広域市
白村江
熊津
慶尚北道
扶余
慶州
世宗特別自治市
全州
大邱広域市
全羅北道
海印寺
蔚山広域市
光州広域市
慶尚南道
釜山広域市
全羅南道
栄山川
対馬
済州特別自治道

プロローグ

日中韓関係のはじまり

► 図1　遣唐使などの通った航路

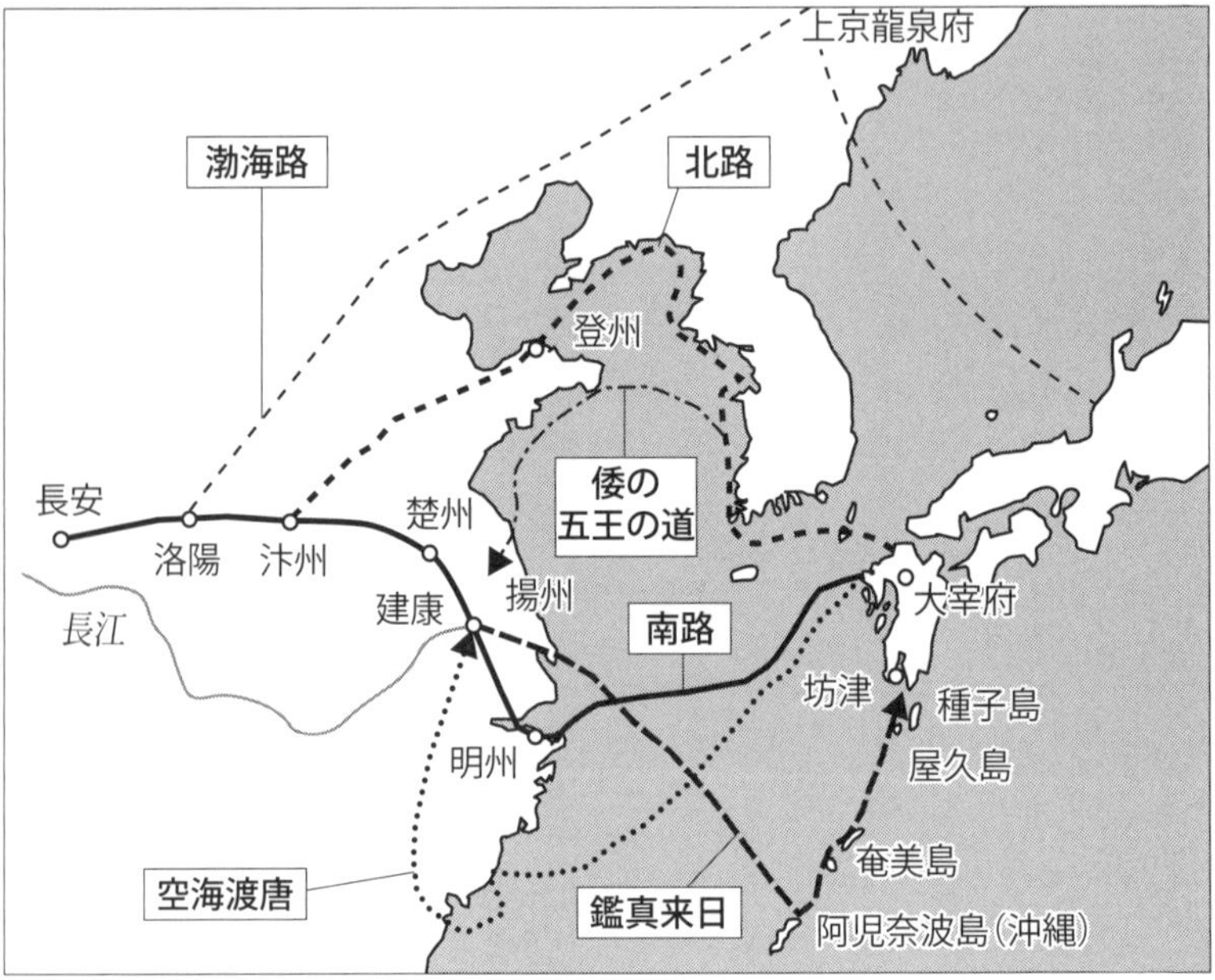

► 図2　中国の歴代首都と重要都市

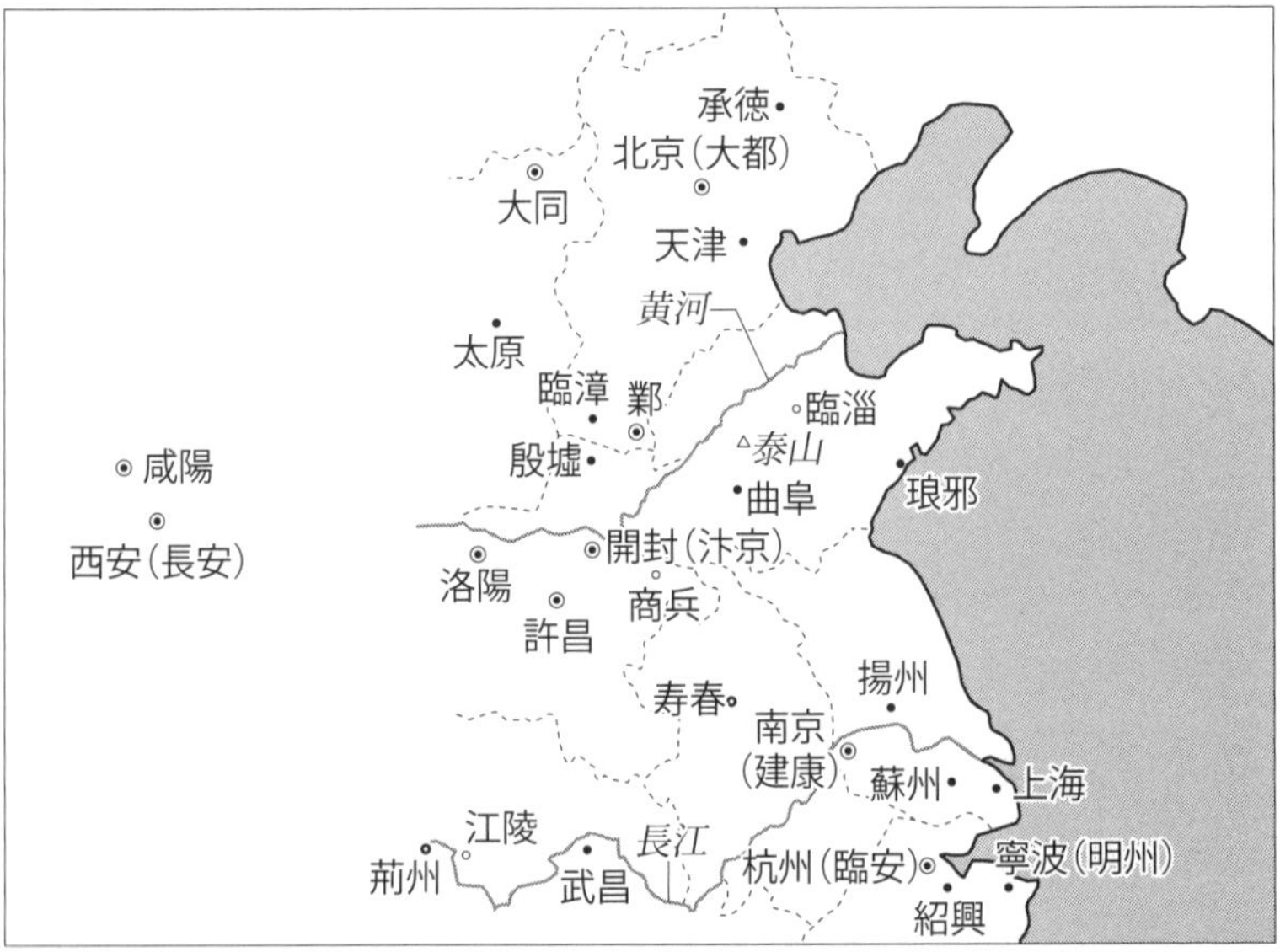

※（　）内の地名は古名

▼中国の江南地方こそ日本人の故郷だ　日中韓

「千里鶯啼《せんりうぐいすな》きて緑紅《みどりくれない》に映ず　水村山郭酒旗《すいそんさんかくしゅき》の風　南朝四百八十寺　多少の楼臺烟雨《ろうだいえんう》の中《うち》」という夢幻的な情景を描いた「江南《こうなん》春望絶句（江南の春 絶句）」という漢詩の名作がある。晩唐の詩人杜牧《とぼく》が、隋《ずい》による南北統一（589年）まで南京《ナンキン》（古名は建康《けんこう》）を首都として栄えた南朝の栄華をしのんで詠《よ》んだものだ。

中国における南朝の国々とか南北朝時代とかいうと、狭い意味では、東晋《とうしん》が滅びた（420年）のちに興亡した、宋《そう》、斉《せい》、梁《りょう》、陳《ちん》の4つの王朝とその時代のことを指す。

しかし、それに先行して南京（当時は建業《けんぎょう》といった）に都をおいた三国時代の呉《ご》と、その後いったん西晋《せいしん》が中国を統一したのち北方民族に追われて317年に江南（長江《ちょうこう》下流の南岸地域）に移ってきた東晋もあわせて六朝《りくちょう》（呉、東晋、宋、斉、梁、陳）とも呼ぶので、少なくとも東晋と4つの王朝は一体と見て南朝時代（317〜589年）といってよいのではないか。

国家は脆弱《ぜいじゃく》で、貴族たちは勝手気ままで贅沢《ぜいたく》な生活を送ったが、「書聖」といわれる王羲之《おうぎし》、『女史箴図《じょししんず》』を代表作とする画家の顧愷之《こがいし》、『桃花源記《とうかげんき》』で知られる詩人の陶淵明《とうえんめい》などが活躍した中国文化の黄金期であり、仏教がもっとも栄えた時代でもある。

中国のうち長江下流にある南京から揚州《ようしゅう》、蘇州《そしゅう》、無錫《むしゃく》といった江南地方は、日本人にとってさまざまな意味での故郷だと私は思う。水田による稲作はここではじまり、日本に伝えられた。稲作は朝鮮半島経由と思っている人が多いが、せいぜい半島沿岸部を経由した程度だ。

稲作が江南地方からきたとすれば、弥生人たちも江南の人たちであろう。実際、古代中国人は日本人を「呉の太伯《たいはく》」の子孫だと認識していた。呉の太伯は、周《しゅう》王室の始祖である文王《ぶんおう》の伯父である（46ページ図5参照）。父が三男の季歴《きれき》に家を継がせたがったのを察し、次男である弟とともに江南に移り、春秋戦国時代に栄えた呉（句呉《こうご》）を建国したとされる人だ。

この逸話がそのまま本当とも思えないが、古代中国人が印象として日本人と江南の人々が似ていると思ったことを意味するわけだ。同時代人のストレートな印象は考古学的遺物にまさる説得力があるというべきで、軽視すべきでない。

文化についても、4世紀の大和朝廷による国土統一から遣隋使《けんずいし》・遣唐使の派遣までのあいだに、主として百済《くだら》経由で輸入した大陸文明とは、まさに、南京（建康）を首都とする中国南朝のものだった。

その名残《なごり》は、漢字の読み方にもある。「六朝時代」は「りくちょう」と唐から伝わった漢音で読むのが習慣だが、一般的には六は「ろく」と読む。これは南朝から日本に伝わった呉音であって、日本語には呉音の発音が多く残る。「日本」の「日」を「にち」と読むのも呉音であって、「にちふぉん」といった発音をしたようだ。

和服は呉服と呼ばれるように、北方民族に支配される前の漢民族の服装にルーツを持つし、最初に入ってきた仏教も南朝系である。

百済からと日本人が思っているものは、ほぼすべて南朝の人々や文化が百済を経由してやってきたものだ。王仁《わに》博士、止利《とり》仏師、秦氏《はたうじ》など、百済から来て文明の発展に貢献したのは例外なく漢民族であり、狭い意味での百済人は亡命者だけだ。

『魏《ぎ》志《し》東夷《とうい》伝《でん》』では、半島南部は「ただ囚徒《しゅうと》・奴婢《ぬひ》の相聚《あいあつ》まれるがごとし」とされ、「その風俗は淫《みだ》らならず」である日本列島に比べて未開地域だった。そして、4世紀には、国内を統一した日本が半島に進出し、満州《まんしゅう》にあった高句麗《コグリョ》が半島南部への圧迫をはじめた。

一方、ソウル付近にあった百済《ペクチェ》や慶尚道《キョンサンド》（朝鮮半島南東部）の新羅《シルラ》という小国が発展して、地域国家として形を整えてきた。3世紀に列島で崇神《すじん》天皇や卑弥呼《ひみこ》の時代に都市国家から地域国家への発展が見られたのと同じようなものだ。日本より1世紀遅れと理解してよい。

そのうちに、百済は高句麗に攻められてソウル付近の都を失い、日本が支配していた半島南西部の忠清南道《チュンチョンナムド》で再建されたのであるが、通商国家としてめざましく発展し、日本や新羅に中国文明を伝えた国だというとらえ方が正しいと思う。その意味で私は百済を「古代東アジアの総合商社」と呼んでいる。

▼倭の五王の使節派遣が大和朝廷の外交デビュー——日中韓

大和朝廷が初めて中国と外交関係を持ったのも、中国南朝とだった。南北朝時代というと、最終的には北朝から出た隋が全中国を統一したので北朝優位のような印象があるが、中国の基礎を確立した秦漢《しんかん》帝国の正統な継承者はあくまでも南朝で、北方民族の影響を強く受け異質なものに変容させたのが北朝であり隋唐《ずいとう》帝国だ。

北朝が正統王朝になったのは、北朝の隋が南朝の陳を滅ぼして南北統一を実現したとき（589年）からだ。日本が先に南朝と結びついたのは当然のことだった。

この交流について、中国側の史書、とくに『宋書《そうしょ》』にくわしい記述がある。『日本書紀』にも中国から使節が来日したことが書かれており、日中双方の記録で確認できる最初の交流である。『宋書夷蛮《いばん》伝・倭国《わこく》』には、倭王讃《さん》が421年に宋の武帝《ぶてい》から官位を授かったのが最初であるとする。425年には司馬《しば》曹達《そうたつ》を遣わして上書を奉《たてまつ》り産物を献上したが、その年に讃が死に、弟の珍《ちん》（あるいは弥《み》）が、443年には済《せい》が宋に使いを送るが、462年に済は死んで興《こう》が使いを送り、477年には興が死に、弟の武《ぶ》が立ったとある。

それでは、何のためにこの倭の五王は中国に使いを送ったかというと、半島南部に対する領有権、ないし、宗主権を認めさせようとしたのである。南朝も京畿道《キョンギド》の百済についてはは認めなかったが、慶尚道の新羅、全羅道《チョルラド》や忠清道などについては認めた。
百済や新羅が日本に従属していた時期があることは、高句麗王が建てた好太王碑《こうたいおうひ》でも認めてお
り、大和朝廷の半島支配は否定しがたい史実なのである。
しかし、ここでは、日中と半島諸国が絡《から》む外交史のはじまりがここにあるということを確認だ
けして、まずは、日中韓三国における民族と国家の成立について論じたい。

第1章

東アジアの諸民族はこうして生まれた

►図3　黄河・長江流域で発展した古代中国

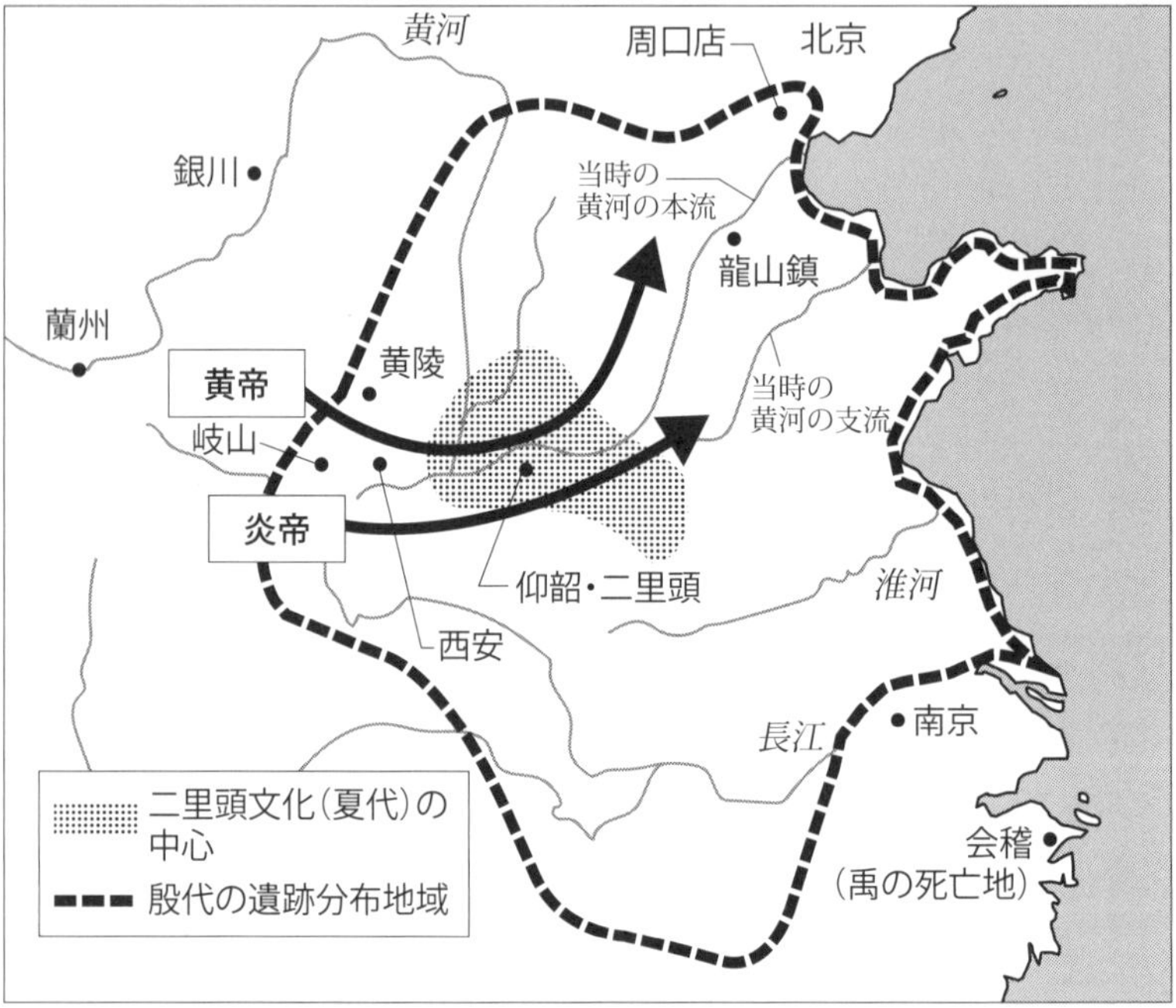

►図4　古代民族と現代民族の相関関係

	漢族	満州族	ウイグル族	蒙古族	チベット族	ミャオ族
華夏系	○	△	△	△	△	△
東夷系	○	△	×	×	×	×
荊呉荊	○	×	×	×	×	△
百越系	○	×	×	×	×	△
東胡系	△	○	×	△	×	×
匈奴系	△	×	△	△	×	×
突厥系	△	×	○	△	△	×
蒙古系	△	△	×	○	×	×
氐羌系	△	×	△	×	○	×
チベット系	△	×	×	×	○	×
ミャオ系	△	×	×	×	×	○

林恵祥『中国民族史』聖武印書館出版
※○＝多大に継承、△＝ある程度の関連、×＝関係なし

▼稲作と大陸文明は半島を素通りして日本にやってきた――日中韓

現在の日本人、漢民族、コリアンのいずれもが、それぞれの言語を話しはじめた人々とは違う人種集団だというと、ほとんどの方が驚かれる。しかし、冷静に考えればそうとしか考えられない。

中国語はビルマやタイなど南方系の言語に近いが、漢民族は目が細くて色白の新モンゴロイドの北方的な風貌《ふうぼう》だ。コリアンの言葉は文法が日本語と似ているが、人々は北方的な風貌だ。

日本語は、トルコ語、モンゴル語などアルタイ語系に近い文法と、南方系の基礎的な単語が組み合わされて構成されている。新しい言語は、ほかの人種が使っている単語を自分たちの言葉に交えて話す「ピジン言語」が、共通語としての「クレオール言語」に発展して生まれる、ということが多いから、こういうことは珍しいことではないのである。

朝鮮語と分かれたのは、数千年前の縄文時代というが、現在の日本人の先祖は人口比で7～8割くらいは、稲作文化などとともに流入してきた弥生人だという説が有力だ。

弥生人は縄文人が稲作を学び、農耕民として生活して、身体の特徴も変化しただけという人もいるが、それならなぜ北九州から畿内にかけての人がもっとも弥生人的で、南九州や東北・北海道に縄文人的形質が強く残っているのかを説明できないから、無理がある。

縄文時代の温暖期には日本列島に縄文人が30万人くらい暮らしていたのが、寒冷期に入ると数万人に減り、とくに西日本では各県数百人から1000人という過疎《かそ》状態だったから、先進的な水田耕作の技術を持った移民がやってきてすぐに多数派になったとしても不思議はない。何十万人もの移民があったとは思わないが、大陸からかなりの人がやってきたし、彼らは稲作に向いた広い土地を得たのち、速いスピードで人口も増加したはずだ。

言語は、人口流入のスピードがゆっくりだったので、現地の言葉に同化されたのだろう。現代の在日コリアンだって朝鮮語を話せる人は少ない。イングランドでは、フランスのノルマンディー公に征服され支配層がアングロサクソン人からフランス人へ入れ替わったにもかかわらず、やがて征服者のほうがアングロサクソン人の言葉を話すようになった。

ただし、縄文人と弥生人の二重構造説を離れて、3000〜4000年前に初歩的な農業技術を持った集団がやってきたという三重構造説も、日本語の成立も含めてさまざまな変化を説明でき、かなり説得的だ。今後の研究が待たれる。

いずれにせよ、細かい経緯はともかく、大陸からの移民はほとんどいなかったとか少数派だというのは、国粋主義的願望にすぎない。しばしば単一民族というが、それは言語とか国民意識の問題であって、外国人から見れば日本人は非常に多様な身体的な特徴を持った民族だ。

稲作といっても、陸稲《りくとう》を雑穀のひとつとして栽培するのは遼寧《りょうねい》省から朝鮮半島北部に早くからもたらされたし、半島南部や日本にも伝えられたかもしれないが、水田耕作は南方的なものなので、半島北部では無理だ。江南地方《こうなん》（長江河口付近《ちょうこう》）から半島南西部や日本列島に伝わったものと見るのが自然だ。

米の品種からいっても、弥生時代の日本の米は江南地方と一致するが、半島のものとは一致しないようだ。それなら、江南地方から直行したのかといえば、東シナ海を横断するのは、途中で風向きが変わるので南に流されてしまい、遣唐使の時代でも成功率半分くらいだ。漂流を別にしたらこのコースはない。

大陸から日本へのメインルートは、江蘇《こうそ》省方面から北上し、山東《さんとう》半島の青島《チンタオ》に近い琅邪《ろうや》（20ページ図2参照）付近から朝鮮半島の仁川《インチョン》付近へ渡り、半島沿岸を南下し、釜山《プサン》付近から対馬に渡るコースで、「呉唐路」（くれもろこしのみち）という人もいる。

江戸時代の千石船《せんごくぶね》などと同じで、岸が見えるところしか航行しないコースだから安全だ。中国の伝説上の人物である徐福《じょふく》が、秦の始皇帝の時代、東の海に不老長寿の薬をさがすために船出したといわれるのも琅邪からである。

江南地方の農民が稲作に向いた新天地をめざすなら、緯度で日本の東北地方南部と同じ半島南部にやってきても、素通りするか、あまり稲作地域として発展しないまま、江南地方とほぼ同じ緯度の九州をめざすのが自然なことだ。

この半島南西部は、稲作が伝わった時代だけでなく、プロローグで紹介した大和朝廷の成立と半島進出とか、高句麗にソウル付近の首都から追われた百済のこの地方への移転以降も、江南地方と日本列島の中継基地でありつづけた。

▼新羅の国王には日本人もいた　日韓

日本列島への移民の大きな波には、稲作を伝えた弥生人の渡来のほか、いわゆる「帰化人」として来た人たちがいる。帰化というと「天皇の徳を慕ってやってきた」というニュアンスがあるから「渡来人」といい換えろという愚かな歴史学者もいるが、帰化は現代の国籍法でも使われている言葉で、それにアンチ天皇制の意図から見当はずれの難癖をつけるべきでない。

この帰化人というのは、統一国家成立以降の渡来人に使われてきたようだが、平安時代にまとめられた古代氏族の系譜書『新撰姓氏録《しんせんしょうじろく》』という戸籍調べみたいな記録によれば、「諸蕃《しょばん》」と呼ばれる帰化人系の士族のうち、「漢」が163氏、「百済《くだら》」が104氏、「高麗《こうらい》」が41氏、「新羅《しらぎ》」が9氏、「任那《みまな》」が9氏となっており、漢族が主流である。

秦氏《はたうじ》にしても、文化や技術をもたらした止利《とり》仏師や王仁《わに》博士の子孫も、すべて漢族として登録されている。飛鳥時代にも、百済に楽浪《らくろう》郡や帯方《たいほう》郡の残党や新しい移民など多くの漢族が住んで技術や文化の担い手となり、彼らが大陸文明を日本にもたらしたのである。

つまり、韓国が日本に文明を教えた先進国だというのも正しくないし、日本は半島とは関係なく大陸から文明を輸入したというのも正確でなく、文明は半島南西部を素通りに近い場合も含めて経由してやってきたというのが正しい。

コリアンの話す言葉（朝鮮語）は、新羅人たちの言葉が発展したもので、アルタイ語系に近接した北方的な言語だ。新羅語と日本語は数千年前に共通の祖先から分かれたと言語学者は推定するが、どこでのことかはまったく不明だ。単語も非常に違う。

日本語と共通の先祖から分かれたあとの朝鮮語のルーツが、7世紀に半島を統一した新羅王国の言葉になるまでに、だれがどこで話していたのか不明だ。この二つの言葉が分かれたのが、朝鮮半島なのか、日本列島なのか、どちらでもないのかすら手がかりがない。

ただ、新羅の正史である『三国史記』に載っている建国神話によれば、建国に倭人が深く関わり、複数ある王家のひとつも倭人だとする。それと反対に、皇室に限らず日本の王者が半島からの渡来人であるという話は、史書にも伝承にもいっさい存在せず、現代コリアンの願望から最近になって生まれた奇説でしかない。

新羅《シルラ》を継承した高麗《コリョ》の始祖である王建《ワンゴン》は漢族で、母方から高句麗《コグリョ》遺民の流れも引いている。さらに、李《イ》氏朝鮮の王族は、ビビンバで有名な全羅道《チョルラド》全州にルーツを持つというが、何世代もモンゴル領だった半島東北部の咸鏡道《ハムギョンド》にあってモンゴル人や満族と混血したようだ。

現代のコリアンは、かなり北方的だ。シベリアのエヴェンギ族というのがルーツともいう。

半島南部はもともと人口が少なかった。そこに日本から縄文人が移住して暮らしていたが、北方系の人が大量に流れ込んで、縄文人の人口比は小さくなったが言葉は維持された、という人もいる。済州島《チェジュド》には目鼻立ちのはっきりした南九州的な形質の人も多いし、沖縄の言葉との共通点もあるというのもヒントになるかもしれない。

▼言語から東アジア諸民族の系図をつくる――日中韓

中国語はシナ・チベット語族に属し、アルタイ語族とはまったく違う。北方系の文法の日本語と南方系の中国語の違いでいちばん顕著《けんちょ》なのは、日本語は「主語↓目的語↓動詞」で、中国語は英語などと同様に「主語↓動詞↓目的語」であることだ。

中国語には「てにをは」の助詞がない。時制があいまいで現在なのか過去なのか、前後の状況から判断するしかない。

東アジアの諸民族は言語をもとにさまざまに分類されるが、言語学の分類には、広く認められた手法がない。

そこで、東アジアの諸民族興亡の歴史を理解するという目的に合わせて、「南方系」「南島系」「北方系」と少し単純化した分類をしてみよう。

「南方系」の代表は中国語である。シナ・チベット語族に属し、チベット語やビルマ語と近い。タイ語やオーストロアジア語族ともいわれるベトナム語やクメール語とも似ている。これらをまとめて、「南方系」と呼ぶことにする。

古代中国では4~5世紀ごろの華北を五《ご》胡十六国《こじゅうろっこく》時代というが、五胡というのは、チベット系の氐《てい》・羌《きょう》、それに北方系の匈奴《きょうど》・羯《けつ》（匈奴の別種）・鮮卑《せんぴ》の五族である。

羌族は、殷《いん》の時代に制圧され、数十人、数百人単位で生贄《いけにえ》にされたと甲骨《こうこつ》文字で記録されている。チンギス・ハンに滅ぼされた西夏《せいか》のタングート人も羌の系統である。

「南島系」は、オーストロアジア語族と似て混同されることが多いが、オーストロネシア語族で、マレー語、インドネシア語、ジャワ語、タガログ語（フィリピン）、ポリネシア語、マダガスカル語などが仲間になるが、台湾《タイワン》原住民の言語にそのルーツがあるそうだ。

中国語は南方系の言語であるが、さまざまな民族が侵入し、支配したので、そうした民族の言葉に影響されて変化している。

また、日本語での漢字の読み方には、呉音（漢の時代の発音）、漢音（唐の時代の発音）、唐音《とうおん》（それ以降の発音）がある。もともと遣隋使・遣唐使の時代以前に最初に入っていたのは呉音である。遣唐使の時代に漢音に変更しようとしたのだが、徹底できなかった。唐音はその後、さまざまな時代に個別にとり入れられたものだ。

「北方系」は、かつてアルタイ語族などと呼ばれたモンゴル語、テュルク語、満州語などのグループで、朝鮮語もそれに近いので、これを総称する。万里の長城の北に住むさまざまな民族がいるが、書き言葉として確立され、近代まで残ったのがこの三つだ。

元気なのは、テュルク語族で、トルコ語のほか、アゼルバイジャン、ウズベク、カザフスタン、キルギス、トルクメニスタンなどの国語、それに中国のウイグル語がこの系統だ。

モンゴル語に近いのは、北魏《ほくぎ》を建てた鮮卑とか、契丹《きったん》（遼《りょう》）の言葉だったようだ。匈奴はテュルク系かモンゴル系か議論がある。西洋史に出てくるアッティラのフン族も、テュルクなのかモンゴルなのか、それ以外か不明だ。

満州民族は、狩猟民族であることが遊牧民族であるモンゴルやテュルクと違うと理解しておけばよい。ウラル語族といわれるハンガリー語、フィンランド語、エストニア語なども以上のような北方系の言語とそこそこ近接した言葉だ。

▼漢字「が」漢民族を創った　中

漢字は表意文字なので、現代の絵文字に似ている。というより、絵文字として生まれたというべきだろう。アルファベットなど表音文字と比べると、表音文字のほうが文字の数が少なくていいが、外国人にとっては意味を理解するのはむずかしい。

表意文字だと、文字の種類は多くなるが、意味はわかりやすいし、言葉としては通じなくとも、商業上のコミュニケーションはとれ、簡単な規則や命令にも向いている。ただ、複雑な思考や感情を表現するのには向かない。中国で直木賞的な物語は発展したが、芥川賞的な純文学がもうひとつなのにはこうした理由がある。

漢字は、伝説では黄帝《こうてい》の時代に蒼頡《そうけつ》という史官が考案したという。縄の結び方で数字などを記録していたのだが、鳥や獣の足跡でどんな動物かがわかることにヒントを得たという。夏《か》の時代の遺跡から、記号とも文字ともつかないものが記された遺物が出土している。そして、殷代には、青銅器や占いにつかった骨や甲にそれなりの内容の文章が彫られている。

周《しゅう》の時代になると、物語や説話を語るようになり、紀元前5世紀には孔子《こうし》が出て、紀元前3世紀には諸子《しょし》百家《ひゃっか》が活躍した。絹の布とか石に彫るなどの使用法も増えた。

地域ごとに字が違ったのだが、始皇帝《し》が中国を統一したとき、字体の統一をした。篆《てん》字体という実印などに使う複雑なもので、それを簡素化したのが隷書《れいしょ》である。竹を薄く削《そ》いで1行ずつ書き、横に並べて紐でつないだ竹簡《ちくかん》が主だった。紙の使用は前漢時代からはじまり、後漢時代の105年に蔡倫《さいりん》が改良して和帝《わてい》に献上して爆発的に普及した。

表意文字なので、中国語を話さない人々も限定的な目的なら使える。そこで、東アジアの広い地域で、筆談という方法が広く使われた。江戸時代に日本と朝鮮と中国のインテリ同士は、筆談でなら容易に意思疎通ができたのである。

いずれにせよ、中国では口語としては互いに通じない方言を統一しなくても、漢字を通じてコミュニケーションが可能だったから巨大な統一国家が維持できたし、それを使う民族ということで、漢民族も成立し増殖《ぞうしょく》したのである。

一方、独自の文字を工夫する民族もあった。西夏とか女真《じょしん》族の金《きん》は漢字類似の表意文字を考案した。しかし、多くは独自の表音文字をつくった。

テュルク系の言葉では、4世紀くらいから表音文字が登場するが、フェニキア人たちの文字をもとにしたアラム文字がルーツとされる。アラビア語が普及するまでは中東での共通語だった言葉で、イエス・キリストが布教したときもヘブライ語でなくこの言語によったらしい。

それがいまのウズベキスタン付近にあったペルシャ系のソグド人を経由してモンゴル高原にいたテュルク族に影響を与え、突厥《とっけつ》やウイグルが独自の文字を考案したというわけだ。東洋と西洋は意外に緊密だった。

モンゴル語は、ウイグル文字を参考にした。満州語は、金の時代に漢字類似の表意文字をつくったのだが、清《しん》朝ではモンゴル文字を改良した満州文字を使った。契丹では、漢字を手本にした大字とウイグル文字にならった小字を併用していた。ベトナムでは、漢字を改造した表音文字であるチューノム（字喃）が補助的にだが使われていた。

しかし、モンゴル語はソ連の影響でキリル文字に、ベトナム語はフランスの統治下でアルファベットになった。トルコでは、オスマン帝国時代はアラビア文字だったが、第一次世界大戦後にアルファベットに変更した。

▼DNAでは漢民族とは何か説明できない――中

漢民族にとって神武《じんむ》天皇的存在である黄帝は、黄土《こうど》高原から出発し、南方系の土着民族を征服して黄河流域の中原《ちゅうげん》を征服したとされている（28ページ図3参照）。この伝説は、中国語が黄帝に征服された南方系の民族の言葉だったことを物語っているのかもしれない。

一般に現代の中国人は、新モンゴロイドの血統に属する者が主流だとされる。氷河期が到来して多くのモンゴロイドが南下したが、一部はバイカル湖に近い寒冷地に取り残された。それが、体毛が少ないとか、一重まぶたで鼻が低いなど寒冷地対応に強い遺伝子を獲得《かくとく》した集団となり、暖かくなってから南下したもので、彼らが黄河文明をつくったといわれる。しかし、長い歴史のなかで、さまざまな民族が漢民族に呑み込まれていった。

渡来してきた人の数と現在の住民の割合は比例するというような誤解がよくあるが、それは間違いである。また、男性と女性の先祖の割合も違うのが普通だ。たとえば、現代のアメリカの黒人は白人との混血が多いが、これは奴隷《どれい》所有者など白人男性と女性奴隷の子孫が多いということだ。

新規に移民してくるのは男性のほうが多いので、先住民の女性と子供をつくることが多いし、移民は親戚が少ないとか子供を労働力として使いたいとかの事情で子だくさんだ。もちろん、征服者は多くの被征服者の女性に子供をつくらせる。ミトコンドリアを分析すると、現在、世界にはチンギス・ハンの子孫が３０００万人、ヌルハチの子孫が数百万人いる計算になるそうだ。

カトリックのように家族を大事にしたり、避妊に否定的な宗教だと子だくさんになる。アメリカでアイルランド系やイタリア系が多い理由だ。

中国では北方系の人のほうが伝染病に強いので、徐々に多くなっていくといったことも起きる。新型コロナウイルスでも話題になったが、世界史上、中国にもともと存在したとか生まれたウイルスが世界に伝播《でんぱ》したのちに猛威を振るうことは多い。

中国では動物と近いところで生活することが多いし、さまざまな野生動物を食べる習慣もあるので、ウイルスには強くなっており、子孫を残しやすくなる。

また、新しい伝染病が発生しても被害は限定的だ。だが、ウイルスがヨーロッパなどに伝播すると、14世紀にモンゴル軍の侵攻がペストの流行をもたらしたり、今回の新型コロナのようにイタリアで大爆発するということも起きる。

隆盛を誇った民族でも、短期間に滅びることは多い。虐殺《ぎゃくさつ》でみな殺しにされることもあるが、疫病《えきびょう》で絶滅することのほうが多く、カリブ海では先住民はほとんどの島で消えた。

いま中国のウイグル族（トルコ系）の問題が話題になっているが、じつは東トルキスタンと呼ばれる新疆《しんきょう》ウイグル自治区の西部は、もともとウイグル人の土地ではなく、オイラート部モンゴル人が支配していた。ところが、18世紀における乾隆帝《けんりゅうてい》の征服以降、天然痘《てんねんとう》が流行してほとんどいなくなってしまい、そののちに多数派となったのがウイグル人だ。

また、民族が消滅するというのは、全部死んでしまうということでなく、言語が消えてしまうことなのが普通だ。

現在、満州人は東北部だけでなく中国全土にかなりいる。名乗っている人もいるが、文化大革命の時代に迫害を逃れるため漢族の名を名乗った人も多い。それゆえ、自分では満州人であることを知らない人も多い。私の友人も、大人になってから祖母から告白されたという。

いちど中国全土を支配した民族の場合、特定の地域に集まっているわけでないので、その言語を維持することはむずかしく、満州語を話す人は絶滅寸前だ。鮮卑とか匈奴といった民族についても同じで、漢族や近接した民族であるモンゴル人やウイグル人に吸収された。鮮卑や匈奴の子孫が死に絶えたわけではないのである。

ある人がどんな民族かということも、まったく自由ではないが、基本的には自己申告だ。だから両親が満州人でも漢族として登録することもむずかしくない。逆に少数民族には特権があることがあるので、受験などのために漢族が少数民族を名乗ることもある。

いずれにせよ、どの民族を名乗るかには、古代からかなり自由度があった。隋や唐の王室が鮮卑ではないかという日本人学者がいるが、中国人は否定している。後漢末期の混乱期を経て北魏などに仕えたときに彼らが漢族を名乗っていたのはたしかなのであり、遠く先祖をさかのぼれば違うかもというだけのことだ。

そういう意味なら、殷は北狄《ほくてき》（北方異民族）で周は西戎《せいじゅう》（西方異民族）だというようないい方もされている。つまるところ、自称している民族を受け入れるしかないと思う。

▼書き言葉としての朝鮮語は日本統治の下で生まれた——日中韓

半島でも似た事情なのだが、日本に漢字がわかる移民は紀元前からいたはずだ。しかし、読める人が少ないので使用機会が少なく、子孫も二、三代で忘れてしまったと見られる。そして応神《おうじん》天皇のときに、山東《さんとう》省出身の一族で、楽浪郡を経由して百済に祖父の代から住んでいた王仁博士という中国人がやってきて、本格的な普及がはじまったとされている。

しかし、読み書きができるのはあいかわらず漢族系の帰化人主体であった。それが聖徳太子《しょうとくたいし》のころになると日本人でも例外的にできる人が増え、さらに留学生も帰って漢学の普及に努めた。中大兄皇子《なかのおおえのおうじ》と中臣鎌足《なかとみのかまたり》は、留学帰りの南淵請安《みなぶちのしょうあん》の私塾に一緒に通いながら謀議をしたとされる。南淵請安は漢族帰化人で、遣隋使について留学し帰国していた。

7世紀の終わりごろになると、貴族や官僚はだいたい読み書きができるようになり、その結果として律令時代に入った。やがて、日本では読み下し文が使われるようになったし、表音文字である仮名も使われるようになった。

朝鮮半島でも漢族を担い手として漢字は使われはじめたが、のちの時代でも読み書きはほぼ中国語のみでおこなわれた。朝鮮語による読み書きは表音文字であるハングルを使った初歩的なものが15世紀になってはじまったが、公式には認められなかった。

明治維新後に福沢諭吉《ふくざわゆきち》門下の井上角五郎《いのうえかくごろう》によって漢字ハングル交じり文が考案されて、初めて書き言葉としての朝鮮語が成立した。ほとんど、日本語の仮名をハングルに置き換えただけといってよいほど、日本語の影響を強く受けたものであった。

日本統治下での教育は朝鮮語でおこなわれたが、そのなかで、ハングルの正式の表記法が初めて制定された。しばしば、日本統治は言葉を奪《うば》ったようなことがいわれるが、実際には書き言葉としての朝鮮語は、日本統治下で創られ普及した言語だといっても過言ではない。

一方、中国に目を転ずると、近代になると西欧語文書の翻訳が中国よりも日本でのほうが先行して進み、その結果として、和製漢語が大量に外国語の日本語訳だし、中国語に導入された。

中華人民共和国のうち「共和国」はリパブリックの日本語訳だし、「人民」は日本で昔から使われてきた独自の表現である。

また、日本に留学していた魯迅《ろじん》らによる白話《はくわ》（口語）文普及の過程で、いい回しでも、日本語的な表現も採り入れられた。

以上、日中韓の民族と言語がどのようにして生まれたかを予備知識として紹介したが、ここから先は、国家としての歴史へ話題を転じる。といっても、日本や半島における国家形成は、イエス・キリストの時代からしかはじまらないので、まずは、漢民族の国家誕生から語る。

第2章

古代中国文明と漢民族の成立

► 図5　五帝・夏・殷・周

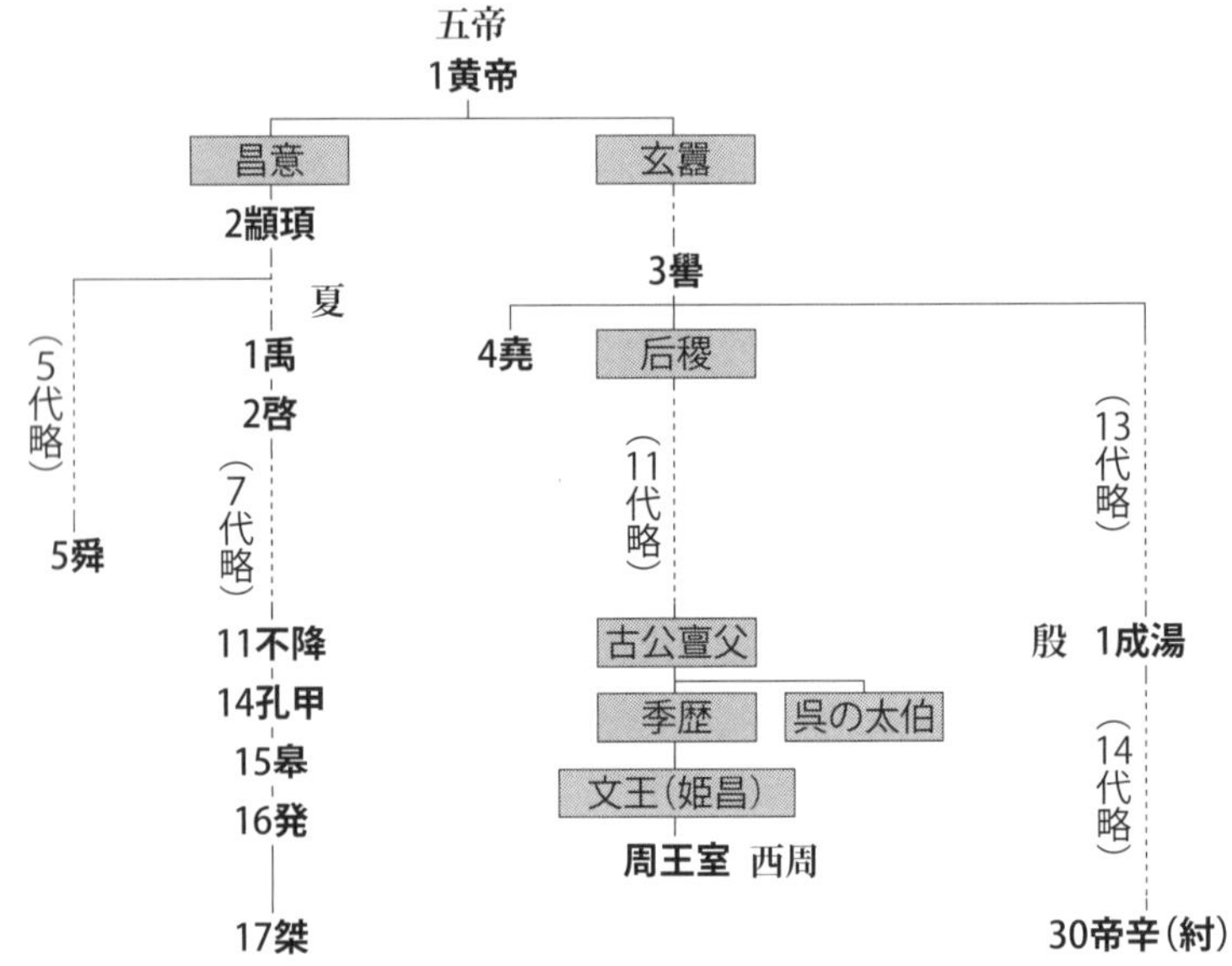

五帝
1黄帝
昌意
玄囂
2顓頊
3嚳
夏
1禹
2啓
4堯
后稷
(5代略)
(7代略)
(11代略)
(13代略)
5舜
11不降
14孔甲
15皋
16発
17桀
古公亶父
季歴
呉の太伯
文王(姫昌)
周王室　西周
殷　1成湯
(14代略)
30帝辛(紂)

► 図6　漢

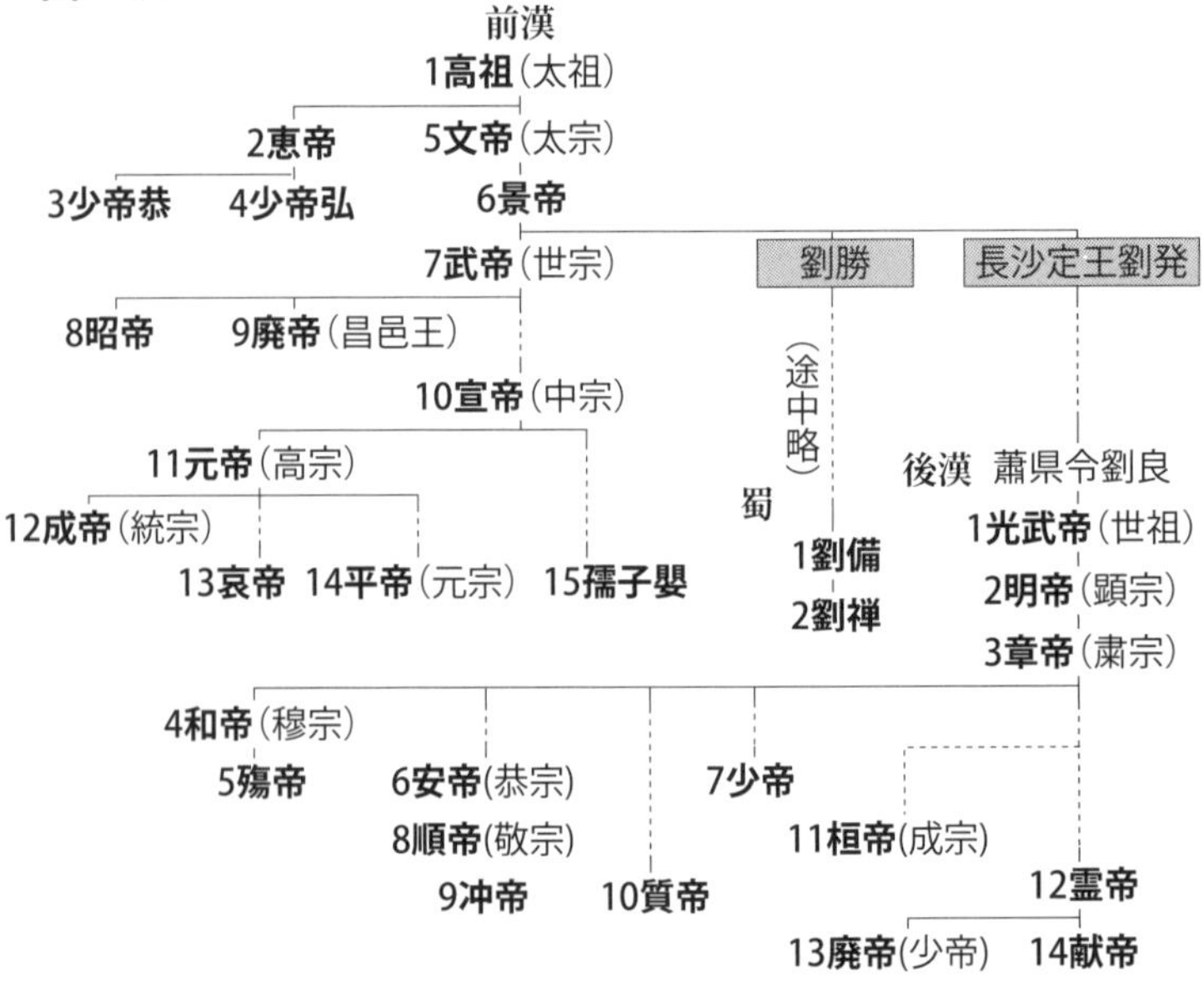

前漢
1高祖(太祖)
2恵帝
5文帝(太宗)
3少帝恭
4少帝弘
6景帝
7武帝(世宗)
劉勝
長沙定王劉発
8昭帝
9廃帝(昌邑王)
10宣帝(中宗)
(途中略)
11元帝(高宗)
後漢　蕭県令劉良
12成帝(統宗)
蜀
1光武帝(世祖)
13哀帝
14平帝(元宗)
15孺子嬰
1劉備
2劉禅
2明帝(顕宗)
3章帝(粛宗)
4和帝(穆宗)
5殤帝
6安帝(恭宗)
8順帝(敬宗)
9冲帝
7少帝
10質帝
11桓帝(成宗)
12霊帝
13廃帝(少帝)
14献帝

► 図7　皇位継承図(1)

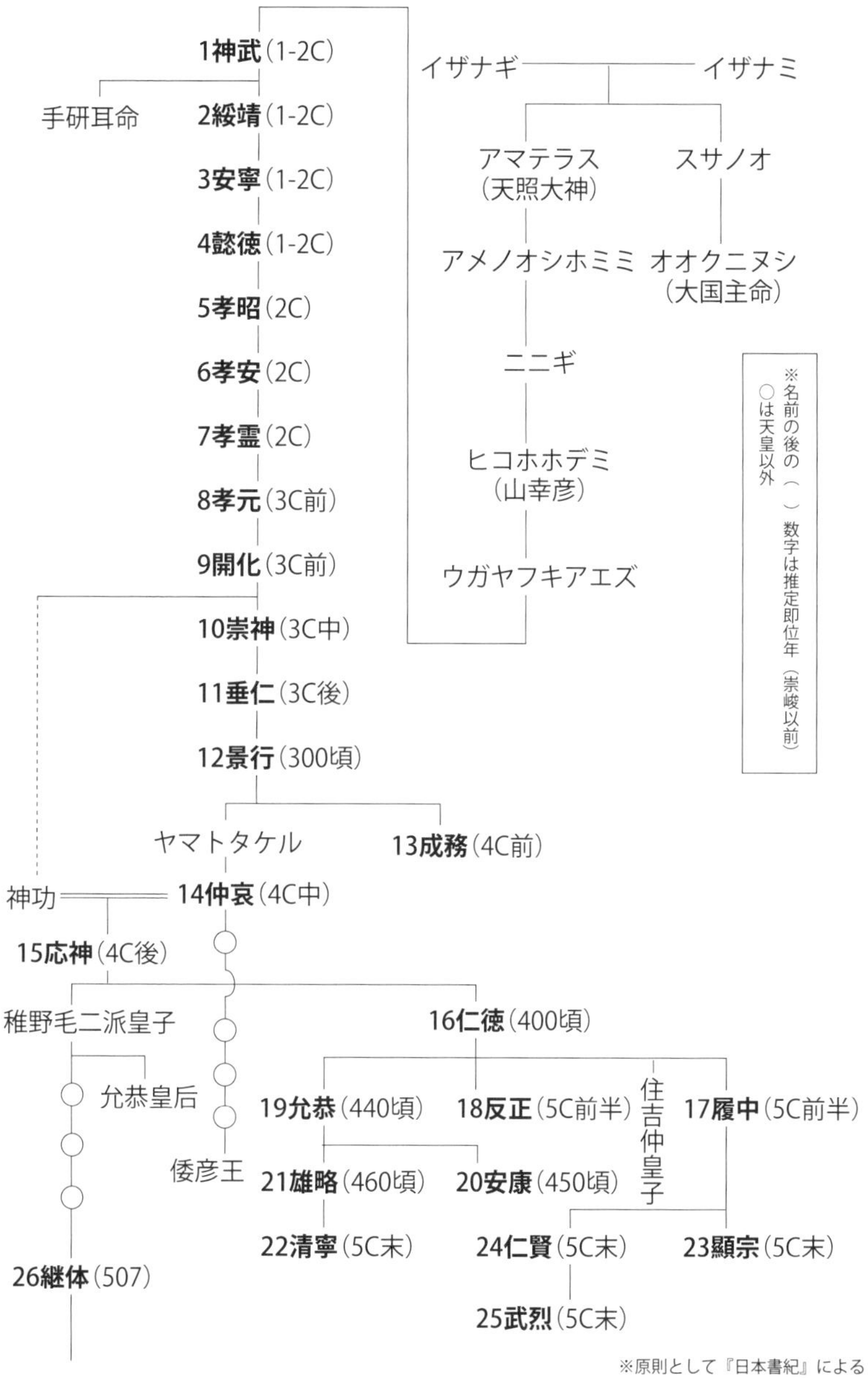

※原則として『日本書紀』による

► **図8　皇位継承図（2）**

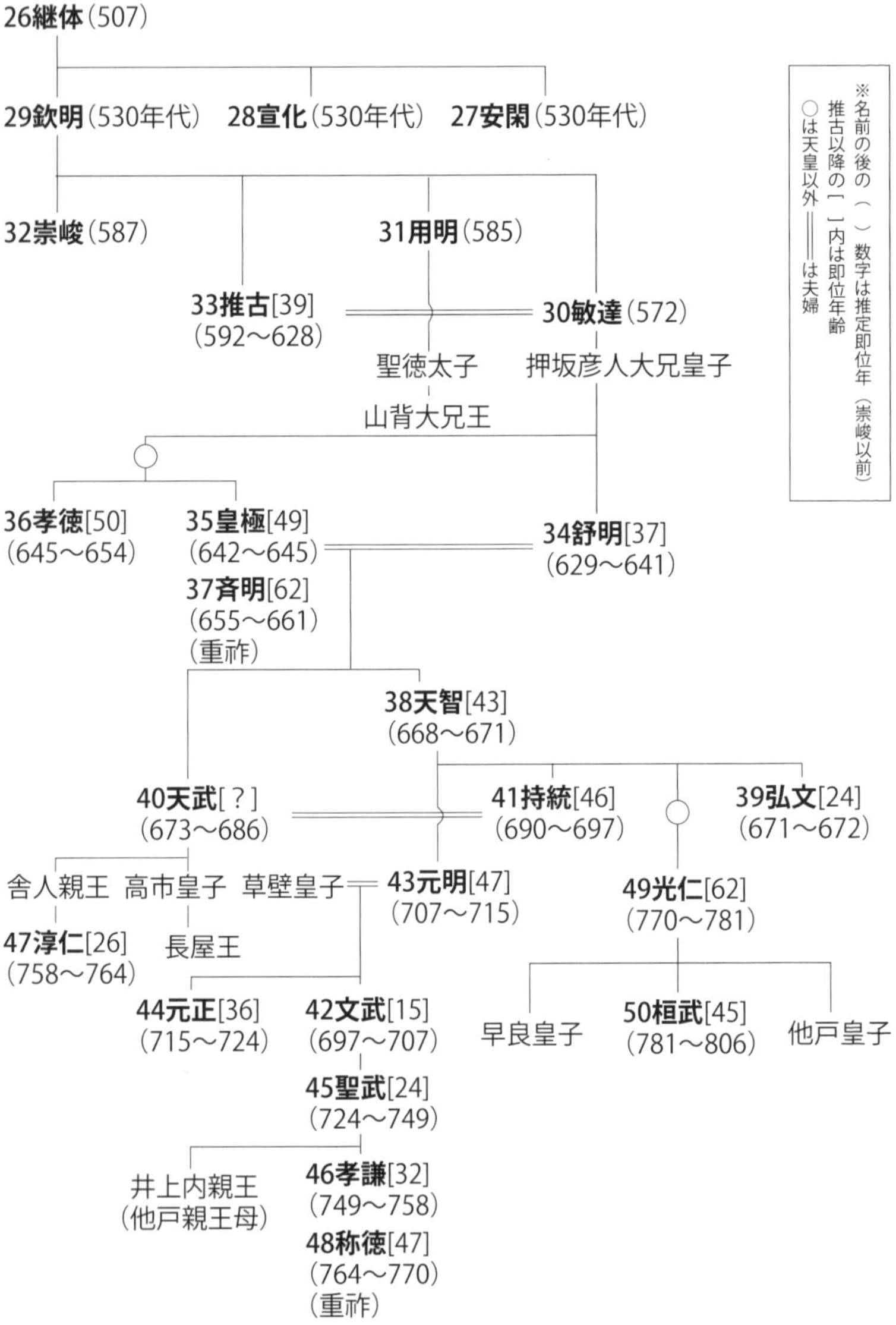
26継体（507）
29欽明（530年代）
28宣化（530年代）
27安閑（530年代）
32崇峻（587）
31用明（585）
33推古[39]（592～628）
30敏達（572）
聖徳太子
押坂彦人大兄皇子
山背大兄王
36孝徳[50]（645～654）
35皇極[49]（642～645）
37斉明[62]（655～661）（重祚）
34舒明[37]（629～641）
38天智[43]（668～671）
40天武[？]（673～686）
41持統[46]（690～697）
39弘文[24]（671～672）
舎人親王
高市皇子
草壁皇子
43元明[47]（707～715）
49光仁[62]（770～781）
47淳仁[26]（758～764）
長屋王
44元正[36]（715～724）
42文武[15]（697～707）
早良皇子
50桓武[45]（781～806）
他戸皇子
45聖武[24]（724～749）
井上内親王（他戸親王母）
46孝謙[32]（749～758）
48称徳[47]（764～770）（重祚）
※名前の後の（　）数字は推定即位年（崇峻以前）
推古以降の［　］内は即位年齢
○は天皇以外 ＝は夫婦

▼中国の歴史はどれくらい古いのか

中国国家の歴史は5000年であると習近平《しゅうきんぺい》主席はいっている。かつては中国4000年といわれたが、水増しされたのは、メソポタミアやエジプトへの対抗心だともいわれる。

しかし、残念ながら、中国人の先祖はアフリカから中東経由でやってきたのだし、人類文明の誕生はメソポタミアにおいてであって、エジプト文明もその淵源《えんげん》はメソポタミアにある。中国文明ははるかに遅くなってそれが伝播《でんぱ》してはじまったものだ。

黄河《こうが》文明やそれと並行して発展したとみられる長江《ちょうこう》文明は、5600年ほど前から栄えていたことが、半坡《はんぱ》（陝西《せんせい》省）や仰韶《ぎょうしょう》（河南《かなん》省）など黄河流域や、河姆渡《かぼと》（浙江《せっこう》省）など長江周辺の遺跡から明らかになっている（28ページ図3参照）。このころから、クニと呼ばれるものも発展してきたのだろう。

ただ、黄河流域にかなりの規模の国家を形成し、漢字を使用し、その歴史も明らかになっているのは、殷《いん》（自称は商《しょう》）王朝からだ。司馬遷《しばせん》の『史記』の内容が、甲骨《こうこつ》文字という同時代資料と一致したのである。

殷が実在なら、その前の王朝で、『史記』で最初の世襲《せしゅう》王朝とされている夏《か》も、実在する可能性が「ある」ということになる。ただし、夏では歴史についての記録を残すほどには漢字が発展していなかったので、実在を証明するのは、不可能だろうとみられる。

その直接支配領域は、夏は洛陽《らくよう》がある河南省西部や山西省南西部あたり、殷は河北省、山東省、河南省の境界地域を中心とした地域で、周辺諸国を従えていた程度であろうから、日本でいえば崇神《すじん》天皇のころの大和朝廷みたいなものである。

それでは、いつごろのことかといえば、日本では『日本書紀』の年代の曖昧《あいまい》さや誇張をあげつらって「でたらめ」という学者が多いのだが、中国史でも古い時代のことは曖昧模糊《もこ》としている。ややはっきりするのは、西周《せいしゅう》時代の紀元前841年に王位が空位になって共和政治がおこなわれたとされるときからだ。

そこで、中国政府は、考古学や天文学まで動員した「夏商周断代工程」という年表プロジェクトを進め、2000年に発表した。日食の記録などを手がかりにして、パズルを解くような作業の結果だ。それによれば、夏の建国は紀元前2070年、殷は紀元前1600年、西周は紀元前1046年ということだ。（年代諸説についての説明は巻末の王リスト(2)を参照）

エジプト史でいえば、夏が中王国時代と同じ時代にはじまり、殷がツタンカーメン王らの新王国時代と同じ時代にはじまったことになる。ちなみにピラミッドが建設されたのは、古王国時代で紀元前2650年ごろだ。

夏王朝のはじまりは、神話に近いもので、なにがしかの史実が含まれているかもという程度だ。夏王朝に先だって、前漢時代の司馬遷は『史記』で五帝《ごてい》の時代があったとした。さらに、それに先だって三皇《さんこう》の時代があったという伝説もあるので、唐代に出された改訂版にはそれもつけ加えられた。

▼黄土高原から生まれた漢民族と黄帝伝説　中

「三皇」について司馬遷は、始《し》皇帝が皇帝という称号を決めるときに、黄帝《こうてい》にはじまる五帝だけでなく天皇《てんこう》・地皇《ちこう》・泰皇《たいこう》（人皇《じんこう》）の伝説を参考にした、としているだけである。唐代になって司馬貞という人が『史記』に三皇本紀を加え、伏羲《ふくぎ》・女媧《じょか》・神農《しんのう》の三人を挙げたのである。

伏羲は母の華胥《かしょ》が巨人の足跡を踏んで孕《はら》んだ子で、蛇身人面、牛首虎尾で、八卦《はっけ》をつくり、漁猟法を民衆に教えた。女媧は人首蛇体、伏羲と夫婦、また、兄妹ともされ、泥をこねて人間をつくった人類の創造主である。

神農は、人々に医療と農耕の術を教え、人身牛首で長い髯《ひげ》をもつ。身体は透明で内臓が外から見え、食べた物がどの器官でどうなるか見せた。日本でも漢方薬の神様として崇《あが》められている。

西方に起源がある神農氏の部族連合は、陝西省から山東省や湖南省に出ていった。

子孫は代々、炎帝《えんてい》を名乗ったが、五穀《ごこく》を栽培し遊牧をしていた黄帝（五帝の初代）の部族連合に征服された。黄帝の生誕地は陝西、甘粛《かんしゅく》、河南、山東の4カ所の候補があるが、その廟《びょう》は陝西省の延安《えんあん》（戦時中の中国共産党の根拠地）の近くにある。この二つの部族の関係は諸説あるが、最終的には協力して、華夏《かか》族という漢民族の母体に成長して中原《ちゅうげん》の支配者となった。

この逸話から、中国人は好んで「黄炎の子孫」という。

台湾の政治家が陝西省を訪れて、「われわれはみな、炎黄の子孫だ」「すべての台湾人の祖先もこの土地、すなわち黄土《こうど》高原から出発したのだ」と叫んで台湾では批判されたが、現在の漢民族の意識としてはそういうことなのだ。

『史記』において司馬遷は、黄帝から皇帝列伝に当たる本紀を書き、「史実とは思わずとも、黄帝伝説のあるところに共通の民俗風土があり、いくばくかの史実がまぎれ込んでいるかもしれない」としている。神武東征伝説（日向《ひゅうが》から東方の近畿へ征服の旅を進め、大和で神武天皇として即位したという説話）の故地である日向の美々津《みみつ》、岡山市児島の高島宮跡、八咫烏《やたがらす》が登場する熊野などを訪ねたときに得る印象に似ている。

五帝の2代目である顓頊《せんぎょく》は黄帝の孫で、天へ通ずる道を閉ざさせ、神と人との別を明確にして、祭祀《さいし》権を帝王に独占させた。3代目の嚳《こく》は顓頊の子で、生まれながらにして自分の名をいうなど聡明で、欲がない高潔な人物だった。

その子の堯《ぎょう》は暦をつくった。堯は後継者にふさわしい有徳の者を探し、2代顓頊の子孫である舜《しゅん》を見いだした。「堯舜の時代」といえば理想的な聖君の世とされる。

ここまでを総括すると、中国人は漢民族を農耕民族と定義し、黄河の治水が為政者にとって最大の課題だとしてきたことがわかる。西域の砂漠地帯から風に乗ってやってきた黄土はやわらかく耕しやすく栄養豊富だ。そして、洪水によって下流に広がり、肥料などなくても生産力は維持できるのだが、その洪水は災害ももたらす。

エジプトでもナイル川の治水が必要なので統一王国が早くから成立したのだが、中国の中原（洛陽など河南省あたりが中心）についても同様だった。そして、天の中心である北極星と、地上の中心である洛陽付近において、皇帝が天と地を結ぶ役割を担っていると考えられたのである。

堯の都は平陽《へいよう》、舜は蒲坂《ほはん》で、いずれも山西省南西部である。洛陽からは黄河の対岸にあたる。舜は禹《う》を後継者に指名し、国号を「夏后《かこう》」とした。

北京の故宮博物院に『大禹治水図山』という、清朝の乾隆《けんりゅう》帝の命で高さ2メートル余の玉《ぎょく》に彫られた、禹による治水事業を描いた彫刻がある。新疆《しんきょう》の密勒塔《ミーローター》山から掘り出され、1万キロメートルの距離に道を開き、橋を架け、冬は道を凍らせ、数百頭の馬と1000人近くの人力を使って3年かけて運び、北京では60人の工匠が6年かけて彫り上げた。

夏王朝は、江南地方とのつながりを感じさせる。禹は東方への巡幸中、浙江省の会稽《かいけい》で崩《ほう》じたし、禹の子の啓《けい》の母も安徽《あんき》省塗山《とざん》の出身である。14代孔甲のころ、龍が天から降りてきたので劉累という者に飼わせたというが、劉累は漢の創始者である劉邦《りゅうほう》（高祖）の先祖である。龍が皇帝の象徴となったのは漢代からであるが、龍は南方系の伝説からきた動物であり、夏王朝や、さらには漢帝国にも淮河《わいが》流域の風土を感じさせるところがある。

夏の時代は17代桀《けつ》が諸侯を傷つけたり非行が多かったので、成湯《せいとう》（天乙《てんいつ》・湯王《とうおう》）が反乱を起こし、殷王朝を開いた。ただし、夏の王族たちも封地を与えられて存続し、「杞憂《きゆう》」という言葉で有名な周代の杞の国（河南省から山東省）もそのひとつだ。

▼日本の国生み神話と皇室の先祖

日

日本の正史である『日本書紀』は、６８１年に天武《てんむ》天皇が編纂《へんさん》を命じて、奈良時代に入ってから元正《げんしょう》天皇の７２０年に舎人《とねり》親王から撰上《せんじょう》された。中国の『史記』が紀元前91年に完成されたのに比べれば新しいが、天地創造について物語った三皇についての部分は、先述のとおり、『日本書紀』の成立とほぼ同じ時代の唐代前半に補完されたものである。

また、6世紀半ばの欽明《きんめい》天皇のころに『帝紀《ていき》』と『旧辞《きゅうじ》』、推古《すいこ》天皇のころに『天皇記』『国記』『臣連伴造国造百八十部并公民等本記《おみむらじとものみやつこくにのみやつこももやそとももならびにこうみんらのほんぎ》』が編纂されている。

『古事記』は『日本書紀』の編纂作業過程での資料のひとつである。また、『先代旧事本紀《せんだいくじほんぎ》』という平安時代初期に成立した著作も通史として重んじられてきた（本居宣長《もとおりのりなが》ら国学者によって偽書とされたが、最近では再評価されている）。

だが『古事記』は、江戸時代以降に本居宣長らによって評価されてから重要視されるようになったもので、古代の官僚たちが長い議論の末にまとめ、当時の人々の納得を得た『日本書紀』

と同列に扱うべきものとは思わない。私はあまり重視していない。

それどころか、『古事記』にあるが『日本書紀』にはないものとか、『日本書紀』に書いてはあるが本文でなく「一書に曰く」という形にとどまっている部分は、編纂過程での検討の結果、正式採用を却下されたものである。

たとえば、出雲《いずも》神話などは『古事記』では非常に重視されているが、『日本書紀』の本文で採用されているものは少ない。むしろ、『古事記』における出雲神話重視は不自然なものであって、飛鳥時代から奈良時代の人々にとっては納得できなかったのだと考えるべきだ。

上記のような視点から、『日本書紀』における天地創造と建国物語を眺めてみよう。

神々は、淡路島を最初に生み、大日本豊秋津洲《おおやまととよあきつしま》（本州）、伊予二名洲《いよのふたなのしま》（四国）、筑紫洲《つくしのしま》（九州）、隠岐洲《おきのしま》と佐渡洲の双子、越洲《こしのしま》（不明）、大洲《おおしま》（周防大島《すおう》）、吉備児洲《きびのこじま》（児島半島）といった順で生んで大八洲《おおやしま》を完成した。

国生みの主人公はイザナギ・イザナミで、アマテラス（天照大神）、スサノオ（素戔嗚尊）の父母である。ところが、アマテラスの弟であるスサノオが高天原《たかまがはら》で乱暴を働き、アマテラスは天岩戸に隠れてしまった。世の中は闇になり、さまざまな禍《わざわい》が発生したが、八百万《やおよろず》の神々はアマテラスを岩戸から出すことに成功し、スサノオは高天原から追放され地上に下ってこれを治めた。

のちに、アマテラスは孫のニニギ（瓊瓊杵尊）に地上を治めさせようとして、スサノオの子孫で出雲《いずも》にあったオオクニヌシ（大国主命）と長い交渉をした結果、大国主命は引退して代償として出雲大社が創建された。これが、いわゆる「国譲り」神話である。

ニニギが高千穂峰《たかちほのみね》（霧島《きりしま》山の第二の高峰か）へ天孫降臨《てんそんこうりん》したのち、その子のヒコホホデミ（彦火火出見尊。別名、山幸彦）、孫のウガヤフキアエズ（鸕鶿草葺不合尊）とつづき、日向三代といわれる。そして、次の神武天皇が大和へ移って小さな国を建てたという。

この日向三代は、もしかすると、神武天皇の曾祖父がよそから日向へ移住してきたということの反映かもしれない。ただ、それがどこからかは不明だったということだろう。

神話には歴史を反映しないまったくの借用物も多い。ローマ神話はギリシャ神話からの借用物だし、現代でも金正日《キムジョンイル》が白頭山《ペクトゥサン》のふもとの小屋で生まれたというのが聖書から借用されたのも明白である。

とはいえ、神話が古代天皇家における伝承をなにがしか反映しているかもしれないし、長く日本国民が共有してきた歴史認識だったのだから、それを知る値打ちはある。

天皇が太陽神としての性格を持つとか、高千穂峰に降臨したとか、海彦山彦のエピソードなど、日向で生まれたというにふさわしい内容も含まれている。ただ、神武天皇が大和にやってきたとき、すでに体系化された神話を持ち、それを大和の人たちに押しつけたとは考えにくい。

全体としては、大和地方で流布していた神話に日向から持ってきた要素を少し加えたものが骨格で、さらに全国統一が進んでいくなかで、採り入れられたものもあると思う。とくに、なぜ出雲神話が多く採り入れられているのかは、さまざまな推理が成り立ちうる。

▼檀君神話が建国物語になるまで　韓

4000年前に檀君《タングン》という王者がいて、これが朝鮮建国の主だということを現代の南北朝鮮では建国伝説として採用し、韓国の国定教科書でも「広く知られている始祖神話」として紹介している。北朝鮮では、檀君の墓を発見して遺物から4000年でなく5000年前のものらしいといっている。

檀君神話は、高麗《コリョ》時代に民間伝承をまとめた『三国遺事』（1270～80年代）という史書にあるものにすぎない。それに先だってまとめられた『三国史記』（1145年完成）という日本の『日本書紀』にあたる正史には載っていない。

ただ、19世紀の民族意識の高揚のなかで、日本や中国の建国神話などと同列のものとして扱われるようになり、日本神話が歴史教科書から追放されても、韓国の教科書では壇君が健在だ。

それによると、天帝の庶子《しょし》に桓雄《ファヌン》という神様がいたが、天帝から帝王の印である三個の宝印を授けられて太伯山《テベクサン》に下った。このころ、熊と虎が同じ洞窟《どうくつ》に住んで人間になりたいと桓雄に願い出た。そこで桓雄はニンニクとモグサを与えて、それを食べ21日間じっとしていれば人間になれると教えた。虎は途中で外へ出たので人間になれなかったが、熊は人間の女になった。

熊は夫がいないので子が産めないというので、桓雄は人間に変身して熊女と交わり、産まれた子供が檀君王険《ワンゴム》だという。紀元前2333年の10月3日（旧暦）に、檀君は平壌《ピョンヤン》を都とし、朝に鮮やかなるという意味で国名を朝鮮とする（檀君朝鮮）と建国を宣言したのだという。

檀君は1500年も在位したが、箕子《きし》朝鮮の誕生で退場し、山ノ神になった。太伯山は満州との国境の白頭山に比定されることがあるが、高麗時代には、平壌郊外の景勝地で金一族の別荘もある妙香山《ミョヒャンサン》と考えられていた。

▼甲骨文字は竜骨という漢方薬から発見された ――――――― 中

夏王朝がどうして倒れて殷王朝が成立したか。『史記』も先にふれた14代の孔甲が淫乱で自分を鬼神に擬《ぎ》することを好んだとか、その曾孫で最後の王となった桀《けつ》が末喜《ばっき》という美女を愛するあまり、肉山脯林《にくざんほりん》（酒池肉林）といった遊興にふけり政治を省みなくなったといったことで片付けている。

紀元前1628年のギリシャにおけるサントリーニ島の火山大爆発（消えたアトランティス大陸伝説のもとになった）が引き起こした飢饉《ききん》が原因という人もいる。

殷を開いた成湯《せいとう》は「桀はあまりにも非道で天に見放されたので、上帝の意思に従い討つ」という大義名分を立てた。悪い天子を武力でもって倒すことを「放伐《ほうばつ》」といい、天命を革《あらた》めるので

「革命」とのちに呼ばれた。

近世になって、レボリューションの訳として日本人がこの言葉を使い、中国でもそれを輸入したのでややこしくなったが、この二つの概念はなんの関係もなく誤訳だ。易姓《えきせい》革命というが、姓が易《か》わり、天命が革まるからそう呼ぶだけだ。

成湯の先祖は河南省東部の商丘《しょうきゅう》に封じられていた。東夷《とうい》ないし北狄《ほくてき》の出だといわれたり、始祖伝説から東北地方の狩猟民との関連を指摘する人もいる。

殷にも浮き沈みがあり、中興に成功した君主は、成湯を助けた伊尹《いいん》の子である伊陟を宰相にした9代太戊《たいじゅつ》、13代祖乙《そいつ》、殷墟《いんきょ》に還都した19代盤庚《ばんこう》、傅説《ふえつ》を宰相にした21代武丁《ぶてい》などである。甲骨文はこの武丁の時代のものが現存している。王位継承は直系でなく不規則なことも多かったようで、内紛が多くなっていった。

夏や殷、さらには周《しゅう》も始皇帝から後の中央集権国家とはまったく違い、いわば地方豪族連合の盟主である。『史記』には夏と殷の王室はいずれも黄帝の子孫となっていたり、諸侯の多くは王の近くに仕えていた者が封じられたものとあるが、真実かどうかわからない。

現代の中国では、夏や殷の時代が残酷な奴隷《どれい》制の社会であったことが強調され、好意的ではない。殷墟では数百人単位の奴隷たちが殉葬《じゅんそう》されている遺跡が発掘されているが、祖先を祀《まつ》る儀式のときにも生け贄《にえ》として生きた人間が大量に捧げられた苛酷な時代だった。

ただ、殷の時代には、青銅器の普及が進んだ。青銅は夏代から使われはじめていたが、大型で立派なものが現れたのは殷の時代で、王が諸侯に贈り物として与えることで権威づけをした。

漢字が普及したのも殷の時代だ。甲骨文字から解読が進んだのだが、その発見はシュリーマンによるトロイの発見のようなロマンティックな夢と情熱によるものではなかった。

1899年に、清朝の高官だった王懿栄《おういえい》は、マラリアの治療薬として買った龍骨《りゅうこつ》に古い文字が書かれていることに気づき、薬屋から買い集めて解読を進めた。その翌年の義和団《ぎわだん》事件で王懿栄は自殺したが、研究を引き継いだ羅振玉《らしんぎょく》は、河南省安陽《あんよう》市の近郊が殷墟であることを突き止めて発掘がはじまり、甲骨文字の解読によって、『史記』における殷の歴代王列伝が史実であることが確認された。

殷が滅びたのち、遺民の多くは商人として活躍した。商業の語源は商の人の仕事であることが多かったからという。

▼孔子が理想とした周王朝 中

夏は東夷、殷は北狄、周は西戎《せいじゅう》出身だというような説明がある。わかりやすい理解であるし、たしかに、そういうカラーはある。

周王室の始祖は五帝のひとり舜に仕えた后稷《こうしょく》とされる（46ページ図5参照）。一族は古公亶父《ここうたんぽ》のとき陝西《せんせい》省彬県から宝鶏《ほうけい》の近くの岐山《きざん》に移り、その孫の姫昌《きしょう》（文王《ぶんおう》）が西安の南西にある豊邑《ほうゆう》に進出し、仁政で声望を得て、殷の宮廷で有力諸侯のひとりとなった。

この文王の兄が太伯《たいはく》で、弟の優れた資質を見て華南に去って呉の国を建国し、日本人はその子孫だと古代中国人は信じていたという話は先に述べたとおりだ。最近は、稲作は3000年くらい前に日本に伝わったともいわれているから、年代的には辻褄《つじつま》が合う。

このころ殷の国王だった紂《ちゅう》（辛《しん》）は、高慢で諫言《かんげん》を嫌い、酒池肉林の楽しみにふけった。肉林を好色と絡めたがる人がいるが妄想で、文字どおり、酒と飽食に溺《おぼ》れることをいう。

重臣の九侯は塩辛に、鄂公は乾し肉にされ、姫昌も投獄され危うい目に遭《あ》った。紂王が東方遠征を盛んにおこなったが不評であることを見て、姫昌の子の武王《ぶおう》が殷を滅ぼし、周を建国した。

『史記』によれば、武王は殷の王族だった箕子《きし》が紂王へ諫言を為していたことから、家臣とせず、遼寧《りょうねい》省方面に殷の遺民とともに移し、これがのちに箕子朝鮮という国に発展したという。

姫昌は王ではなかったわけだが、文王と追号され、聖君として崇拝されている。米沢藩主の上杉鷹山《うえすぎようざん》が師の細井平洲《ほそいへいしゅう》から模範とすすべきとすすめられた王である。

周の時代は長安に近い鎬京《こうけい》に首都があった西周の時代（紀元前1046～771年）と、洛陽に遷《うつ》ったあとの東周の時代に分けられる。さらに東周の時代は周王室の権威がそれなりに保たれていた春秋時代（紀元前771～403年）と、周も諸侯のひとつになってしまった戦国時代（紀元前403～221年）に二分される。

春秋時代に活躍した孔子《こうし》（紀元前551〜479年）が生まれたのは、山東省南部の曲阜《きょくふ》にあった魯《ろ》という小国で、創始者は周の初代武王の弟で摂政もつとめた周公旦《しゅうこうたん》であった。孔子が周王朝の初期を理想の世とした背景である。

▼「春秋五覇」と「戦国七雄」の時代　中

周の時代は孔子や諸子百家などの活躍で学術思想が花開いた時代だったのは、漢字文化が確立した時代だったからでもある。青銅器にも長い文章が彫られ（金石文《きんせき》）、さまざまな思想的な著作も現れた。殷は占いや恐怖で人々を押さえつける王朝だったが、周では道理が支配の論理となっていった。

周では、一族（宗族《そうぞく》）や功臣、あるいは滅亡したり帰順した王朝遺民や周辺民族を封建諸侯として封じた。諸侯国である燕《えん》や晋《しん》などは一族、斉《せい》は功臣であった太公望《たいこうぼう》、宋《そう》は殷の遺民、杞《き》は夏の遺民を封じたものであり、舜の子孫を封じたとされる陳《ちん》など三皇五帝の子孫たちもそれぞれに遇された。王の権威は諸侯の仲裁をすることで保たれた。そのあたりは室町幕府に似ている。

暴君だった10代厲王《れいおう》のあとは、王は空位となり周公《しゅうこう》と召公《しょうこう》が「共和」して政務をおこなった（841年）。幕末に「リパブリック」の翻訳をするとき、仙台藩の地理学者・箕作章吾《みつくりしょうご》と儒者・大槻磐渓《おおつきばんけい》が相談して「共和国」と訳したのは、ここに典拠したからだ。

西周の最後の王となった幽王《ゆうおう》は絶世の美女である褒姒《ほうじ》に溺れ、日ごろ笑わない褒姒が手違いで上がった烽火《のろし》によって諸侯が集まってきたのを見て笑ったことに味を占めた。たびたび烽火を上げたので、西夷犬戎《けんじゅう》に攻められたとき、諸侯は集まらず西周は滅びてしまった。

太子の地位を追われていた平王《へいおう》は洛邑《らくゆう》（のちの洛陽）で即位し（以後が東周）、これを周の「東遷」という。すでに西周2代目の成王《せいおう》が、洛邑を地上の中心と考えて副都としていたのである。それまで陝西省に都を置いていたのは要害の地だからである。「箱根八里」に出てくることで有名な函谷関《かんこくかん》（洛陽と西安の間の峠《とうげ》にある関所）などで四方を守られ、「関中《かんちゅう》」と呼ばれていた。

周王は、戦いの仲裁を頼まれたりもしたが、紀元前651年に山東省にあった斉の桓公《かんこう》が盟主となって諸侯に4代釐王《りおう》への忠誠を誓わせた。それにつづく秦《しん》の穆公《ぼくこう》、宋の襄公《じょうこう》、晋の文公《ぶんこう》（重耳《ちょうじ》）、楚《そ》の荘王《そうおう》の5人の春秋時代の覇者をもって「春秋五覇《ごは》」という（呉王の夫差《ふさ》または闔閭《こうりょ》、越《えつ》王勾践《こうせん》を入れることもある）。覇者と認められる儀式で、牛の耳を切って血を諸侯に飲ませたので、「牛耳る」という言葉が誕生した。

一方、戦国時代のはじまりとされるのは、現在の山西省にあった晋国の分裂が事後承認され、韓《かん》（南部）、魏《ぎ》（中部）、趙《ちょう》（北部）が諸侯として認められた紀元前403年である。そして、「戦国七雄《しちゆう》」と呼ばれる秦・楚・斉・燕・韓・魏・趙などが激しく争った。

湖南・湖北省にあった楚は、南蛮《なんばん》（中華思想にもとづく南方民族の蔑称）の国として諸侯として認められなかったのを逆手にとって、紀元前９００年前後に勝手に王を名乗った。紀元前３５１年には魏の恵王も王を名乗り、諸侯もそれにならった。

▼秦の「遠交近攻策」と始皇帝の登場 中

のちに中国を初めて統一する秦のはじまりはこうだ。西周の孝王《こうおう》のころ、陝西省犬丘（扶風《ふふう》）にあった非子という人が馬の生産をよくしたので嬴《えい》の姓を賜り、秦の地（甘粛《かんしゅく》省最南部礼県。隴南《ろうなん》市）に領地を賜った。周が洛邑に東遷したとき、秦の襄公《じょうこう》は東周の創始者となる平王が洛陽に移ることを助け、周の発祥地である岐山を与えられ、秦公を名乗った。

秦は紀元前６７７年に首都を雍《よう》（陝西省宝鶏市鳳翔《ほうしょう》県）に移し、９代穆公《ぼくこう》は春秋五覇のひとりに数えられた。首都はその後、涇陽《けいよう》（陝西省涇陽県）、櫟陽《れきよう》（西安北東）へと移り、始皇帝《しこうてい》から５世代前の孝公《こうこう》のとき、統一帝国の首都となる咸陽《かんよう》（西安の北西）に遷した。

戦国時代には秦は七雄のひとつとなり、孝公は商鞅《しょうおう》を抜擢して大政治改革をおこない、集権化に成功した。商鞅は什伍《じゅうご》制（五人組）の連帯責任で納税や治安維持を合理化し、農家の次男以下を分家させて荒地開墾《かいこん》をさせ、賞罰を明確化、集落の統合、郡県制の実施、農地の整理、度量衡《どりょうこう》の標準化を実施した。

始皇帝の曾祖父である昭襄王は、「遠交近攻策」（遠い国と友好関係を結び、近い国を攻める外交・軍事策）を採って、斉や燕と同盟して趙を攻め、長平《ちょうへい》の戦いでは捕虜40万人を穴埋めにし趙を大破。ついで、周王室も滅ぼした。日本の戦国時代にたとえれば、織田信長《おだのぶなが》の仕事までは仕上がっていたわけで、始皇帝は豊臣秀吉《とよとみひでよし》に当たるといえる。

周の時代には、鉄器も徐々に普及しはじめ、塩や絹織物や馬の交易もおこなわれ、大商人も現れた。秦の荘襄王《そうじょうおう》は太子となる前に趙の国に人質として送られていたが、商人の呂不韋《りょふい》が彼に投資をして秦王となれるように工作した。

始皇帝（政《せい》）の実父は荘襄王ではなくその呂不韋であるとの噂があったが、真偽は不明である。始皇帝は、13歳で秦王に即位した。成人した政は呂を追放し、李斯《りし》（法家で荀子《じゅんし》の弟子。韓非子《かんぴし》の同門）を重用し、いっそうの富国強兵につとめ、最後に残った山東省の斉を屈服させて紀元前221年に中国を統一した。

▼ナポレオンも採用した秦の中央集権制　中

全国を統一した政王は、三皇五帝をあわせて「皇帝」という呼び名を使うことにし、永続的な王朝を夢見ていたので、自分を始皇帝、後継者を二代皇帝と呼ばせようとした。始皇帝は一族や功臣たちに領地を与える封建制をとらず、中央から世襲でない代官を派遣する郡県制を採用した。その郡県の区割りも歴史的な経緯にとらわれず、サイズをできるだけ均一にした。

東京を中心とした中央集権を強固にするためには、関西が強力な地域であったりすると邪魔なので、47都道府県に分けて、これを平等に扱うという政策が採られているのと同じ理由だ。

フランスでも、大革命の前は、ブルゴーニュ、ブルターニュ、プロヴァンスなど強大な地域が存在したが、ロベスピエールやナポレオンは数十のほぼ同じサイズの県（デパルトマン）に分割し、その下に郡（アロンディスマン）を置き、プロフェッショナルな官僚や職業軍人に権力をゆだねた。イエズス会の宣教師たちが中国の制度を美化して紹介したのを採り入れたものだ。

日本の律令政治で、吉備《きび》を備前《びぜん》・備中《びっちゅう》・備後《びんご》・美作《みまさか》の4カ国に、越国《こしのくに》を越前《えちぜん》・加賀《かが》・能登《のと》・越中《えっちゅう》・越後《えちご》・出羽《でわ》の6カ国に、筑紫《つくし》を筑前《ちくぜん》と筑後《ちくご》に分割したのと同じ発想だ。ただ、日本の68カ国のサイズは結構バラバラで、徹底を欠くものだった。

明治体制は、建て前としては、王政復古である律令制度への回帰を標榜《ひょうぼう》した。しかし、具体的な制度は、ナポレオンらによって確立されたヨーロッパ近代国家の制度を導入したのだが、その二つは、いずれも始皇帝の発明した制度に淵源があったわけで、相性がよかったのである。

それだけでなく、幕末には幕府首脳や諸侯までも「封建制度から郡県制度に移るのは必然」という意識を共有しており、それが、大政奉還や廃藩置県が抵抗なくおこなわれた背景であった。

文化の領域での始皇帝の功績は、文字の統一である。各国でバラバラだった字体を統一し、篆書《てんしょ》という現代でも実印などで使うものが採用された、ただし、少し複雑すぎて実用的でないので、簡略化された隷書《れいしょ》が標準になった。度量衡も統一され、銭も円形に四角穴があるものが使われるようになった。

土木工事も盛んにおこなわれ、万里の長城は、月から見えるただひとつの人工構築物などといわれる（現在のものは明《みん》代に大改修されたもの）。これのおかげで、「漢民族の国」の範囲がはっきりした。全国的な道路網や運河も整備され、遼寧《りょうねい》省から広東《カントン》省あたりまでがひとつの経済圏としてもまとめられ、だからこそ、始皇帝をもって中国が統一されたといわれるのである。

始皇帝の悪行としては「焚書坑儒《ふんしょこうじゅ》」がある。官の記録と民間にあった医薬、占術、農事などの実用書以外の書物を焼き捨て、始皇帝に批判的な学者約460人を坑《あなうめ》にして殺した、というものである。今日的な観点から批判されることは当然であるが、「人による支配（徳治主義）から法による支配（法治主義）へ」移行することをめざすとすれば、儒教と相容れないのは当たり前だ。日本では儒教は清廉《せいれん》な思想のように受け取る人がいるがそれは間違いで、個人的な人間関係を公的な活動への反映も含めて大事にし、服装・建築・儀式などを荘厳に執りおこなえ、という思想である。だから、お世話になった人の縁者を人事で取り立てることも美徳なのである。

よくも悪くも中国人は「人による支配」に傾きがちであるが、だからこそ、正反対の極端な「中央集権」や「官僚制」が求められ、発展したというべきだ。

現代の中国でも、その二つの流れがせめぎ合っている。毛沢東《もうたくとう》は孔子を厳しく批判し、始皇帝を称賛した。文化大革命のときには林彪《りんぴょう》が「批林批孔《ひりんぴこう》運動」（林彪、孔子を批判する政治運動）で糾弾《きゅうだん》され、周恩来《しゅうおんらい》も孔子との類似性を批判された。

胡錦濤《こきんとう》の時代に、天安門広場に面した中国国家博物館の前に高さ9・5メートルもある孔子の銅像が建てられたが、すぐに「封建思想の象徴は天安門広場にふさわしくない」と撤去された。とはいえ、孔子への崇拝《すうはい》を否定するのも抵抗が強く、その結果、「偉大な教育者」として評価するということでバランスがとられている。

▼徐福伝説は弥生時代のはじまりと符合している――日中

秦は統一から14年、始皇帝の死から3年で滅んだ。始皇帝が全国巡幸の途中で死んだとき、宦《かん》官《がん》の趙高《ちょうこう》が丞相《じょうしょう》の李斯を抱き込んで遺言を書き換え、まともな嫡男の扶蘇《ふそ》を自害させ、四男で無能な胡亥《こがい》を二世皇帝にした。趙高は李斯も失脚させたが、全国で反乱が起こり、始皇帝の孫の子嬰《しえい》が三世皇帝になったが手遅れだった。

この原因は、郡県制や強力な正規軍が十分に機能しはじめる前に、始皇帝が死んだことである。

日本でも壬申《じんしん》の乱（672年）のとき、大友《おおとも》皇子に群臣も正規軍もついたが、よせ集め部隊の大海人《おおあま》皇子に負けた。しかし、奈良時代になると、藤原広嗣《ふじわらのひろつぐ》の乱や恵美押勝《えみのおしかつ》の乱では、正規軍の圧倒的な強さと官僚機構の統制の強さで反乱はすぐに失敗した。中央集権体制ができあがり機能するには、一世代くらいの時間が必要なのである。

また、地方軍閥《ぐんばつ》をなくすと、宗族《そうぞく》（皇帝の一族）や軍人の謀反《むほん》は防げるが、農民の反乱などに機動的に対処できない問題が出る。そこで、この二つの要請の調和をとることに歴代の王朝は苦慮することになる。

始皇帝と日本のつながりといえば、徐福《じょふく》の物語がある。『史記』によると、徐福は琅邪《ろうや》（山東省南部。青島《チンタオ》近郊）の生まれ。「東方の三神山《さんしんざん》（蓬萊《ほうらい》など海上にあり仙人が住むとされた三つの山）に長生不老の霊薬がある」と始皇帝に申し出て、３０００人の男女と多くの技術者とともに、五穀の種を持って東方に船出し、「平原広沢（広い平野と湿地）」を得て王となり戻らなかったとされている。

徐福が日本に来たというと、上海《シャンハイ》あたりから東シナ海を横断したように受け取る人が多いが、船出の地は山東半島であるし、韓国にも徐福の伝説があるので、半島沿岸経由のほうが自然である。アメリカ大陸でも、インディオたちはアラスカから、バイキングたちはグリーンランドから来たのであって、太平洋や大西洋を横断してやってきたのではない。

もともと長江流域は南蛮の地であり、始皇帝の統一以前は、漢民族でないといわれる楚などの支配地域だった。先に紹介した、日本人の先祖ともいわれる呉の太伯も、黄河流域から呉の国

（江蘇省）に移住し、入れ墨をすることで中原に帰らない意思を示したという。

しかし、楚・呉・越なども徐々に漢民族化し、始皇帝の全国統一の結果として「内地」になった。やがて、人口が増加していくと土地が足りなくなって、新天地を求めて華南の開発も進み、朝鮮半島や日本列島に移住していく人々があったと想像される。

この朝鮮半島経由のルートは往復もむずかしいわけでなく、日本に渡ったのちに帰ってきた人もいただろうから、日本に水田耕作に向いた土地が多くあると聞いて、そこをめざす人も出てくる。徐福が、始皇帝を瞞《だま》して移住者や資金を提供させたというのも、あながち非現実的な想像ではない。

日本に稲や水田耕作が最初に伝わったのは、最近の学説にあるように、３０００年前くらいだったとしても、それが飛躍的に拡大したのがこの時代であることも間違いないことだ。

▼始皇帝が秀吉なら漢の劉邦は家康に似ている ―― 日中

歴史上の人物や時代について外国で似た例を探すのは、しばしばこじつけになる。だが、漢（前漢）の時代と江戸時代、高祖劉邦《こうそりゅうほう》と徳川家康《とくがわいえやす》は、かなり似ている。

始皇帝に似たのは織田信長だというイメージを持つ人もいるだろうが、始皇帝が全国展開した制度は、先述のとおり、すでに5代前の孝公のもとで商鞅らによって構築されていたものであり、それが信長の役割に近い。

始皇帝は、秦王国において実験されていた制度をもとに、それをさらに磨き上げて全国におよぼしたというべきで、豊臣秀吉やナポレオンの仕事に近い。秀吉には独創性がないとかいう人がいるし、ナポレオンの業績についても、すでにアンシャン・レジーム（旧体制、すなわちルイ王朝）で準備されていたとか、ロベスピエールなどによる革命政府の仕事を引き継いだだけともいわれるが、総合的に全体システムとして確立したのは、秀吉でありナポレオンだ。

ただ、両者ともあまりにも革命的なので、人々に十分には受け入れられず一代で終わってしまった。後継者に恵まれなかったことも含め、始皇帝は秀吉にもナポレオンにも似ている。

しかし、ナポレオンの創った近代国家は、王政復古での揺り戻しはあったものの、七月革命のあとの立憲王制、二月革命のあとのナポレオン三世による第二帝政、そして、普仏戦争のあとの第三共和政によって完成し、定着した。

徳川家康や劉邦は、先達のつくったシステムを基本的には踏襲《とうしゅう》しつつも、少しゆるやかにして保守派を安心させた。

劉邦は「郡国制」を考え出して、直轄《ちょっかつ》地では秦の制度と同じような治め方をしたが、宗族や功臣たちにも辺境を中心に私的な領地を与えて藩王とした。江戸時代に幕府領と大名領が並列したのと同じだ。大名領について、新井白石《あらいはくせき》らが、漢の制度に似ているとして藩と呼んだのは慧眼《けいがん》であった（ただし、藩が公式名称になったのは明治元〜2年にかけての府藩県三治制と版籍奉還《はんせきほうかん》によるものである）。

女性の遺体がミイラ化もせずに残っていた湖南省の馬王堆漢墓《まおうたいかんぼ》は、このころの長沙国《ちょうさ》の丞相一族のもので、彼らの豊かさに驚かされる。

もうひとつ似ているのは、儒教の採用である。高祖劉邦に儒者・叔孫通《しゅくそんつう》は、「儒者は進取には役立たないが、守成には役立つ」と売り込んだ。高祖は堅苦しい儀式は苦手だったので、ほどほどに簡略な新しい儀礼を叔孫通がつくって家臣たちを集めた。荒くれ男たちが整列し、神妙にうなだれているのを見て、高祖は「私は初めて皇帝の尊さを知ったぞ！」と喜んだ。

高祖が太子を廃嫡《はいちゃく》しようとしたときも、叔孫通は世の乱れをもたらすとして反対したので思いとどまった。家康が秀忠《ひでただ》・江《ごう》夫妻がかわいがっていた利発な忠長《ただなが》でなく、愚鈍な家光《いえみつ》を3代目に指名したのにも似ている。


劉邦が表舞台に登場したのは、陳勝《ちんしょう》・呉広《ごこう》の乱という農民反乱のなかからだ。陳勝・呉広は、徴用されて指示された現地へ行く途中、道路が不通になって間に合わなくなり、死刑にされるくらいならと反乱を起こした。

その後の混乱のなかで頭角を現したのが、楚の名族から出た項羽《こうう》と、地方の官吏だった漢の劉邦だった。項羽は浙江省会稽《かいけい》（紹興）、劉邦は江蘇省徐州《じょしゅう》市沛《はい》県で兵を挙げ勢力を拡大した。

初めは項羽が優勢だったが、劉邦が先に秦の都だった咸陽を陥落させた。あとからやってきた項羽は秦の皇族たちを殺し略奪したので、人望を失い、徐々に劉邦に主導権が移った。

この二人の天下取りをめぐる争いは、中国でも日本でも文学作品で取り上げられ、項羽が、要害の地で天下を治めるのに向いた咸陽周辺の関中地方にとどまれと部下がいうのを聞かず、「故郷に錦を飾る」のでなければ意味がないといったとか、籠城《ろうじょう》していたときに、敵方の陣営からまで自分の故郷の歌が聞こえるので絶望したという「四面楚歌《そか》」といった諺《ことわざ》もよく知られている。

▼シルクロードを開き、習近平の理想となっている武帝　中

高祖劉邦とその後継者は「法三章で足る」（秦の厳格な法を廃し、殺人、傷害、窃盗を罰する法の3章のみとした）と寛容な政治をし、外征でも内政でもあまり無理をせず、税を安くし、刑罰をゆるくし、倹約にも努めたので、経済は発展し、国庫も豊かになった。とくに、5代文帝《ぶんてい》（高祖の子）、6代景帝《けいてい》（高祖の孫）のころを「文景の治」という。

ここまでは徳川幕府に似ているのだが、そのあとの展開は違う。3代目の家光までは大名をことあるごとに取り潰したが、浪人が社会不安の原因になるとして、無理をしなくなった。とくに8代将軍吉宗《よしむね》は、大名の上納金は増やすかわりに、移封《いほう》すらほとんどやめた。とりあえずは平穏になったが、西南雄藩の台頭をまねき、やがて倒幕されることになった。

また、大陸侵攻までくわだてた秀吉に対し、家康は細々とした交易の確保で満足し、3代目家光は鎖国し、やがてそれを祖法と勘違いして強化した。このため、日本は明から清への交代、西欧諸国の世界支配の進展といった時代の変化に背を向けたままになった。

一方、郡国制で出発した漢では6代目の景帝が削藩政策を採ったので、前154年に揚州《ようしゅう》の呉王などが「呉楚七国《ごそしちこく》の乱」を起こしたが平定された。この景帝とその子の武帝《ぶてい》によって漢は大発展をとげ、領土も広げて同時代のローマ帝国と比肩する世界的大帝国となったのである。

武帝は現代の中国人がもっとも尊敬する人物のひとりであり、習近平が模範としているといわれる。その理由は領土拡張（中国語で「開疆闢土」）に成功したからである。

漢にとって最大の脅威は匈奴《きょうど》だった。他民族との比較は次章で書くが、本拠地はウランバートルの北にあった。戦国時代から勢力を伸ばし、始皇帝は万里の長城を築いて防いでいたが、始皇帝の死の前年に即位した冒頓単于《ぼくとつぜんう》という英雄が出て、大帝国を築いた。

高祖は対等の関係を結んで、皇帝一族の女性を妃として送り、毎年贈り物をした。しかし武帝は、武将の衛青《えいせい》や霍去病《かくきょへい》に匈奴を討たせて西域に領土を伸ばし、敦煌《とんこう》など河西四郡を置き、大宛《だいえん》（フェルガナ、現在のウズベキスタン）を征服して汗血馬《かんけつば》を手に入れた。

こうして、シルクロードを通じて中国の絹がローマにまで運ばれ、西からはブドウやザクロも中国に来た。そしてなによりも仏教が、おそらく前漢末ごろに伝来した。

匈奴のもとに降嫁した美女・王昭君《おうしょうくん》の哀話は、後世多くの文学作品となり、いかに漢が彼らに気をつかっていたかを示している。現代中国ではこれを悲劇でなく民族間交流の美談に仕立て上げているが、そういうものではなかろう。

匈奴は紀元前1世紀には東西に分裂し、東匈奴は漢に従う北方民族のひとつとなり、西匈奴は中央アジアに移ったが滅ぼされた。

この匈奴はテュルクないしモンゴル系といわれるが、文字を持たなかったので不明なままだ。子孫は、北魏《ほくぎ》の時代に漢民族に同化された。西に移った人々がヨーロッパを襲ったフン族と関係するという伝説はあるが、なにも明らかなことはない。

また、漢は北ベトナムや北朝鮮（楽浪郡《らくろうぐん》は平壌付近に置かれた）にまで郡県を置いて内地化した。しかし、行きすぎた領土拡張はコストもかかり、国力を弱めた。「開疆闢土」も下手をすると亡国のタネになることは、習近平にも教えてあげたいところである。

国内では、「推恩令《すいおんれい》」で封建領地の分割相続を許すという高等戦術で大諸侯の力を削ぎ、有能な官僚を抜擢し、地方にも派遣し、ほとんど始皇帝の郡県制に近い制度に戻した。

儒教は、すでに高祖によって取り上げられていたが、武帝は儒者の董仲舒《とうちゅうじょ》を抜擢して、儒学を正統の学問として五経博士《ごきょうはかせ》の官職を設置し、儒教を「国教」としたといわれる（前136年）。この点でも徳川幕府に似ている。いってみれば、ローマ帝国がキリスト教を取り込んだみたいなもので、十分に強力になった帝国を安定させる思想として、利用することに転じたのである。

江戸幕府とのさらなる共通点は、「重農抑商」である。漢では農業が国の基本とされ、商業は抑圧された。華北や陝西省の乾燥地域ではカナート（地下水路）を使った水利事業や、その副産物としての小麦栽培の飛躍的な拡大に成功した。華北が雑穀から小麦主体の食生活に変わったのはこの時代だ。

武帝は商人を抑圧し、均輸法・平準法によって、流通を支配し、物価統制をするとともに、塩・鉄・酒を専売制にして莫大《ばくだい》な財政収入を上げた。もちろん、それで軍事費も調達できたし、農業の安定などはかれたが、経済の発展の支障になったのも間違いない。

工業では鞴《ふいご》が実用化されるなど、鉄の生産が軌道に乗り、後漢《ごかん》時代には鉄製の武器が主体となった。鉄製の武器が登場したのは春秋時代というから、それから青銅製の武器への優位が確立するまでには数世紀以上が必要だったのである。

▼官僚・宗族・外戚・宦官が権力闘争をくり返す　中

「前漢は外戚が、後漢は宦官が滅ぼした」といわれる。すでに書いたように、周は王室の分家である「宗族」が大名として世襲の領地をもらった。しかし、宗族は国王に対して独立強化をはかったり、取って代わることに傾きがちだ。

それに、宗族といっても、初代の兄弟や親戚などが中心だから、２代目以降は縁遠くもなるし、自分たちの子供の処遇《しょぐう》にも困る。自分の次男に新たな領地を与えるのもむずかしくなる。

そこで、秦の始皇帝は、権力は皇帝と一代限りの官僚で行使する体制をめざした。しかし、後継者指名をきっちりしなかったためでもあるが、官僚たちが強力な皇帝を拒否して国は滅びた。

漢の高祖は宗族をそれなりに遇したが、権力は持たせなかった。だが恐妻家だったので、皇后《こうごう》の外戚の跋扈《ばっこ》を招いた。その後も、皇帝にとって安心できるのは自分の母親と皇后の一族になった。そして、母《ぼ》后《こう》と皇后の外戚同士とか、寵姫《ちょうき》の外戚まで絡んだ争いも深刻化した。

そこで出現したのが宦官である。宦官は子孫を残せないので皇帝に忠実だったが、そのかわり、将来を考えない刹那《せつな》的な思考が目立った。しかも、宦官が養子を取ることが認められるようにもなって、状況はますます混沌《こんとん》とした。


この官僚と宗族と外戚と宦官の果てしない欲望のぶつかり合いこそが、中国史の歴史を織りなし、それは近現代にまでおよんでいる。とくに、腐敗によって私腹を肥やすといっても、日本では経済全体に悪影響を及ぼすような規模にはならないのだが、中国の場合はケタ違いで、何年分の国庫収入が抜き取られることもしばしばなのである。

前漢を滅ぼしたのも、外戚一族の王莽《おうもう》であった。武帝の曾孫である11代元帝《げんてい》の皇后王政君の甥である。

元帝の子の成帝《せいてい》は踊り子の趙飛燕《ちょうひえん》を皇后とし、無能で放蕩《ほうとう》にふけっていたので、王氏一族が権力を独占した。しかし、趙飛燕が帝位につけた13代哀帝《あいてい》は男色相手の董賢を大司馬《だいしば》の地位につけ、死後は後継者指名のための玉爾《ぎょくじ》を渡したが、王政君はこれを奪わせて平帝《へいてい》を即位させ、大司馬に王莽をつけた。平帝は王莽の娘を皇后としたが、平帝は若死にした（王莽による暗殺説もある）。そののち、孺子嬰《じゅしえい》が太子となるが、王莽は帝位を譲らせ「新《しん》」を建国した。ただ、このとき、王政君は強く非難したという。

王莽は周代を理想とする理念的な政治をおこなった。大土地所有を制限し、新貨幣を28種類も鋳造《ちゅうぞう》したり、周辺民族を侮《あなど》り、たとえば高句麗を下句麗と改称させるなどした。近代になって社会主義の先駆のように称賛する者がいたが、理念的にすぎて成果があがっていないこともあり、現代中国での評価も低い。

しかも、黄河の氾濫《はんらん》も起きるなかで、農民による「赤眉《せきび》の乱」（18〜27年ごろ）が起こった。このなかから、漢の一族のうち更始帝《こうしてい》が王莽を倒し即位したが、やがて、人格者として知られた光武帝《こうぶてい》に代わられ、後漢が成立した。

イエス・キリストと同時代人である光武帝は、清廉な役人を庇護《ひご》し、功臣を粛清《しゅくせい》したりしない一方で、親族にも法を厳しく執行し、奴卑《ぬひ》を解放したので、派手ではないが名君といわれ、中国的なドロドロした情念とは距離を置いた近代人だった。

伝統的には権威主義を是とする儒者たちの評価はもうひとつだったが、諸葛亮《しょかつりょう》（孔明《こうめい》）や宋代の歴史書『資治通鑑《しじつがん》』の著者である司馬光《しばこう》などは絶賛していたし、現代中国での評価も高い。また、若いころからの憬れの美女で、のちに皇后となった陰麗華《いんれいか》は、一族の栄達を望まず、中国史上でも最高の賢夫人として知られる。

後漢初期は税を安くし外征をひかえるなど経済復興につとめたので、人口も増えた。2代明帝《めいてい》のときに仏教が伝来したとされ、4代和帝《わてい》のときには、蔡倫《さいりん》が紙を発明し、武将・班超《はんちょう》が西域で活躍した。

しかし、後漢の時代は災害がつづき、水害、干ばつ、虫害、地震、疫病《えきびょう》など原因はさまざまだが、前漢では飢饉《ききん》の年が15パーセントだったのが61パーセントになった。

さらに、極端な幼帝がつづき、外戚の弊害《へいがい》が増した。8代順帝《じゅんてい》の皇后の兄である梁冀《りょうき》は、質帝《しってい》を毒殺、11代桓帝《かんてい》の皇后に妹を送り込んだが、桓帝は宦官たちとはかって梁冀を襲って一族の300名以上を殺した。

宦官たちが国政を牛耳るようになると、対立する官僚たちが自分たちを「清流」、宦官を「濁流」と呼んで打倒を試みた。が、二度の「党錮《とうこ》の禁」で逆に粛清された。

しかも、宦官も養子を取ることが認められたので門閥《もんばつ》化したが、そのなかから曹操《そうそう》が登場する。

▼曹操は現代中国では最高の名君と評価される

後漢の末期に、宦官と外戚の果てしない争いが繰り広げられたころ起きたのが、道教《どうきょう》の源流のひとつである「太平道《たいへいどう》」を信奉する「黄巾《こうきん》の乱」（184年）である。太平道は、罪を懺悔《ざんげ》して、お札と霊水を飲んで神に許しを乞う願文を唱えると病が治るという宗教だ。

この反乱を鎮《しず》めたのは豪族の私兵たちで、その後彼らの力は増した。189年に後漢の霊帝《れいてい》が死ぬと、宮廷の実力者・袁紹《えんしょう》と宦官たちの対立は激化し、隴西《ろうせい》（甘粛省南部）の董卓《とうたく》ら有力豪族が上洛し、宦官はみな殺しにされ大混乱となった。

董卓は袁紹を河北省に追いやったが、やがて14代献帝《けんてい》とともに長安に移り、洛陽は荒廃《こうはい》した。長安では董卓が殺され、逃げ出した献帝を保護したのが、曹操だった。曹操は袁紹を「官渡《かんと》の戦い」（河南省鄭州付近）で破り、宮廷を牛耳るようになった。

曹操の先祖は名門出身だが、父が有力宦官だった曹騰《そうとう》の養子になっていた。曹操は、若いころ人相見から「治世の能臣、乱世の奸雄《かんゆう》」といわれ、有力宦官の縁故者として出世するはずだったが、宦官力が一掃されたことで挫折《ざせつ》していた。しかし、袁紹の同盟者として頭角を現し、太平教団の主力を傘下《さんか》におさめていた。

このころ前漢景帝の後裔《こうえい》と称する劉備《りゅうび》（昭烈帝）は、関羽《かんう》や張飛《ちょうひ》、諸葛孔明らの扶《たす》けで勢力を湖北省で伸ばしていた。江南では土豪の孫権《そんけん》（大帝）が独立政権を樹立した。曹操は208年の「赤壁《せきへき》の戦い」（湖北省咸寧付近）で劉備と孫権の連合軍に敗れて、統一はいったん遠のいた。

曹操は娘を後漢献帝の皇后とし、魏王《ぎおう》の称号を得たが、「（自分の代には殷を倒さなかった）周の文王たればよい」とした。死ぬときには、「喪に服す期間は短くし、墓に金銀を入れるべからず」と遺言したことは、曹操の簡素な墓が2009年に発見されたとき立証された。

現実主義的な価値観が儒学者から嫌われた曹操は、『三国志演義』では完全な悪役である。身体が小さかったのだが、鄧小平《とうしょうへい》が表向きのトップの座に座らなかったのは、背の低さも理由だといわれているくらいで、中国人はリーダーには背の高い人を好む。ジェネラリストだけでなくスペシャリストを大事にしたとか、過去に問題を起こした人物を登用したとか、儀礼や墓などを簡素化したなど、すべて儒者の立場からすれば好ましくなかった。

しかし、毛沢東に高く評価され、現代の中国では始皇帝と同じように偉人として絶賛されている。詩人としても古風で素朴《そぼく》な表現で、戦争や人々の苦しみを歌った、『万葉集』と似た趣《おもむき》の漢詩を残し高く評価されている。日本でも吉川英治《よしかわえいじ》の小説『三国志』からは、悪役とばかり扱われなくなった。

曹操の子の曹丕《そうひ》（魏の文帝《ぶんてい》）は、予定どおり帝位を「禅譲」させ、その儀式はその後の王朝交替で真似られたが、一方、献帝が曹操の娘だった皇后と54歳で死去するまで生き、このうるわしい扱いのほうは後世に引き継がれなかった。

▼諸葛孔明の評価は同時代から高かった　中

中国史で三国時代というのは、後漢滅亡・魏の建国の２２０年から、魏に取って代わった西晋《せいしん》が呉を滅ぼして中国を統一した２８０年までの60年間である。

魏の建国の翌年には、劉備が四川《しせん》省の成都《せいと》で皇帝を名乗った。自称は漢だが普通には蜀《しょく》と呼ばれる。さらに翌々年、孫子《そんし》の子孫と称する孫権も呉王を称し、２２９年には皇帝を名乗った。しかし、２６３年に魏が蜀を滅ぼし、魏では２６５年に司馬炎《しばえん》が帝位を奪って西晋となった。そして、晋が２８０年に呉を滅ぼして、統一が回復した。

三国とはいうが、魏が人口などの3分の2を占めており、魏と二つの地方政権というのが実態であった。ただ、４００年もつづいて漢民族に大きな栄光を与えた漢への郷愁はなお強かったのも事実で、蜀の人気は高かった。

また、諸葛亮も知略・軍略に優れていただけでなく、蜀江錦《しょっこうにしき》の生産や、南西の少数民族の慰撫《いぶ》、「泣いて馬謖《ばしょく》を斬る」の逸話に見られる私心のない指導者として人気が高かった。

関羽は義理堅い名将で学もあったそうだが、現在のような民間信仰の対象とされ、中国人から菅原道真《すがわらのみちざね》と坂上田村麻呂《さかのうえのたむらまろ》を併せたような人気を得るようになったのは、宋代以降である。

呉では軍人が世襲で大名のようになり、屯田兵《とんでんへい》のような形で地域開発をした。そのために江南の開発は進んだが、形勢が悪くなると「人は石垣」にはなりえず、西晋が大軍で侵攻してきたときも戦わずして降《くだ》る者が多かった。それでも、中原から優れた技術を持った人々が多く移住して、江南の開発はおおいに進んだ。

「死せる孔明、生ける仲達《ちゅうたつ》を走らす」の成句で知られるように、五丈原《ごじょうげん》で諸葛亮と戦ったことで知られる司馬懿《しばい》（仲達）の先祖は、漢代を通じて高官を多く出した名家で、父が曹操の恩人でもあることから曹操に重用された。魏の皇帝となった文帝（曹丕《そうひ》）のときに実権を握ったが、禅譲《ぜんじょう》を受けて西晋を立国したのは、孫の司馬炎（武帝）のときである。

西晋の武帝は魏にもともと親族が少なかったうえに、曹操がその跋扈《ばっこ》を抑えようと領地をあまり与えなかったことが災いして藩屛《はんぺい》（君主を支える勢力）とならず、容易に司馬氏に取って代わられたことを反面教師にして、名門だけに分厚かった一族への処遇をさらに厚くした。

ところが、彼らは貪欲《どんよく》に私利をむさぼり、2代皇帝のときに、皇太后の一族を皇后一族が排除しようと数千人を殺したのを機に、一族が入り乱れて争う「八王《はちおう》の乱」が起こり16年つづいた。

しかも、このとき、諸侯が夷狄《いてき》の傭兵《ようへい》を雇ったことから、彼らが力を伸ばし、匈奴出身の漢（のちの前趙《ぜんちょう》）の王劉聡《りゅうそう》が洛陽を陥落させる「永嘉《えいか》の乱」が起き（311年）、5年後には西晋は滅びた。漢王と名乗っていたのは、王昭君の伝説にあるような匈奴と漢王室とのつながりを強調するためだった。

▼神武東征は『記紀』に書かれていない！　日

前漢の全盛期である武帝の時代に成立した『史記』には、秦の始皇帝の時代に山東省の琅邪《ろうや》から船出して、東海の島に移住した徐福のエピソードが載っている。日本とは明記されていないものの、日本列島と見るのが普通だろうし、日本の各地に徐福の伝説も残っている。

後漢の時代に班固《はんこ》が編纂した『漢書《かんじょ》』（前漢についての正史）においては、倭国について「楽浪海中に倭人があって、百余国に分かれ、ときどき挨拶にやってくる」という明示的な記述が現れる。このころには、部族国家の形成がはじまっていたということだ。

『後漢書・東夷伝』には、「（西暦57年に）倭奴国《わのなのくに》が朝貢してきた。使節は大夫と称していた。倭国の南の端である。光武帝は印綬《いんじゅ》を賜った」とある。江戸時代に博多湾の志賀島《しかのしま》から発見された国宝の金印がそれであるとされている（偽造説もないわけではない）。途中の朝鮮半島南部などに比べて格段に高い位置づけがされており、倭国のほうが先進地域だったことを示す。

107年には倭国王帥升《すいしょう》らが160人の奴卑を献上してきたとある。桓帝と霊帝のころ（146〜189年）、倭国で大乱があったが、卑弥呼《ひみこ》という「鬼道を用いてよく衆を惑わした」女王が混乱をおさめた。卑弥呼が女王だった邪馬台国《やまたいこく》の所在地には、九州説と畿内説があるが、のちに検討するとして、『日本書紀』における日本国家成立史はどうなっているだろうか。

神武天皇（イワレヒコ）は、天孫降臨で高千穂峰に降ったニニギの曾孫で、45歳のとき「東に美しい土地があり、青い山に囲まれ、天からニギハヤヒ（饒速日命）が先に下っているが、天下を治めるにふさわしい土地だ」と聞いて東へ向った。戦前の教科書には、宮崎県北部の美々津《みみつ》港から大軍団を率いて東征に出発したと書かれ、日本海軍発祥の地とされていた。

しかし、『日本書紀』に、同行したとして名があげられているのは三人の兄たちと長男のタギシミミ（手研耳命）、そして中臣氏の先祖だけである。女性は連れていない。軍勢を率いたとも書いていない。そもそも、領地や家臣を持った領主だったことをうかがわせる記述は皆無《かいむ》である。つまり、少人数の男性だけで国をあとにした、としか読めない。

華々しい「神武東征伝説」は、南北朝時代の『神皇正統記《じんのうしょうとうき》』あたりからだ。平安時代の法令集『延喜式《えんぎしき》』に登録されている日向の神社で神話と結びつくのは江田神社（黄泉国《よみのくに》から帰ってきたイザナギがこの地で禊《みそぎ》をしたという伝説がある）だけで、神武東征前の宮殿の跡とされる宮崎神宮も朝廷から公認されたのは明治以降だし、高天原が地上にあるはずはないし、高千穂神楽は仏教の行事が幕末に神話と結びついたものだ。

大和朝廷で最初に日向に現れたのは景行《けいこう》天皇とヤマトタケルだが、墓参りなどルーツ探しもしていない。

とはいえ、私は神武天皇が日向出身というのは本当だと思う。嘘を書く理由がない。イワレヒコの一行は、『日本書紀』によると吉備など各地でかなり長期間滞在しているが、傭兵稼業でもしながら力をたくわえて大和入りしたのではないか。

そして橿原《かしはら》を中心にクニを建てたが、支配地域は、せいぜい橿原市と御所《ごせ》市だけだった。神武天皇は、オオクニヌシ（大国主命、大己貴命）の孫娘を皇后とし、崩御のあと日向から一緒に来た嫡男のタギシミミが跡を継ぎ皇太后を娶《めと》ったが、皇太后は自分の子である綏靖《すいぜい》天皇と協力して夫を殺した。

綏靖天皇の皇后は母親の姉妹で、3代安寧《あんねい》天皇の皇后はオオクニヌシの子であるコトシロヌシ（事代主神）の孫である鴨王の娘である。天皇家がやってくる前の大和の支配者たちが出雲と縁がある人々だった可能性が強い。「欠史八代」といわれる2代綏靖天皇～9代開化《かいか》天皇の天皇たちも、群小国家の王として、大和連合をともになす近隣の王たちと縁組みしていった。

相手の出身地を地図上にプロットすると、当時の大和でいちばん栄えていた三輪山のふもとの纏向《まきむく》地区に徐々に近づき、10代の崇神《すじん》天皇が大和を統一したことがわかる。

崇神天皇は、畿内全域、吉備、出雲、関東の一部に大和朝廷の権威を認めさせ、ここに日本国家の原型が完成した。

出雲では、領主である出雲振根《いずものふるね》が筑紫国に行っているあいだに、弟が崇神天皇から要請されて神宝を差し出し、筑紫から戻った兄の振根が怒り弟を殺した。崇神天皇は弟の子で出雲国造《くにのみやつこ》家の祖先となる鸕濡渟《うかつくぬ》の求めで、先に服属していた吉備津彦《きびつひこ》らを派遣して振根を殺させた。

神武天皇の建国は『日本書紀』の年代をそのまま適用すると紀元前660年で、中国の春秋時代、孔子の時代より1世紀ほど前となる。前漢の成立は8代孝元《こうげん》天皇、後漢のはじまりが11代の垂仁《すいにん》天皇、滅亡は神功《じんぐう》皇太后（仲哀天皇の崩御後は皇太后と表記）が君臨していた時代に当たる（神功皇太后が歴代天皇から最終的に外されたのは大正15年であって、伝統的には女帝のようにも扱われてきた）。

しかし、帝王のありえない長い寿命が前提になっているので、あとで書くような方法で補正してみると、神武天皇の即位は紀元前後で前漢末から後漢初めのあたり、後漢の滅亡は8代孝元天皇かその次の開化天皇のころになり、崇神天皇の大和統一は西晋の時代と見られる。

▼邪馬台国は北九州ないしその周辺だ　日

『魏志倭人伝』では、光和年間（178～184年）に卑弥呼が女王となり、239年に使節を魏に派遣して親魏倭王の金印と銅鏡100枚を与えられたとする。240年には帯方郡から使者が日本に渡り詔書、印綬を渡し、243年には卑弥呼が使節を派遣、247年にも狗奴《くな》国との戦いに救援要請したので、派兵や武器援助はしないが、詔書や黄旗を与えたとある。

しかし、248年ごろに卑弥呼は死んだようで、男の王が立ったがおさまらず、卑弥呼の宗女《そうじょ》「壹與《いよ》」が13歳で女王となり、265年に魏に遣使したが、その後の消息は絶えた。壹與が卑弥呼の実子だとすると年齢の辻褄が合わないから、養女だろうか。壹與と崇神天皇は同時期のようで、卑弥呼と同時代の大和では統一王権は成立してなかったと見るべきだ。


『魏志倭人伝』では、魏の使節は、ソウル北方にあった帯方郡から、半島南部は通過せず海路で狗邪韓国《くやかん》（任那《みまな》の中心である釜山西方の金官国《きんかん》）に着き、そこまでが七千里余り。海を渡り千里余りで対馬国《つしま》、千里余りで一大国（壱岐《いき》）、千里余りで末盧国《まつろ》（佐賀県唐津市を含む旧松浦郡）。そののち五百里行くと、伊都国《いと》（福岡市の西にある糸島市付近）、百里で奴国《な》（福岡市付近）に着いた。東に百里行くと不弥国《ふみ》（飯塚市あたりが有力）とくわしいのだが、急におおまかな数字になり、不弥国から邪馬台国は南に何百キロにあるようにも読める（十里で1キロらしい）。

そこで、畿内説も出るのだが、帯方郡から女王国までは、一万二千里余りとはっきり書いてあり、差し引き、不弥国と邪馬台国は千三百里であり、100キロくらいである。つまり、方角では九州で、距離は矛盾した数字が並んで決め手がないということだ。

不弥国から邪馬台国までの途中の国についての具体的な観察もほとんどないので、使節は不弥国までしか行っていない可能性も強い。たとえば、女王はだれとも会わないから来てもらっても謁見《えっけん》はできないとか、海が荒れているとか道が険しいとかいわれて諦めたのではないか。

邪馬台国と対立していた狗奴国について、男王の名を卑弥弓呼《ひみここ》としているから、卑弥呼は王者を意味する一般名詞ではないかと疑う。家臣の名としてある狗古智卑狗《くこちひこ》というのが、菊池に通じそうなので熊本県と結びつけることは可能だが、断定はできない。

畿内説は、考古学的に見て畿内のほうが栄えていたとか、大型墓が九州にないというが、中国と交流していたことが列島でもっとも豊かだった証拠にはならない。それに畿内説で有力候補といわれる奈良県桜井市の纏向遺跡からは、東国の産物は多く出るが、海外のものや九州の産物は少なく、『魏志倭人伝』の記述と符合しない（纏向地区にある箸墓《はしはか》古墳の年代も諸説あるし、考古学の有力説は頻繁に変わるので、現在の有力説といえども信頼性は低い）。

私自身は、断定的に九州説だ。少なくとも政治外交の展開を考えたら、九州説だとすべての文書が矛盾なく説明できるが、畿内説ではなんの資料も信用できなくなる。

九州中部とみるのがもっとも自然で、筑後、ついで宇佐《うさ》などが有力だと思う。のちに斉明《さいめい》天皇が百済救援のために九州で宮を置いたのは朝倉宮（福岡県朝倉市）であり、隣には現在の柳川市などを含む山門《やまと》郡がある。

そのほか、宇佐八幡宮なども含めた大分県や熊本県でもおかしくないと思うし、周防・長門地方とか、少し遠すぎるものの吉備地方、出雲地方あたりまでが私にとって許容範囲だ。

▼漢民族による古朝鮮建国と平壌にあった楽浪郡 ——— 韓

神話でしかない檀君《タングン》の物語はともかくとして、朝鮮の歴史を語る場合には、殷が滅びて周に代わったときに、殷の王族のひとりが遼寧省から北朝鮮にかけての土地に移って箕子《きし》朝鮮という国を建てたと司馬遷の『史記』にあるのがはじまりとなる。

殷の箕子（胥余《しょよ》）は、甥の帝辛（紂）の暴政を諫めたが聞き入れられなかった。周の武王は箕子を家臣とするには恐れ多いとして、朝鮮王として封じたので、殷の遺民を率いて東方へおもむいたという。

また、漢初に北京付近に燕《えん》という藩王国があったが、謀反の疑いをかけられて滅びたとき衛満《えいまん》という人が箕子朝鮮を討ち、真番《しんばん》（朝鮮半島南部）も服従させ、燕や斉から逃げてきていた漢人により王に推戴《すいたい》され、王険城《ワンゴム》（平壌）を築き王都とした（衛氏《えいし》朝鮮）。箕子朝鮮は考古学的な裏付けがないが、衛氏朝鮮は存在したようである。

しかし、どちらも、中国北東部に漢民族の植民が進み、それがクニに発展したといった程度のことで、これをもって朝鮮国家の建国というべきかは疑問である。壇君朝鮮も含めて古朝鮮と総称されるが、いずれも現代の韓国人とは別の民族の国であり、15世紀に李成桂《イソンゲ》が建国したときに中国から見て東にあるという意味で、朝鮮《チョソン》を国号としたという以上の関連性はない。

いずれにしても、箕子朝鮮はどうみても中国人の国なので韓国・朝鮮の人は否定したいらしいのだが、衛氏朝鮮は土着勢力の協力も得た可能性があるので、受け入れやすいらしい。

漢の武帝の時代になると、衛氏朝鮮は、半島の国々が漢に朝貢にいくことを好まず、独立志向が強いというので、武帝はこれを滅ぼし楽浪《らくろう》郡など四郡を置いて直轄領にした。植民地にしたという表現を見るが、郡を置いたというのは完全な内地化を意味し、植民地ではない。

楽浪郡は、紀元前108年から西暦313年まで存在し、中心都市は平壌だった。半島南部に真番郡、現在の江原道《カンウォンド》に当たる臨屯《りんとん》郡、楽浪郡の北隣の満州と北朝鮮にまたがる玄菟《げんと》郡とともに「漢四郡」とされた。楽浪郡以外は交通不便で過疎でコストに見合わず、解消や移転（軍団が未開地の占領行政をおこなっていたが、別の場所に転進したと思えばいい）がされた。

さらに、後漢末の混乱期には、遼東の地方官出身である公孫氏《こうそんし》が楽浪郡にも勢力を伸ばし、半独立国のようになった。3世紀はじめ、2代目の公孫康《こうそんこう》が楽浪郡南部の荒地を開発して、帯方郡《たいほう》を設置した。黄海道《ファンヘド》ともソウル付近ともいう。漢四郡という場合には帯方郡は入らない。

三国時代になって国家体制を再建した魏は、238年に公孫氏を滅ぼして楽浪・帯方両郡を支配下に治めた。邪馬台国の女王卑弥呼が帯方郡を通じて魏との通交を申し出てきたのは、その翌年のことである。公孫氏と邪馬台国が交流していたかどうかは不明だが、接触がなかったとは思えない。ただ、公孫氏の公式記録が史書として残っていないだけだ。

さらに、西晋が支配を継承したが、西晋滅亡直前の313年には高句麗に占領されてしまい、一方で、同じころには大和朝廷が列島を統一して半島に進出してきたのである

高句麗の建国をめぐる伝説や、そのころに、百済や新羅がどうなっていたかも含めて、楽浪郡の時代に満州や半島南部など周辺地域の状況は、次章で語りたい。

しかし、奇妙なことは、半島に本格的な文明をもたらした楽浪郡について、韓国の歴史教科書がほとんど何もふれていないことだ。帯方郡については記述もない。よほど忘れたい歴史であると見える。

第3章

日本と半島の統一国家成立と中国の多民族化

► 図9　高句麗・百済

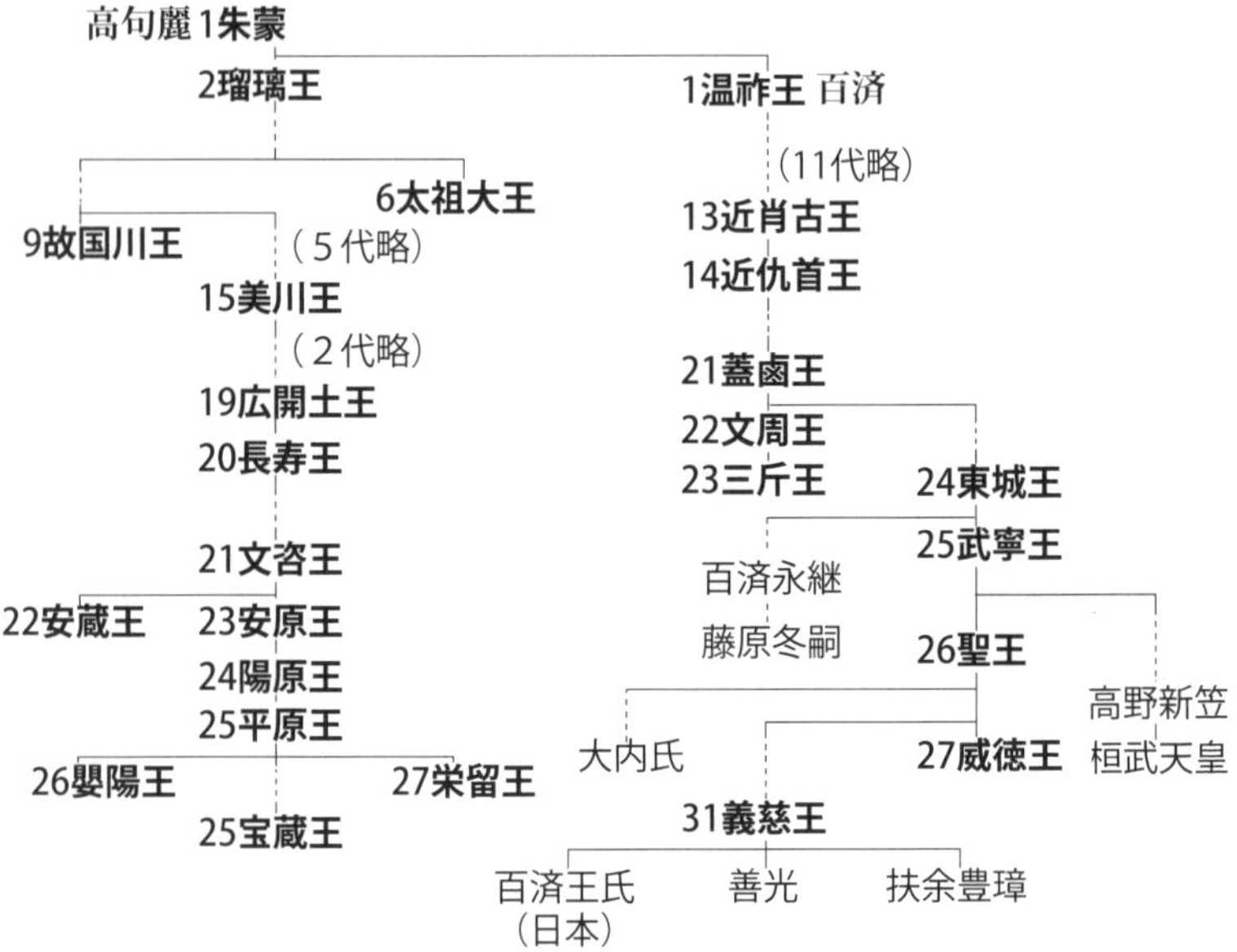
高句麗 1朱蒙
2瑠璃王
1温祚王 百済
（11代略）
6太祖大王
13近肖古王
9故国川王
（５代略）
14近仇首王
15美川王
（２代略）
21蓋鹵王
19広開土王
22文周王
20長寿王
23三斤王
24東城王
25武寧王
21文咨王
百済永継
藤原冬嗣
22安蔵王
23安原王
26聖王
24陽原王
高野新笠
25平原王
桓武天皇
大内氏
27威徳王
26嬰陽王
27栄留王
31義慈王
25宝蔵王
百済王氏
（日本）
善光
扶余豊璋

► 図10　新羅

※居西干、次次雄、尼師今、麻立干は王号

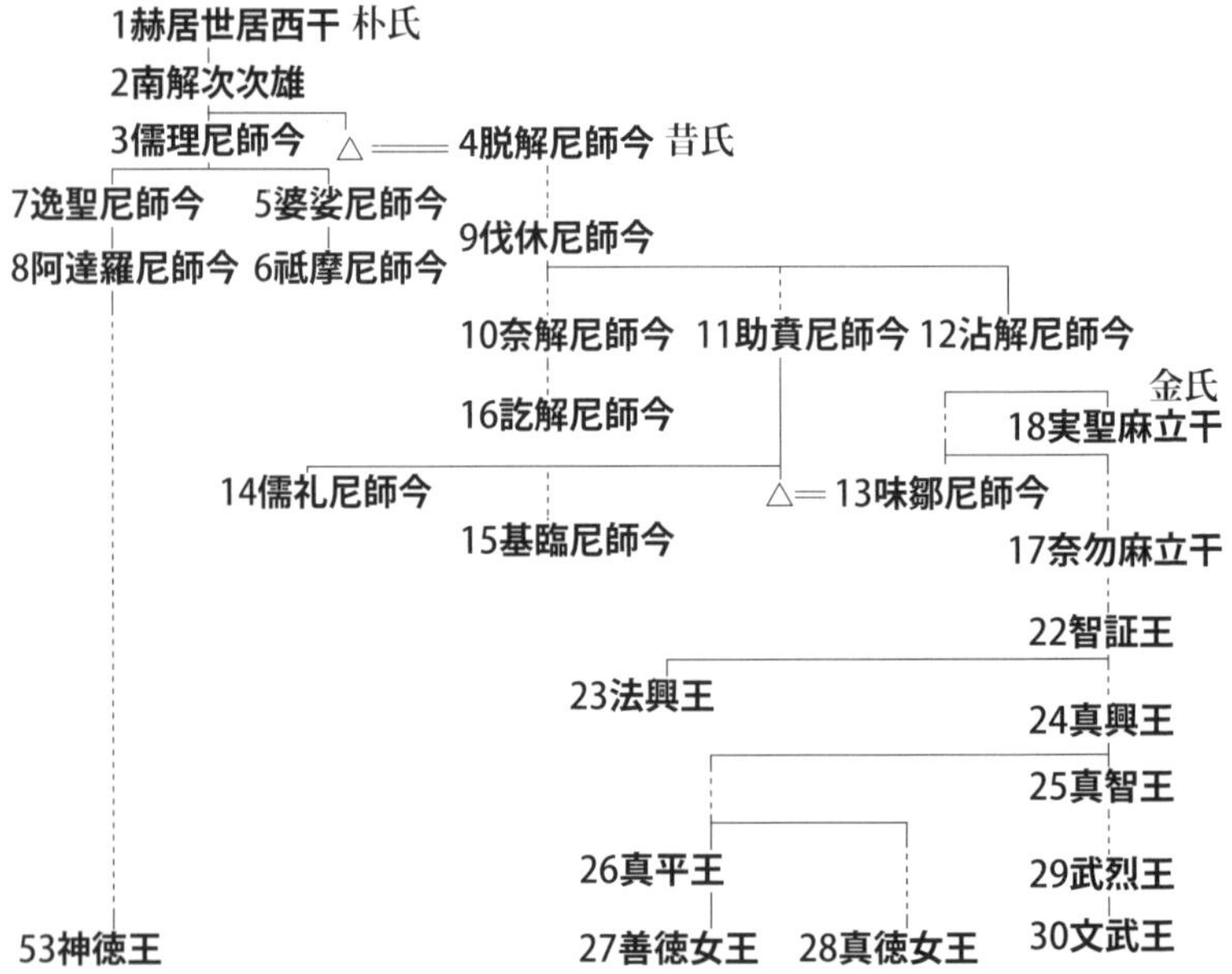
1赫居世居西干 朴氏
2南解次次雄
3儒理尼師今
4脱解尼師今 昔氏
7逸聖尼師今
5婆娑尼師今
9伐休尼師今
8阿達羅尼師今
6祇摩尼師今
10奈解尼師今
11助賁尼師今
12沾解尼師今
金氏
16訖解尼師今
18実聖麻立干
14儒礼尼師今
13味鄒尼師今
15基臨尼師今
17奈勿麻立干
22智証王
23法興王
24真興王
25真智王
26真平王
29武烈王
53神徳王
27善徳女王
28真徳女王
30文武王

► 図11　倭王武（雄略天皇）と東アジア（478年頃）

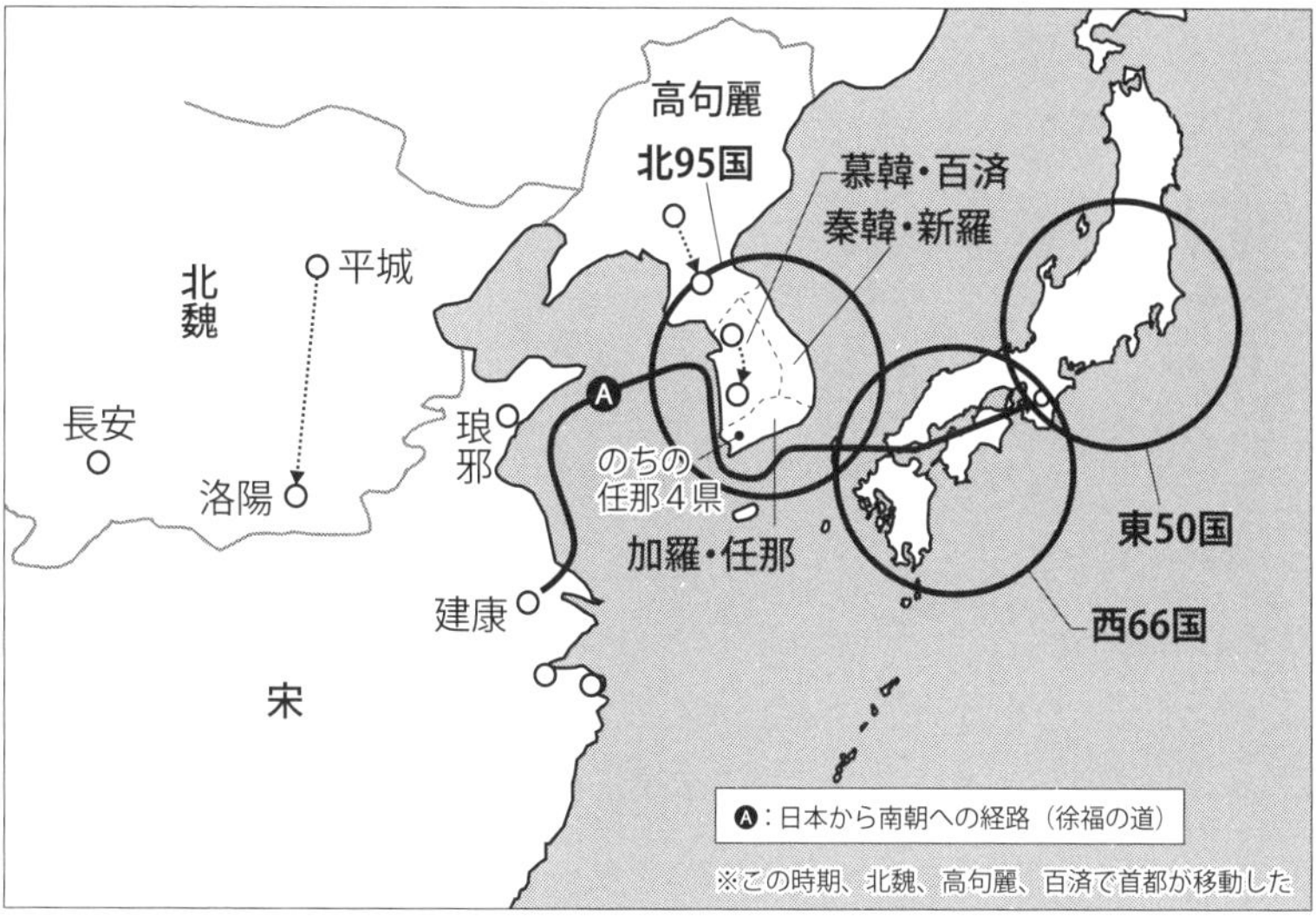

► 図12　韓国・朝鮮国家の領域変遷

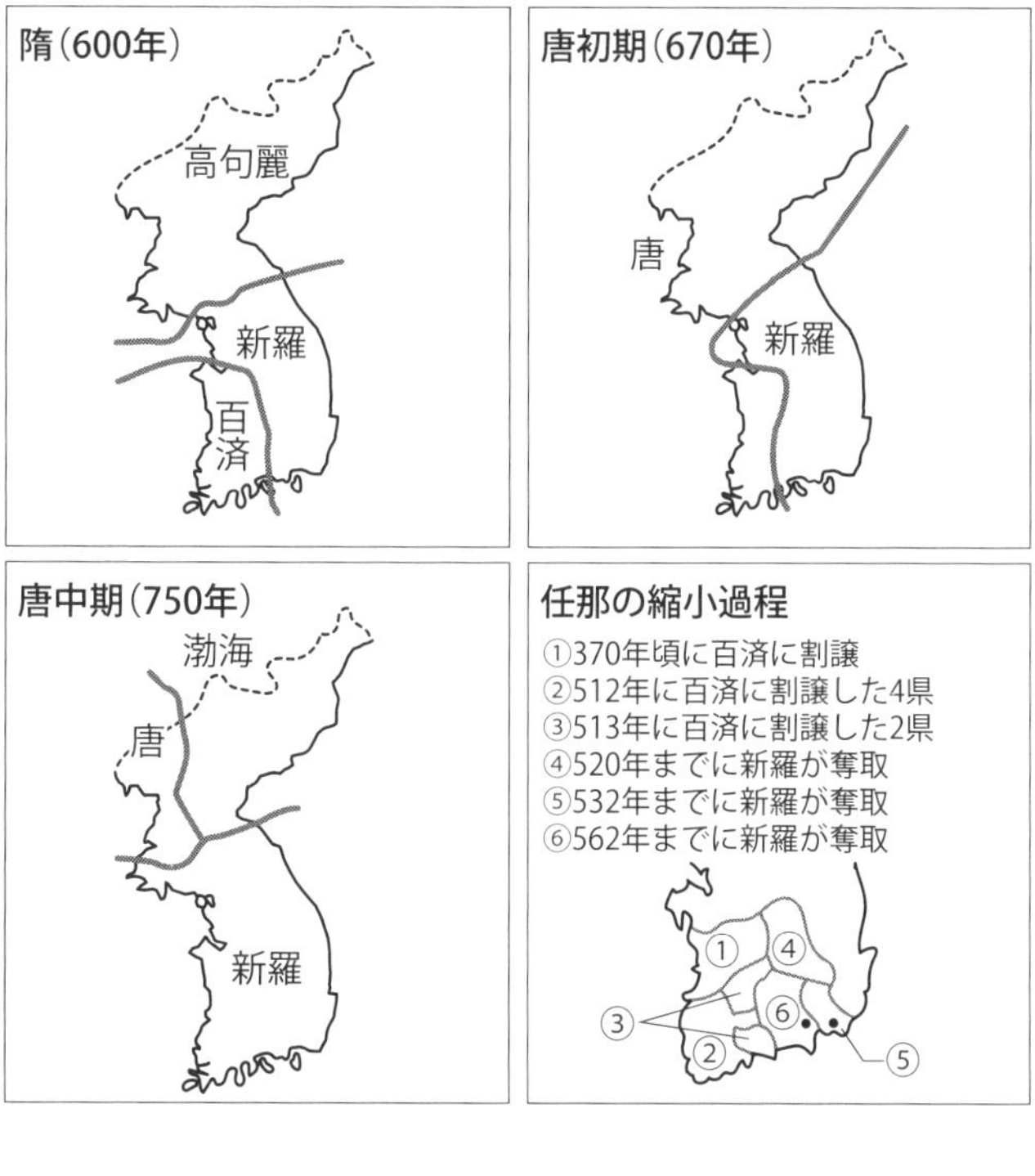

▼朝鮮半島の三国時代から新羅の統一へ ──── 日中韓

『三国志』の時代の戦乱をおさめて、統一国家を樹立した西晋が、匈奴《きょうど》の劉曜《りゅうよう》によって滅ぼされたのは316年である。それから、唐が新羅《シルラ》による大同江《テドンガン》以南の併合を追認し、コリアン統一国家が確立した735年までは、中国が多民族国家化し、日本と半島で統一国家が確立した時期である。

中国では、西晋の皇帝だった司馬氏の一族が江南に移って東晋を建てた。華北では、五胡十六国といわれる諸民族が政権をあちこちに建てる時代がつづいた。やがて、江南では東晋が滅びて、宋↓斉↓梁《りょう》↓陳と王朝が交代した。これが南北朝時代の南朝である。

華北は北魏が統一したが、北魏は東魏と西魏に分裂したのち、東魏↓北斉、西魏↓北周とそれぞれにおいて王朝の交替があった。これが北朝である。

南北朝の対立は最終的に、華北を統一した北周から禅譲された隋が南朝の陳を滅ぼして終結し、天下を統一した(589年)。しかし、隋は高句麗《コグリョ》との戦いで疲弊《ひへい》し、唐に滅ぼされた。

この隋も唐も北周の漢人高級貴族の出身であり、その血統も文化も多分に北方民族化した多民族国家だったので、大唐帝国は、外国人にも開かれた中国史上でももっともインターナショナルな性格を持った王朝であった。

それに先立つ313年に、半島では楽浪郡が高句麗に滅ぼされていた。大和朝廷が北九州を支配下におさめ、神功皇太后が半島に遠征したのは346年らしく（後述）、高句麗の好太王（広開土王）碑で日本と高句麗が半島の覇権《はけん》をめぐって激しく戦ったと書かれているのは、4世紀末である。

そして、倭の五王の中国南朝への遣使がおこなわれたのが421〜478年で、その間の475年には百済《ペクチェ》の首都だった慰礼城《ウィレ》（ソウル近郊）が高句麗に占領されて、百済は本拠を日本の承認のもとに忠清南道《チュンチョンナムド》に移した。

ここからしばらく、朝鮮半島では、高句麗、百済、新羅、それに日本領の任那《みまな》に色分けされたが、日本は任那を562年に失い、それから3世紀にわたってその回復をめざすことになる。こうして、いわゆる高句麗、百済、新羅の三国時代に入った。

三国は合従連衡《がっしょうれんこう》をくり返し、そこに日中が絡み合って混乱がつづいた。高句麗が肥大化して隋・唐にとって脅威となり、一方、新羅はソウル付近を併合し、百済は日本への依存を強めた。

こうしたなかで、日本、高句麗、百済の協力が進み、新羅は半島で孤立した。そこで、新羅は唐の従属国化の途を選び、百済と高句麗を唐が併合するのに加勢し、百済を救援しようとした日本と対立した。

唐は新羅も併合しようとしたので新羅は窮地《きゅうち》に立ったが、唐が吐蕃《とばん》（チベット）と争っているすきに、日本にも秋波を送りつつ、平壌の南を流れる大同江以南の地域を併合した。

唐は怒ったが、旧高句麗領ハルピン付近で粟末靺鞨《ぞくまつまっかつ》人（女真《じょしん》人に近い民族）などが渤海《ぼっかい》を建国したので、唐はそれとの戦いに新羅が加勢することを条件に、先の併合を追認したのである。

ただし、日本は、少なくとも8世紀の終わりごろまでは、任那の回復をあきらめたわけでなかった。新羅の消滅によりその要求は自然にフェードアウトしたわけだが、潜在的な意識としてはつねに存在し、議論の俎上《そじょう》に上がり、近代にまで持ち越された。

また、文化的には、この時代は仏教の全盛期である。中国では南朝と北朝でそれぞれ仏教が興隆し、南朝の仏教は百済経由で日本にも伝わった。仏教への信仰は漢文や建築・美術・工業など多方面の中国文化を東アジア全域に広めるのに貢献したし、律令政治の導入にもつながった。

大きな流れはこういうことであるし、中国南朝と日本と百済のつながりは、プロローグでおおまかに書いたとおりだが、これから、もう少しくわしく眺めていこう。

▼王羲之が活躍し六朝文化が江南で花開く 中

南京は長江が湾曲する地点の右岸（南側）に建設された、防御にも優れた都市である。少し下流には、黒酢で有名な鎮江《ちんこう》、その対岸には鑑真や江沢民《こうたくみん》が生まれた揚州がある。隋の時代に全通した大運河は、この揚州から北西の開封《かいふう》へ向かい（元代からは天津《テンシン》へ）、鎮江から南に下ると蘇州や杭州だ。

日本人にもっとも愛されてよいはずの地域なのだが、日中戦争中の南京事件の評価をめぐる対立で、観光客からは忌避《きひ》されてしまっているのが残念だ。

三国時代から西晋期のころ、華北は飢饉《ききん》と戦乱で荒れ果て、人口は後漢の和帝（在位88〜105年）のころの10分の1くらいになり、多くの人が長江より南に移住した。西晋が滅びたとき、王族のうち司馬睿《しばえい》も江南にあり、これが建業あらため建康（南京）に東晋を建てて皇帝を名乗った。

漢の時代には、地方の有力者の子弟が中央官僚として活躍し、比較的若いうちに引退して帰郷したり、親が死ぬと喪中ということで何年も故郷にとどまった。彼らを「士大夫《したいふ》」と呼んだ。日本では農民は学問を学ぶ機会がなく、官僚にもなれなかったが、中国ではこうした地方の名望家が行政や文化を支え、後継者も育っていった。

少し時代をさかのぼるが、魏・西晋の時代に、政治の場面から逃避して竹林に集まって酒を飲み、楽器を奏《かな》で、気ままに暮らす貴族たちがいて、「竹林の七賢」と称された。彼らの議論は「清談」といわれ、これが六朝《りくちょう》（呉・東晋・宋・斉・梁・陳）の文化人の理想とされた。

プロローグで紹介した王羲之《おうぎし》に代表される文化人もこうして生まれた。顧愷之《こがいし》は写実的な描写に優れ、当時は神業と称えられ、世界史上、最初の大画家というべきだ。模写しか伝わらないが、

『女史箴図』（ロンドン大英博物館蔵）、『洛神賦図』（ワシントン・フリーア美術館所蔵）が代表作だ。この時代の中国文化史における位置づけは、日本でいえば国風文化が確立した平安時代といったところだろうか。

隋の時代に科挙が設けられてからも、江南の士大夫は近代にいたるまで成績優秀者の最大の供給地だったので、南京には科挙をテーマにした博物館まである。

東晋は、五胡十六国のひとつである前秦の攻撃を383年の「淝水《ひすい》の戦い」で破って、危機を脱した。洛陽を回復したこともあるが定着せず、420年には軍人の劉裕《りゅうゆう》が禅譲を受けて宋を建てた。倭の五王が使節を送ったのは、主としてこの王朝である。

さらに南朝側は、蕭道成《しょうどうせい》が禅譲を受けて斉（南斉）、蕭衍《しょうえん》（武帝）の梁、陳覇先《ちんはせん》（武帝）の陳と王朝が交代した。皇帝には軍人がなったのだが、士大夫たちからは馬鹿にされていたらしい。

▼五胡十六国の台頭から北魏での民族融合へ　中

「五胡十六国」というのは、華北を中心に、西晋が滅びたあと北魏が華北を統一するまでに存在したおもな国が16あり、それらは5つの少数民族（五胡）と漢民族の帝王によって建てられたという意味だ。

「五胡」のうち、匈奴・鮮卑《せんぴ》・羯《けつ》はアルタイ語系（モンゴル・テュルクなど）の、氐《てい》・羌《きょう》はチベット・ミャンマー系（シナ・チベット語族）の言語を話していた。

「匈奴」は、秦の始皇帝のころはオルドス地方（西から東に向かう黄河がいったん北へ向かい、さらに、東、南と迂回している部分の南側。万里の長城の北側に広がる地域）で遊牧をしていたが、万里の長城の建設などで北に追われた。生活のために侵入をくり返したが、それを服従させたのが漢の武帝で、彼らは兵士や奴卑となり、魏晋時代にはおもに山西省にあった。

「羯」は羯室（山西省南東部長治）に住んでいた匈奴の一派。「鮮卑」は戦国時代に東胡《とうこ》と呼ばれていた部族で、内蒙古《ないもうこ》最北東部の大興安嶺《だいこうあんれい》北面にある大鮮卑山が発祥地である。1980年に洞窟の中にある祖廟《そびょう》が「発見」された。匈奴に服属していたが、遼寧省の西部を中心とした地域で自立した。モンゴル人に近い民族だ。「氐」は蘭州《らんしゅう》の東、「羌」は西に住んでいた。

「十六国」は辺境の地に建てられたものもあるが、中原の主導権を担った国の流れだけを紹介する。

南匈奴の単于《ぜんう》（王の称号）の一族に劉淵《りゅうえん》があり、西晋末期の内乱「八王の乱」で匈奴を率いて助力する条件で自立を認められ、大単于、ついで漢王室と匈奴の縁戚を理由に漢王を名乗り、308年には皇帝を名乗った。5代目から趙を国号としたので、前趙《ぜんちょう》と呼ばれる。316年に愍帝《びんてい》を倒して西晋を滅した。のちに家臣で羯族出身の石勒《せきろく》が取って代わって、後趙《こうちょう》の始祖となった。

陝西地方では、氐族の苻健《ふけん》が長安で皇帝になった。これが前秦で、苻健の後を継いだ五胡第一の名君といわれる苻堅《ふけん》のときには華北を統一した。全土統一を狙って383年に東晋を100万の軍勢で攻めたが、「淝水（安徽《あんき》省寿県、淮河《わいが》の支流）の戦い」で敗れた。苻堅は民族を問わず、投降した者たちも要職に起用したが、それが裏目に出て東晋出身の投降者に最後に裏切られた。

このののち群雄割拠《かっきょ》になるが、鮮卑の拓跋部《たくばつぶ》が建てた北魏が華北を統一した。代《だい》県（山西省の太原と大同の中間）の諸侯として、遊牧民族としての性格を維持しつつ、中国的な法治体制を採り入れるのに成功した。拓跋珪《たくばつけい》が386年に自立して魏王を称し、平城を都とし皇帝（道武帝《どうぶてい》）を称したのは398年である。さらに、439年には華北を統一した。

この間、420年に東晋から宋への禅譲がおこなわれているので、これで南北朝の時代に突入した。

道武帝は若いころ前秦の人質として長安にあり、漢族の文化や政治、軍事を学んだ。この経験を生かして漢族の人材を登用し、平城《へいじょう》（大同）という立派な首都を建設した。ガンダーラ美術の影響を受けた石仏が並ぶ雲崗《うんこう》の石窟《せっくつ》寺院は、この平城にある。

北魏の全盛期は6代目の孝文帝《こうぶんてい》のときである。5歳のときに即位したので、養祖母の馮太后《ふうたいこう》（文明太后）がいわば摂政となった。

孝文帝は胡服《こふく》（北方民族の服装）を禁止し、姓も中国風に変えさせ、鮮卑人と漢人を共通の家格で格付けし、通婚を盛んにさせた。父祖が鮮卑か漢族かということは区別されたが、北魏の皇帝にせよ、北魏の漢人貴族だった隋や唐の王家にせよ、混血であった。

この時代に均田制、日本の五人組に似た三長制《さんちょう》など国家による人民の直接支配が進められた。また、ズボンとか椅子といった北方民族の風俗が入り込んできた。

隋の全国統一で漢帝国の系統は断絶　中

北魏には皇太子の生母に死を賜り、外戚の跋扈《ばっこ》を抑える恐ろしい習慣があったが、8代孝明帝《こうめいてい》の母の霊太后《れいたいこう》のときから中止された。案の定、皇太后は身勝手な振る舞いが多かった。皇帝は軍人の爾朱栄《じしゅえい》と結んで皇太后を抑えようとしたが、逆に皇帝が急死した。皇太后がわが子を殺したと疑われ、爾朱栄の反撃で皇太后は黄河に沈められて殺されてしまった。

このあとは、軍人たちが次々と皇帝を擁立《ようりつ》し、高歓《こうかん》が孝静帝《こうせいてい》を洛陽に、宇文泰《うぶんたい》が孝武帝《こうぶてい》を長安において擁立し、北魏は東魏と西魏に分裂した（534年）。

東魏では16年後に高歓の子である高洋《こうよう》が北斉の文宣帝《ぶんせんてい》となり、西魏でも宇文泰と北魏の皇女の子である宇文覚《うぶんかく》が北周の孝閔帝《こうびんてい》となった。そして、北周3代目で名君といわれた武帝《ぶてい》のときに北斉を滅ぼし、華北を統一した（577年）。

その北周の外戚である楊堅《ようけん》は禅譲を受けて隋を建国し、8年後には中国を統一した（589年）。

このころ、南朝では梁の武帝（蕭衍）という文人皇帝が半世紀近くも在位していたが、仏教に帰依《きえ》するあまり、捨身《しゃしん》という一種の出家をおこない、驚いた皇族や家臣たちに皇帝を俗界に戻すための莫大な布施を寺院に対しておこなわせる愚行を何度もくり返し、財政を逼迫させたため、侯景《こうけい》という軍人に殺され、その侯景を破った広州にあった軍人の陳覇先《ちんはせん》（武帝）が皇帝となって陳を建てた（557年）。

しかし、589年、隋に滅ぼされた。南朝の都となった南京は要害の地なので、何度も攻撃を退けてきてタガがゆるみ、大晦日の夜、宮廷の人々も兵士も酩酊《めいてい》した。夜半に長江を渡ってきた隋軍に抵抗らしい抵抗もできず、皇帝後主《こうしゅ》は二人の妃とともに涸《か》れ井戸に隠れているところを捕縛され、長安に送られた。好人物で警戒されず、隋の宮廷での酒宴にも参加し、幸福な晩年を送った。

さかのぼってながめれば、秦によって全国が統一され、それを漢が引き継いだ。そして、魏、晋、南朝はいずれも禅譲によって引き継がれた継続的な流れにあったわけだが、鮮卑族の北魏、北周から禅譲を受けた流れにある隋や唐は、自身が漢族であっても漢帝国の正統な後継者ではありえない。そういう意味で、漢帝国の王統はここで終焉《しゅうえん》を迎えたというべきだ。

仏教の隆盛は、南朝も北朝も隋でも共通であった。仏教の受け入れ窓口だったのは、涼州《りょうしゅう》（甘粛省）で、五胡十六国の前秦の軍は384年に亀茲《きじ》を占領し、高名な僧だった鳩摩羅什《くまらじゅう》を連れ帰り、長安で多くの教典の漢訳をおこなわせた。一方、東晋の法顕《ほっけん》はグプタ朝時代のインドに渡り、多くの経典をもたらし、戒律《かいりつ》の導入にも貢献した。

南朝では皇帝は菩薩《ぼさつ》であろうとして浮世離れした帰依をおこない、莫大な寄付が寺院にされた。北朝の北魏では皇帝は如来《にょらい》でありたいと思い、貴族たちは自分の権威の象徴として寺院を建てたりしたので、洛陽の都のかなりの部分が寺院になってしまい、人口の1割が出家した。

私の感覚としていえば、南朝の仏教はローマ・カトリックに、北朝のものは皇帝の権威を尊重するギリシャ正教に近い。いずれにせよ、仏教はたいへんな金食い虫であって、このために、北朝において二度も「廃仏」といわれる厳しい弾圧運動が起きた。

一方、道教はつまるところ中国版神道だが、老荘思想にアニミズム的な神仙思想、陰陽五行《いんようごぎょう》説、讖緯《しんい》説（未来予言説）などが融合したものだ。そこから世界観や科学的思考が出てくるものではないが、個人の気持ちは安上がりに救済された。

北朝では寇謙之《こうけんし》が、道教に儒教の教理や儀式を採り入れて宗教らしくし、442年に北魏の国教となったが、仏教に巻き返された。南朝では、仏教に対抗せず地道に広まり、王羲之などはこの信奉者だったし、陶淵明《とうえんめい》の『桃花源記』は、まさに道教的な価値観の発露だ。

北魏の3代太武帝《たいぶてい》は道教を保護し、厳しい仏教弾圧をおこなったが、次の文成帝《ぶんせいてい》から仏教保護に転じた。その結果、北魏時代の都の平城近くに雲崗、洛陽に遷都したのちにその郊外に龍門《りゅうもん》という、中国の仏教文化を代表する石窟寺院が建設された（西安から新幹線の洛陽龍門駅まで1時間半くらいになって観光客が急増している）。

▼朝鮮でなく満州で建国された高句麗

韓

コリアン統一国家が、新羅による高句麗や百済の併合によって成立したというのは、のちの世になって結果を見ればそれに近いというだけであって、高句麗や百済を滅ぼして併合したのは唐である。また、その出発点において、百済は高句麗の分家みたいなものだし、新羅の国家としての成長は、両国より遅い。

その点を頭に置きつつも、ここでは、楽浪郡を高句麗が滅ぼし、日本が半島に進出した4世紀より前の三国発展の経緯を、建国神話も含めて紹介しよう。

漢の武帝は満州から朝鮮半島の境界地帯に玄菟《げんと》郡を設置したが（前107年）、そのなかに高句驪県があった。しかし、僻地《へきち》で郡県制に基づく地方組織を維持することは、コスト的に引き合わないので、地元の土豪を高句麗侯に任じて支配をまかせたようだ。

扶余《プヨ》の王だった解夫婁が子を授かりたいと祈禱《きとう》した帰りに、金色の蛙の形をした子供がいた。王はこの子を後継者にして金蛙と名付けた。

金蛙王が、太伯山《テペクサン》あたりで出会った美しい娘が、「天帝の子が私と結婚することになるだろうと両親がここに来させた」といった。この女性を連れて帰ると、太陽の光が執拗《しつよう》に追いかけ、しばらくすると女性は大きな卵を産んで、やがて子供が生まれた。

これが高句麗の始祖とされる朱蒙《チュモン》である（後述するように日本の皇室の女系祖先のひとりでもある）。そして、朱蒙が成人すると、南に移って鴨緑江《アムノッカン》の中流にある卒本《チョルポン》に本拠を築き、高句麗を建国した。紀元前37年のことである。

つまるところ、扶余出身の朱蒙が高句麗の地にやってきて、その地の有力者のひとりになったということでなかろうかと思う。

後漢の時代には、6代目の太祖大王（在位53～146年）が100年近くにわたって統治し、高句麗を部族連合から中央集権国家として確立したということで、日本の崇神天皇のような存在だと韓国ではされている。ただし、寿命が長すぎるので調整が必要。

故国川王《コククチヨン》（179～197年）の時代、乙巴素《ウルパソ》という人物が国相（宰相）となって、農民に低利融資をするなど善政を敷き、韓国では理想の宰相として尊敬されている。

3世紀になると、高句麗は玄菟郡の中心地（郡治）だった鴨緑江北岸の国内城（吉林《きつりん》省集安《しゅうあん》）に本拠を移し、その奥に詰城として丸都山城《ファンドサンソン》を築いた。

中国で後漢から魏に王朝が変わると、魏は遼東の豪族で半独立国家になっていた公孫氏を追い出して楽浪郡・帯方郡を直接支配する。244年にはさらに高句麗の国内城を攻略したため、東川王《トンチヨン》は日本海方面へ逃亡した。日本列島で邪馬台国が栄えたころだ。

しかし、西晋滅亡の少し前である313年に、美川王《ミチヨン》は西晋の弱体化に乗じて楽浪郡・帯方郡を勢力圏に入れた。日本で大和朝廷の統一事業が最終段階に入っていたころである。

五胡十六国の時代には、薊城《けいじょう》（北京）にあった鮮卑族の燕王に敗れ、高句麗の国内城は陥落し、故国原王《コクグオン》は燕、ついで前秦に従属することになった。３５５年に楽浪公と高句麗王に封じられたが、これが高句麗が中国から冊封《さくほう》された最初だ。

一方、故国原王は百済に侵攻したが逆襲され、３７１年に自身が戦死した。いずれにせよ、この時代、日本にとってのライバルは高句麗だった。

▼高句麗人が創った百済と日本人が創った新羅 ――― 韓

半島南部が「韓」という名で意識されだしたのは、紀元前後からであるが、くわしい記述は、倭国についてと同様に、３世紀の『魏志東夷伝』によってということになる。どこまで信用していいのかわからないのは、邪馬台国についてと同じだ。他の史書より断然具体的なので貴重だが、ひとつの資料だけで断定は禁物だ。

『史記』などには、衛氏朝鮮の時代に、半島南部に辰国があったとしているが、具体的な記述はない。

そして、邪馬台国に魏の使節が行った3世紀中ごろ、半島南部は、馬韓《マハン》、辰韓《チナン》、弁韓《ピョンナン》に分かれ、それぞれがさらに数十の小国に分割されていた。

半島南西部は「馬韓」と呼ばれ、伯済国《ペクチェ》（のちの百済）など52ヵ国に分かれていた。京畿道《キョンギド》・

忠清道《チュンチョンド》、それに全羅道《チョルラド》の西部におよんでいた。帯方郡が滅亡すると伯済国が強大化して、347年に初めて百済王余句として中国南朝に朝貢している。このころまでには馬韓北部の諸国は百済の影響下に置かれていたようだ。

「弁韓」は、のちの任那《イムナ》である。慶尚道《キョンサンド》のうち洛東江《ナットンガン》より西の地域で、12カ国に分かれていた。言語は馬韓とは違いが大きく辰韓に似ていた。風習は倭人に似て民度が高いと書いてある。また、鉄の生産が盛んで、それが通貨代わりにも使われていた。

ただし、この地方が鉄を産出することから、軍事的な優位があったはずで、日本が半島を支配できるはずがないという珍説もあるが、鉄の産地がただちに軍事的優位を占めたなどという法則は世界史に存在しない。

それなら、日本の製鉄先進地域だった出雲は、大和に征服されなかっただろうし、尼子は毛利に、毛利が織田に負けたのもおかしいことになってしまい笑止千万だ。それに鉄はもろいので、かなり技術が進歩しないと青銅製の武器に優越しない。

弁韓のうち瀆盧《トクロ》国は倭に接しているとあるが、海峡に面していたと読むのには無理がある。半島沿岸部に、大和朝廷による統一以前に倭人が支配する地域があった可能性も大きい。

「辰韓」は、半島南東部の12カ国で構成され、慶尚道のうち洛東江より東や北の地域や江原道《カンウォンド》の一部である。言語は弁韓と似ていた。秦の人々が半島に亡命してきてこの地を与えられたので、中国北西部の風俗や言葉に似ていると書いてあるが、本当なのかは謎である。

忠清南道西北部の廉斯《ヨムサ》にあった馬韓の月支《ウォルチ》国の辰王に属していたこともある。群小国のうち斯盧《サロ》国が有力になり、これが新羅として成長していく。

また、半島南部については、『魏志東夷伝』に「ただ囚徒・奴碑の相聚《あいあつ》まれるがごとし」とされており、日本列島が「その風俗は淫《みだ》らならず」とされているのとだいぶ差があった。

半島の東側の日本海側に沿った地域は、漢の武帝のときに支配を試みたが、間接支配にとどまった。『魏志東夷伝』には、この地に住んでいた民族としては濊貊《わいばく》（江原道）と沃沮《よくそ》（咸鏡道《ハンギョンド》）があげられており、いずれも高句麗と同じような系統だとされている。

高句麗の朱蒙は、卒本に移ってから沸流《プルリュ》と温祚《オンジョ》という子を得た。だが、扶余時代の子である琉璃《ユリ》がやってきて後継者になったので、二人は南下して沸流は仁川に、温祚はソウルに植民した。温祚が開発に成功し、前18年に百済の前身を建国した。しかし、馬韓をなす数十の群小国のひとつにすぎず、国らしくなったのは4世紀になってからである。

新羅のルーツは不明であるが、建国神話はこんなふうだ。慶州《キョンジュ》地方には六つの部族が集まっていたが、外敵に備えてリーダーを探していた。すると、白馬が涙を流しながら平身低頭していたので、見ると青白い光の卵があった。この卵から生まれたのが、初代の王である朴赫居世《パクヒョッコセ》である。三つある王家が縁組みしながら王位についたが、4代王の昔脱解《ソクタレ》は、多婆那国（但馬《たじま》か丹後《たんご》）

の王子だったが、卵から生まれたので、海に捨てられた。それが、半島の海岸に打ち上げられて助けられ、2代の王の婿《むこ》となり国王となったという。

朴赫居世に仕えた宰相である瓠公も日本人である。日本神話でもスサノオも新羅に行ったことがあることになっているが、日本海側の地方同士は行き来があったのだろう。

新羅には始祖が日本人という伝承があるが、逆は、新羅の王子だった天日槍《あめのひぼこ》が帰化したなどにとどまり、日本の支配層が新羅から来たという伝承は一切ない。皇室の先祖は半島から来たという人がいるが、伝承も考古学的根拠も一切ない話を取り上げるなら、いかなる学説もつくり放題になる。

首都だった金城（慶州）のうち王城のある月城《ウォルソン》地区は、瓠公が持っていた土地を昔脱解王が吉祥の地だと気付いて譲ってもらったものだそうで、日本人が開発したものだ。

いずれにせよ、新羅を建国した人たち、また、日本語と近い関係にある朝鮮語のルーツである新羅語を初めて話した人たちが、いかなる系統の民族なのか手がかりはない。『魏志東夷伝』のいうように中国西北部とか、もしかしたら縄文人だとか、さまざまな可能性だけはあるが、結局、何もわかっていない。

▼『日本書紀』の系図と統一物語は史実だ　日

大和の小領主のひとりにすぎなかった10代の崇神天皇が大和を統一し、さらに、吉備や出雲など本州中央部を勢力圏に治めたと『日本書紀』には書かれている。

その孫で12代の景行《けいこう》天皇は、息子のヤマトタケル（日本武尊）を各地に派遣し、九州では熊襲《くまそ》と戦わせ、日向から肥後などまで勢力を拡大している。また、東日本では、関東の支配を確実なものにした。

天皇は、都を大和から近江の高穴穂宮《たかあなほのみや》（大津市穴太《あのう》）に移した。比叡《ひえい》山のふもとで、のちに「穴太衆」と呼ばれる石垣づくりの技術者集団を生み出す郷である。この記述を疑う説もあるが、『日本書紀』に書いてある宮都のうちここだけ嘘だという理由がない。

ヤマトタケルの子である仲哀《ちゅうあい》天皇のとき、九州で熊襲が反乱を起こしたので、紀伊に遠征中だった天皇は瀬戸内海から、敦賀《つるが》の気比《けひ》宮にあった神功皇后は日本海まわりで西に向かい、長門《ながと》で落ち合った。

これを見て、『魏志倭人伝』でもおなじみの伊都《いと》国王もはせ参じ、筑紫地方も大和朝廷の支配下に入った。ここで、新羅を討てという神のお告げがあったが、仲哀天皇は従わず変死し、皇太后が軍を率いて新羅を打ち破り、百済や高句麗も使いを送ってきた（いわゆる神功皇太后の三韓征伐）。

皇太后は帰国すると応神《おうじん》天皇を産み、近江にあった仲哀天皇の年長の子供たちと戦って勝ち、少なくとも事実上の女帝となった。神功皇太后の地位をどう見るかは曖昧で、女帝としている史書もある一方、『日本書紀』では「摂政」という言葉が使われている。だが、応神天皇が即位したのは神功皇太后が崩御されてからのこととしており、応神天皇の摂政だったのではないし、完全に独立した治世として扱われており謎である。ただし、大正15年に皇統譜を最終確定するときに歴代に数えないことが確定した。応神天皇のあと、その子の仁徳《にんとく》天皇がつづいた。

15代の応神天皇が大帝だという認識は『日本書紀』にはない。在位年数も神功皇太后の69年、次の仁徳天皇の87年に対して41年間だが、実態はそれぞれこの半分くらいだろう。

つまり、在位期間は短く特別に業績が多いわけではない。日本統一国家成立後初の男性天皇として重要だが、大帝とみられるようになったのは、のちに八幡神《はちまんじん》と同一視されたり、それが清和源氏の氏神《うじがみ》とされてからだ。

仁徳天皇が竈《かまど》の煙のエピソード（人家から炊飯の煙が立ちのぼらないのを見ていっとき課税を免じ、人々の困窮を救った）にあるように、有徳の天皇だったのは確かだが、『日本書紀』がとくに重視しているわけでなく、儒教が普及してから注目されたようだ。

その後の皇位継承は系図（47ページ図7）を見ていただきたいが、雄略《ゆうりゃく》天皇（460年代に即位か）は古代には大王として扱われたようで、『万葉集』の冒頭に御製《ぎょせい》が置かれているほどだ。埼玉県の稲荷山古墳出土の鉄剣には、ワカタケルと呼ばれた天皇の宮廷で被葬者が仕えていたことが記されており、関東の豪族も支配下に置いていたことがわかる。また、雄略天皇は倭の五王のうち倭王武《ぶ》であるとみられている。

しかし、雄略天皇はライバルとなりそうな皇族を片っ端から粛清したので後継者不足になり、25代の武烈《ぶれつ》天皇をもって仁徳天皇の男系子孫はいなくなった。

大伴金村《おおとものかなむら》らは丹波《たんば》にあった仲哀天皇の子孫、つまり応神天皇の異母兄の末である倭彦命《やまとひこのみこと》を迎えようと軍勢を派遣したが、討伐されると誤解して逃げられてしまった。

そこで、応神天皇の5世孫で、近江（滋賀県高島市）に生まれ母親の故郷である越前（福井県坂井市）にあった継体《けいたい》天皇（５０７年）が26代に迎えられた。

継体天皇は大和でなく河内の樟葉《くずは》（枚方市《ひらかた》）で即位し、現在の京田辺市や長岡京市などを転々としたが、即位後20年にして大和に移った。ただし、武烈天皇の姉妹を皇后として迎えているのだから大和に別の政権があったのでなく、テロを怖れて宮を移すのを控えただけと私は考えている。治安が悪いときに人口密度が低く防御しやすい場所に宮殿を置くことは東西古今多い。

戦後教育では、『日本書紀』に書いてある歴代天皇の存在と事績を信用できないとし、諡号《しごう》も8世紀につけられたものだからといって、教科書には推古天皇より前の天皇の名前も事績も載っていない。文部科学省が掲載を「禁止」しているのである。神武天皇について書いているものはあるが、「日本神話」の紹介としてである。

あとは、仁徳天皇の名が一部の教科書に、大仙古墳《だいせん》（伝仁徳天皇陵《りょう》）という形で出ているだけである。中国や韓国の教科書が、檀君や黄帝の物語を延々と書いているのとは大違いだ。

私は『日本書紀』に書いてあることは、歴代天皇の寿命を常識的な長さに補正すれば、系図も事績も荒唐無稽《こうとうむけい》ではないと思う。さらに、中国や韓国の史書や好太王碑のような銘文と調整すれば、『日本書紀』に載っている各天皇の事績や家族関係も微修正の参考にできる。

いわゆる倭の五王（讃《さん》・珍《ちん》・済《せい》・興《こう》・武《ぶ》）による中国南朝への使節派遣は、中国の史書に書いてあることと『日本書紀』がある程度符合することが貴重である。最初の倭王讃（仁徳天皇とみられる）の崩御《ほうぎょ》は430年代あたりであろう。

それ以前については中国の史書には書かれていないので、好太王碑や大和の石上《いそのかみ》神宮の七支刀《しちしとう》、それに韓国の『三国史記』から推定する。

大和石上神宮の国法・七支刀は、百済王が倭王にプレゼントした木の枝のような形をした刀だが、『日本書紀』で神功皇太后に贈られたものとしている。この刀に、泰和4年（中国南朝東晋の年号で369年）の銘がある。

また、「好太王碑」は満州の吉林省集安にある高句麗全盛期の王である好太王（広開土王）の墳墓の近くにあり、そこには「新羅や百済は高句麗の属民であり朝貢《ちょうこう》していたが、倭が391年に海を渡ってきて百済や加羅や新羅を破り、臣民となしてしまった」とある。日本軍人が拓本をとって知られるようになったので、半島では日本軍が改竄《かいざん》したといわれたりもしたが、中国でそれ以前の拓本が見つかり、改竄がないことが証明された。

また、『三国史記』には倭人が紀元前50年を最初として、新羅の海岸を侵し、346年と393年には首都金城（慶州）を包囲したとある。

こうした記録と『日本書紀』の記述を解釈すれば、仲哀天皇の死、神功皇太后の半島遠征、応神天皇の死が、新羅本紀で倭が攻めてきたとしている346年であることが有力だ。

そうすると、応神天皇の生まれと、その息子の仁徳天皇の死の差は約90年ということになる。もし倭王讃が仁徳天皇なら、たとえば応神天皇が30歳のときに生まれた子供で、60歳まで生きたということになる。

さらに、崇神天皇やヤマトタケルの活躍の年代を逆算していくと、応神天皇と仲哀天皇の年齢差は、応神天皇にかなり年長の兄たちがいたので、30歳以上は離れているとみるべきで、ヤマトタケルが活躍して大和朝廷の勢力が九州の一部や関東にまで広がったのは、4世紀初頭ということになり、その父景行天皇の祖父にあたる崇神天皇の全盛期は3世紀中ごろだ。

少々、強引に誕生年を推定してみると、仲哀天皇と応神天皇の差は少し大きくとって36歳にして、あとは平均25歳のときの子供だとすると、仲哀天皇は310年、ヤマトタケルが285年、景行天皇が260年、垂仁《すいにん》天皇が235年、崇神天皇が210年あたりだ。

そこから大和朝廷の統一過程を推定すれば、大和統一が240年、吉備や出雲を支配下に置いたのが260年、ヤマトタケルの活躍が310年前後、仲哀天皇の筑紫進出と列島統一と応神天皇の誕生が346年となる。

そして、神武天皇は崇神天皇から9世代前だから紀元前後になるが、直系でなく兄弟の相続もあったとすれば、もう少し遅いかもしれない。

だいたい、こういう推計で矛盾《むじゅん》は生じないわけで、「荒唐無稽だから『日本書紀』は信用できない」というのはおかしい。

それどころか、非常に説得的に建国経緯が説明されており、神話の部分は別にして、神武創業以降の信頼性は非常に高いというべきだ。

▼万世一系に矛盾も王朝交替もない

日本国家の価値を高からしめているのは、4世紀における統一国家の成立以来、その独立と統一を維持していることである。しかも、その君主は、その母体となった大和の小さな王国が成立して以来、同一家系によって継承されている。

しかし、根強い王朝交替論がある。皇室制度を嫌うとか、中国や韓国との比較での日本国家の

日

価値を貶《おとし》めたい人もいるし、『日本書紀』の内容を肯定しても研究者としての業績にはならないとか、本が売れるということもあるが、不思議なのは、保守派の人でとくに根拠もなく万世一系否定論を唱える人がいることだ。

私は『日本書紀』の記述に不審な点はなく、嘘をつく動機もないし、王朝断絶はないと思う。零細企業を大企業に成長させたのは崇神天皇だが、その零細企業には神武天皇という創業者がいたというだけのことである。不自然でも何でもない。

その中間が先（86ページ）にふれた「欠史八代」で、どこの領主と縁組みしてだれが子供かしか書かれていないが、地方の旧家では、その地にやってきた初代の記憶は鮮明に残るが、途中の世代の記憶は曖昧なのが普通だ。

応神天皇の誕生には、仲哀天皇が新羅遠征に消極的で積極派と対立していたなかで、琴《きん》をひいていたところ灯りが消えて再びついたときには死んでいたことや、生まれるときに神功皇太后の出産が予定日より遅れたという不自然さがある。なにがしかの内部抗争があったことを窺《うかが》わせる。

しかし、武烈天皇から継体天皇への継承のとき、最初に白羽の矢が立ったのは、仲哀天皇子孫の倭彦命だったことは、当時の人が仲哀・応神のあいだの王朝断絶はなかったと考えていた証拠だ。

それに、応神天皇にしても、やはり王朝断絶の可能性が語られている継体天皇にしても、『日本書紀』には英雄らしい武勇談がまったくないが、王朝交替ならありえない。

継体天皇を迎える際にだれか皇統に属する子孫はいないか大々的な捜査をしたように書いている歴史本もあるが、『日本書紀』にそんな記述はない。仁徳天皇系から見て遠縁というのも誤解で、曾祖父の姉妹が允恭《いんぎょう》天皇の皇后で安康《あんこう》、雄略両帝の母であり、継体天皇の祖父が雄略天皇の従兄弟なのである。

また、33代推古天皇の時代から歴史編纂がはじまり、『日本書紀』もそれを元にしているが、推古天皇は即位順では継体天皇から7代目だが、血縁では孫で、人々の記憶が薄れるはずはない。

以上は皇統の流れだが、宮廷の実力者はどんな人々だったのだろうか。12代景行天皇から16代仁徳天皇まで仕えた武内宿禰《たけのうちのすくね》という人がいた。少し長すぎるが、まったく荒唐無稽というほどではない。親子二人の事績が合わさっているくらいではないか。

この武内宿禰の二人の子から出たのが、葛城《かずらき》氏と蘇我《そが》氏である。17代履中《りちゅう》天皇から24代仁賢《にんけん》天皇まで8代の皇后は葛城氏の子孫だが、雄略天皇に葛城円《かずらきのつぶら》が滅ぼされてから衰退した。次に実力者になったのが、大伴《おおとも》氏、物部《もののべ》氏、それに蘇我氏であった。

神功皇后の実家である近江の息長《おきなが》氏は、開化《かいか》天皇の子孫とされ、神功皇后は開化天皇の男系子孫なので、女帝となる資格はあった。また、吉備、日向、尾張など地方豪族からも、応神天皇以降の天皇の後宮に妃が送り込まれている。

▼倭王武の手紙は半島南部が日本領だったことの動かぬ証拠 ――日中韓

中国南朝宋の正史である『宋書』では、倭の五王との交流が紹介されており、とくに、478年に来た倭王武（おそらく雄略天皇）の上表文では、日本建国と半島経営が物語られている。形式的な挨拶でなく、外交文書として立派なものだ。『魏志倭人伝』より重要だし、2世紀半のちに書かれた『日本書紀』と違って当時の日本国家の歴史認識のなまなましい記録である。

ところが、これを左右両派とも軽視したがる。媚韓派が嫌がるのは日本の半島支配の動かぬ証拠だからであるが、保守派が嫌がるには特殊な理由がある。

それは、翻訳として、非常に中国にへり下った表現に「意訳」されたものが流布《るふ》しているので、気に入らないらしいのである。しかし、原文は丁寧だが毅然《きぜん》とした外交文書である。

「私の国は遠い所にあるが皇帝の威光を尊重する国である」

「わが祖先は、みずから甲冑《かっちゅう》をつけて、山川を越え、安んじる日もなく、東は毛人を征すること五十五国、西は衆夷を服すること六十六国、北の海を渡って、平らげること九十五国に及んだ」

「代々、皇帝のもとに挨拶に参上したが、私も未熟者ながら跡を継ぎ、百済を通り使節を派遣した」

「近年は高句麗が進出して暴虐を働くので、容易に南京まで使節を派遣できず困っている」「父の済王（允恭天皇）は、高句麗が道を塞《ふさ》ぐのを憤《いきどお》り、百万の兵士を送ろうとしたが、父も兄（安康天皇）も急死し、私も喪が明けるまで兵を動かせなかった」
「もし皇帝の徳でこの高句麗を討ち平和になれば、ひきつづき皇帝への礼を尽くすであろう」
「開府儀同三司《かいふぎどうさんし》（三大臣クラス）、使持節《しじせつ》、都督《ととく》倭・百済・新羅・任那・加羅《から》・秦韓《しんかん》・慕韓《ぼかん》七国諸軍事、安東大将軍、倭国王を自分で名乗っているが、これを追認いただきたい」

　というのが内容である。

　大和朝廷は列島で東西同じくらいの地域を従えたとしている。つまり畿内発祥であるということで、九州王権の東遷を否定している。また、半島南部を切り従えたとし、列島の東西と半島南部を対等に置き、いわば、東日本・西日本・北日本と位置づけている。

　新羅は秦韓（辰韓）、百済は慕韓（馬韓）、任那は加羅（伽耶《かや》）の一部だが、これは横浜市を含む神奈川県を横浜市および神奈川県といっているようなもので、別におかしくはない。

　南朝は百済を外してこの要求を認めた。百済が南朝と直接の国交を持っていたためだろう。

　もともと任那とは、釜山の西にあった金官《きんかん》国のことだが、『日本書紀』では、日本支配地域全体を指す名称としても使っている。この使節は、高句麗が百済の首都だった慰礼城（ソウル近郊）を陥落させた直後に派遣されている。高句麗は427年に国内城から平壌に遷都していた。

　南朝は半島南部の日本支配は認めたが、高句麗排除のための積極行動はとらなかった。結果、日本から南朝への使節派遣は倭王武の後はなされず、宋もその翌年（479年）に斉に代わられた。

▼東アジアの総合商社として繁栄した百済 日韓

『日本書紀』によれば、雄略天皇は、国土を失った百済に忠清南道《チュンチョンナムド》の熊津《ウンジン》（公州《こうしゅう》）を賜ってそこで王国を再建することを支援し、479年には日本で人質になっていた東城《トンソン》王を国王として送り込んだ。この東城王の末裔である百済永継《くだらのえいけい》は、藤原冬嗣《ふゆつぐ》の母であり、摂関家に百済王のDNAを伝えている。

その子の武寧《ムリョ》王の墓から、豪華な冠などが出土して話題になったが、棺は高野槙《こうやまき》（悠仁《ひさひと》親王のお印で日本特産）でつくられていた。その子孫の高野新笠《たかののにいがさ》は桓武《かんむ》天皇の母親である。

百済は日本の支援のもとで国力を回復し、継体天皇の512年には、全羅道のいわゆる任那4県を日本から割譲された。栄山江《ヨンサンガン》の流域で、前方後円墳が多く発掘されている地域である。

領土の南への拡張を受けて、聖《ソン》王（聖明《せいめい》王）は扶余へ遷都した。王は日本に仏教を伝え、任那の回復にも尽力し、551年には高句麗からソウルを奪還したが、554年に新羅に横取りされ戦死した。

この時代の日本と百済の関係だが、中国との直接交流を止めた日本は、大陸文明の窓口として百済を重用し、文化や工業を担う漢族の人材を百済に斡旋《あっせん》させた。いわば百済は総合商社としてすばらしく機能していた。その見返りに、日本は百済に軍事援助をしたり、領土を与えたりした。

ところが任那諸国は、任那4県、ついで2郡の割譲などの百済優遇策に不安を募らせ、新羅に接近した。安閑《あんかん》天皇の532年に金官国が新羅に降り、欽明《きんめい》天皇の562年に安羅《アルラ》にあった日本府や慶尚北道《キョンサンブクド》高霊郡にあった大伽耶などが新羅に併合された。これを任那滅亡という。

「日本府」の名称は、百済ないし日本で、後付けで命名したものと思われる。日本が半島経営をするための何かはあっただろうが、律令制以前に九州など地方の経営がどのようにおこなわれていたかすら不明で、半島についても同様なだけである。

ただ、任那諸国をまとめていた地元勢力の存在は語られておらず、間接統治はありえない。日本人で、一時的派遣、土着、混血などさまざまな形で半島経営に関わっていた人々がいたことは『日本書紀』の多くの記述からも明らかだ。


一方、高句麗では、故国原王が百済との戦いで死したあとをついだ小獣林《ソスリム》王（在位371～384年）は、372年、華北を支配していた前秦から仏教伝来を受けた。また、大学が建てられ、律令も頒布《はんぷ》されたと伝えられる。

広開土《クァンゲト》王（好太王、391～412年）は領土の拡張に努め、396年には日本とも戦った。百済や新羅は、高句麗と日本に挟まれて揺れていたと「好太王碑」にある。

長寿《チャンス》王（413～491年）は、首都を平壌に移転（451年）、百済を攻めてソウル地方から南に追いやり（475年）、新羅や靺鞨《まっかつ》（のちの女真）とも戦った。

中国の南北朝時代には、高句麗は北魏から435年に冊封を受けるなど安定した関係を持ったが、南朝の宋からも424年に冊封を受けている。宋は、高句麗が二股をかけていても北魏を牽制《けんせい》するために関係を絶つことは望まなかったわけで、これが、倭王武が高句麗の南進を抑えるように陳情したのに対して、積極的な対応をしなかった理由でもある。

日本が大陸文明の受容にあたって百済経由がメインルートだったことはすでに書いたが、高句麗経由のルートもかなり重要なものだ。聖徳太子の仏教の師として慧慈《えじ》という高句麗から来日した僧がいたし、『新撰姓氏録』にも「漢族」ほどではないにしても、高句麗からの帰化人は百済からのそれの4割ほどはいたとあるわけで、新羅などからよりはるかに重要だったのである。

新羅は、楽浪郡、馬韓諸国、日本人などに圧迫される弱小勢力で、「倭人」の攻撃は大和朝廷の統一以前から頻繁だった。4世紀になると、大和朝廷と高句麗に断続的に服従させられていたし、辰韓地域を統一していたのでもなかった。

また、中国との海上を通じての交流はむずかしかったので、高句麗にともなわれて前秦に朝貢したり、法興王《ポップン》の521年に百済にともなわれて南朝の梁に朝貢するにとどまった。

しかし、徐々に国力が増した新羅は、高句麗や日本からの独立をはかった。百済とは争うことも多かったが、対高句麗対策では接近もした。そして、真興王《チヌン》（540〜576年）は任那諸国を徐々に支配下に入れていき、東海岸でも北へ勢力を伸ばしていった。

さらに、百済が高句麗から取り返した漢江流域を553年に横取りし、中国と直接交流が可能になった。このころ高句麗は内紛もあって少し停滞期にあったのに乗じた形だ。

この時代、「花郎《ファラン》」という制度ができて、貴族出身の美少年をリーダーに、少年たちが心身を鍛え、歌や踊りや武芸を磨いた。薩摩の郷中教育や、会津の什《じゅう》に似たものである。

仏教がどう入ったかはわからないが、公認したのは527年の法興王のときである。現在でも慶州《キョンジュ》市を旅行すると仏国寺が立派な伽藍《がらん》になっていたり石窟庵《せっくつあん》という見事な石窟寺院もある（李氏朝鮮時代の仏教抑圧で荒れていたのを、日本の朝鮮総督府が復興したものだ）。

▼北方民族と漢民族のミックス国家・隋唐 中

「五陵《ごりょう》（高級住宅街）の少年たちが　春風の中を銀色に輝く鞍をつけた白馬に乗り　落花を踏み尽くしてどこに遊びにいくのかと思えば　西域の美女がいる酒場に入っていった（五陵年少金市東　銀鞍白馬度春風　落花踏盡遊何處　笑入胡姫酒肆中）」という李白《りはく》の詩がある。

長安の都には、シルクロードを通って世界中から物資が集まり、イスラム教やネストリウス派のキリスト教も信仰でき、阿倍仲麻呂《あべのなかまろ》のように外国人であっても政府の要職に就け、酒楼には青い眼の西域の美女が侍っていた。

中国文明の全盛期というと、同時代の世界との比較だと秦や漢の時代かもしれないし、経済的には明の時代かもしれない。しかし、隋・唐の時代には、国際性と開放感がある。大唐帝国という言葉は、「帝国」という言葉が近代の和製漢語で当時の呼称でないが、そういうイメージにふさわしい時代だった。

南北朝時代末期の北周では、出身地である武川鎮《ぶせんちん》（北辺の守りを固めるために置かれた六鎮《りくちん》のひとつ。内モンゴル）の関係者などから、八柱国・十二大将軍を選んで政権基盤としたが、隋の楊氏は十二大将軍、唐の李氏は八柱国の家系である。

日本では隋や唐の皇室も鮮卑系でないかという人が多いが、中国人は否定する。北魏では各民族の混血が非常に進み、北魏の中興の祖である孝文帝には、「64分の13」しか鮮卑族の血は流れていないという。

つまり、父祖が鮮卑族か漢族かそれ以外であるかにかかわりなく、彼らは複雑な混血であり、父祖が鮮卑であっても隠す理由もない。もちろん、だれしも遠い先祖になれば、どこから来たのかわからないが、それをいい出したら、漢民族などそれほど大きな集団にならない。

隋を建国した楊堅《ようけん》の妻は八柱国のひとりである独孤信《どっこしん》の娘で、姉妹は北周明帝の皇后や唐の高祖李淵《りえん》の母であり、楊堅の娘も北周の皇后になっている。

いずれにせよ、秦漢帝国から南朝にいたる王朝が漢民族の正統派であるのに対して、隋唐帝国は北方民族と漢民族の文化をミックスしたインターナショナルで異質な国家であった。

581年、隋を建国した楊堅は、幼君・静帝《せいてい》の下で最高実力者となり、禅譲を受けた。質素倹約に徹し、一種の三権分立の政体を確立し、官僚の採用では「科挙」を創始したので、機会均等が飛躍的に進んだ。

また、府兵（徴兵）制や均田制を充実させ、中央集権が確立した。国寺としての大興善寺《だいこうぜんじ》や全国諸州に舎利塔《しゃりとう》を建設したことは、奈良時代の日本での国分寺の先駆となった。

2代目の煬帝《ようだい》は、遣隋使として渡海した小野妹子《おののいもこ》を迎えた皇帝で、大運河を建設した。淮河《わいが》と長江を結ぶ邗溝《かんこう》は楊堅が建設していたものだが、黄河と淮河を結ぶ通済渠《つうさいきょ》、黄河と天津を結ぶ永済渠《えいせいきょ》、長江から杭州へいたる江南河《こうなんが》を建設し、610年に完成した。

煬帝は各地に出兵したが、高句麗遠征では失敗し、100万人の遠征軍はほとんど全滅した。煬帝はこれを機に厭世《えんせい》的になり、お気に入りの江都《こうと》（揚州）で過ごすようになった。

そして、各地で反乱が相次ぐなかで、禁軍《きんぐん》（近衛軍）によって暗殺され、太原にあった隴西《ろうせい》（甘粛省東部）出で、五胡十六国のひとつである西涼《せいりょう》王室の末と称する李淵（高祖）が618年、唐を建てた。

▼太宗・則天武后・玄宗はいずれも名君だった　中

李淵に決起をすすめたのは、次男の李世民《りせいみん》で、これが兄を「玄武門《げんぶもん》の変」で除いて後継者になった。中国史上でも最高の名君といわれる唐の太宗《たいそう》である。

太宗と臣下のやりとりは『貞観政要《じょうがんせいよう》』にまとめられ、日本でも、理想の君主像を示したものとされ愛読者も多い。外交においても、堂々と威厳を持ちながら相手の立場にも配慮したので、突《とっ》厥《けつ》など西北諸民族は唐の支配下に入り、「天可汗《てんかかん》」の称号を奉上した。可汗（遊牧国家の君主の称号）の上に立つ君主という意味で、唐の天子は中国と遊牧諸部族の共通の支配者として認められたことになる。

則天武后《そくてんぶこう》（中国では武則天という）は3代目の高宗《こうそう》の皇后だったが、丹毒《たんどく》中毒で体調が悪かった高宗にかわり実権を握った。実子である中宗《ちゅうそう》、ついで睿宗《えいそう》を皇帝にしたが満足できず、女帝となって国号も周としたが（６９０年）、晩年に中宗を復帰させ国号も唐に戻した。

皇后になった６５５年から７０５年まで中国を実質的に統治した、史上ただひとりの女帝である。のちに文化大革命のころ、毛沢東夫人・江青《こうせい》の肝いりで再評価がなされて以降、現代中国では非常に高く評価された名君であり、洛陽郊外の龍門《りゅうもん》石窟の大仏は彼女をモデルにしたものだと中国人は胸を張る。

中宗の復位ののち少し混乱があったが、睿宗の子の玄宗《げんそう》が9代として即位した。異母兄が本来の後継者だったが、弟の才能と実績をみてあえて譲り、弟も兄を元皇帝に準じて扱った。

玄宗の政治は「開元《かいげん》の治」といわれ、とくに経済発展がめざましかった。また、太宗、則天武后、玄宗は、科挙合格者などから有能な官僚を政権に批判的でも抜擢した。

しかし、玄宗は740年に楊貴妃《ようきひ》を妃にすると、その色香に溺れて政務を顧みなくなった。そして、楊貴妃の兄の楊国忠《ようこくちゅう》と、ペルシャ系ソグド人で節度使《せつどし》の安禄山《あんろくざん》が権力を争った。このころ、徴兵制による府兵制度がうまく機能しなくなった。そこで、軍司令官が個別に募兵する節度使の制度を辺境地帯で採り入れていたのである。

安禄山は巨軀《きょく》で踊りがうまく胡人らしい陽気さやユーモアの才がものをいって玄宗や楊貴妃に気に入られ、三カ所の節度使を兼ねた。これに対抗したのが、楊貴妃の兄である楊国忠で、権力闘争に負けた安禄山が挙兵し（安史《あんし》の乱）、玄宗は蜀へ逃げようとした。が、「六軍《りくぐん》発せず　奈何《いかん》ともするなく　宛転《えんてん》たる蛾眉《がび》　馬前に死す」（白楽天《はくらくてん》「長恨歌《ちょうごんか》」）ということになり、楊貴妃は玄宗から死を賜った。

唐では、隋が整備した軍隊、大運河、長安・洛陽といった都城、科挙などを活かし、質素倹約に努め、減税をおこない、均田制で庶民に農地を与え、府兵制を維持し、周辺諸国にも恩恵を手厚く与えて大成功した。しかも、太宗、則天武后、玄宗のような名君が政務を執った。

経済成長も順調で人口も増え、生活水準も上がったが、租税制度の老朽《ろうきゅう》化で税収は上がらず租税負担率は低下し、世の中は贅沢《ぜいたく》になった。まず、与える田畑がなくなり均田制が破綻《はたん》し、府兵制も崩壊し、志願兵を安く集めると異民族が主となった。

このころ、「両税法」という制度が導入された。年に2回徴収したのでその名がある。自作農という前提で人頭税に近い徴税だったのを、資産額に応じての課税（所得税だと思えばよい）とし、商工業者からも取り立てた。

それまでの「量入制出」（歳入の額に合わせて予算を組む）から「量出制入」（必要な歳出をまかなうように税率を決める）へと変え、納税は銭でおこなわせた。塩税も確実な税収を生み出した。取れるところから取るといった発想だが、現実的だった。

こうした制度は、長期的には土地所有の集中や国軍の弱体化を進めるものだったが、ジリ貧ながらも唐帝国は延命したのである。

唐の時代には道教が重んじられたが、仏教でも玄奘《げんじょう》（三蔵法師）がインドに教典を求めて旅行した。845（会昌《かいしょう》5）年に、「会昌の廃仏」といわれる大規模な仏教弾圧がおこなわれたのは、出家する民が多く、寺院への非課税による税収減少、仏像などに大量の銅を使うことがデフレを招いたこともあったからだ。くり返し書くが、仏教は贅沢な宗教なのである。

宦官の力が強くなり弊害も多くなったので、文宗《ぶんそう》が甘露《かんろ》が降ったとだまして宦官を集め殺そうとしたが失敗した「甘露の変」というような事件もあった。

そして、節度使が辺境だけでなく全国に設けられ、ひどく高い税を取ったので、農民反乱である「黄巣《こうそう》の乱」が起きた。科挙に落ちて塩の密売商人となった黄巣は「黄王兵を起こすは、もとより百姓のためなり」といって農民らの支持を集めたが、急ごしらえと、勝負どころを逃し滅びた。だが、現代中国では非常に高い評価を与えられている民衆運動である。

科挙の制度は「太宗皇帝まさに策に長じだましえたり英雄白頭」といわれたように有能な才能を文の道へ誘い牙を抜くのに成功したが、いつになっても合格しないことで自暴自棄になって非合法活動に入る者もあったのである。

この時代、農業では二毛作などが広がり、華北では蕎麦《そば》や高粱《コーリャン》の栽培が増えた。絹織物、唐三彩、磁器なども盛んに生産された。

▼唐の時代のシルクロードとトルコ民族の誕生　中

テュルク族（トルコ民族）の発祥が、モンゴルであることはあまり日本人には知られていない。トルコでは、匈奴もトルコ人であり、フン族（民族移動期にアッティラ大王を輩出）はその後裔《こうえい》であるといまも主張している。

匈奴が崩壊した後、552年に、モンゴル高原西部にあるアルタイ山脈の東麓《とうろく》に突厥帝国が登場した。「テュルク」という言葉を初めて国家の名として使い、彼らはその歴史を「オルホン碑文群」（オルホンはモンゴル北部を流れる河川）にテュルク系言語で刻み込んだ。トルコ共和国では、552年の突厥帝国をもってトルコの建国ととらえており、1952年には建国1400年祭が祝われた。

ゆるい部族連合で、鉄の利用に秀でていた。583年に隋の圧迫で東西に分裂し、東突厥は唐の建国に協力し、「天可汗」の称号を贈った。唐は彼らを、自治領にあたる羈縻《きび》国とした。西突厥はキルギスにあったが、唐に攻められて657年に滅亡した。彼らの残党は多くの民族に吸収されたが、沙陀《さだ》族は山西省北部にあって、のちの五代十国時代に活躍した。

唐が建国されたとき、中東ではササン朝ペルシャが栄えて、東ローマ帝国に対抗していた。ゾロアスター教国で、文化水準は非常に高く、正倉院宝物にガラス器や錦織などその産物が伝わっている。西洋料理などもその淵源はここにあるといわれるくらいだ。だが、7世紀にはイスラム勢力がアラビア半島の砂漠から台頭し、651年に滅ぼされた。

アッバース朝イスラム帝国軍は、751年にタラス河畔（キルギス共和国）の戦いで、河西《かせい》節度使・高仙芝《こうせんし》（高句麗出身）が率いる唐軍と戦ったが、この戦いで捕虜となった唐兵によって製紙法がアラビア人に伝えられた。

ウイグルは8世紀に建国され、安史の乱のときに唐を支援し、彼らの宗教であるマニ教は中国全土に広がった。ソグド商人を保護して東西交易で繁栄したが、840年に滅ぼされた。

彼らが現在、トルキスタン（中央アジアの旧ソ連諸国と中国の新疆《しんきょう》ウイグル自治区の総称）のウイグル人の祖先であり、一部は西方に移り、そこでイスラム化してさまざまな集団を形成し、それらがセルジューク帝国やオスマン帝国となった。

チベットの吐蕃《とばん》王国を建国しラサを都にしたのは、チベット族でなく北魏と同じ鮮卑族のソンツェン・ガンポ王（即位630年）で、盛唐期には、日本と並ぶ周辺の大国として扱われていた。インドに留学生を送って、表音文字であるチベット文字を創設した。

雲南《うんなん》省の大理《だいり》（大理石の語源）では、チベット・ビルマ系のロロ族が738年ごろ南詔《なんしょう》国を建国し栄え、さらに、そのあとは大理国が継承したが、1253年にモンゴルに滅ぼされた。

ベトナムでは秦の支配を受けたのち、南越《なんえつ》国が栄えたが、武帝が支配下に置き、唐も安南都護府《あんなんとごふ》をハノイに置いた。阿倍仲麻呂が唐の地方長官として赴任したのはここだ。

▼百済・高句麗の滅亡と唐の属国となった新羅の苦い勝利　――日中韓

満州で高句麗は、隋や唐と厳しく対立した。隋が南朝攻略に専念していた時期、高句麗は遼河の西側に侵攻したので、隋の文帝が派兵したが敗退した（598年）。

煬帝も100万の大軍を送ったが、将軍・乙支《ウルチ》文徳《ムンドク》が偽りの降伏で油断させ、平安道《ピョンアンド》清川江《チョンチョンガン》

（薩水）で「薩水大捷」といわれる勝利をおさめた。乙支文徳は文禄・慶長の役で活躍した李舜臣《イスンシン》とともに民族的英雄である。この高句麗遠征の失敗がきっかけで、隋が滅びてしまったのはすでに書いたとおりだ。豊臣秀吉の遠征軍と朝鮮半島で戦って消耗した結果、明が滅びたのと同じ図式だ。

唐が成立すると、太宗が高句麗を攻撃したがまたも失敗した。優位に立った高句麗は、百済や日本と同盟して新羅を追い詰めた。

新羅では、韓流ドラマで知られる善徳《ソンドク》女王（在位632〜647年）が即位した。これを助けたのが、王族の金春秋《キムチュンジュ》と、かつて任那の一部だった金官国王家から出た金庾信《キムユシン》だった。

これを見て、百済は新羅に取られた領土の奪還を狙って攻勢に出た。新羅は唐に百済との紛争の仲介を求めたものの、女王を即位させたことをとがめられ、唐から国王を派遣するとまでいわれた。金春秋は、日本、唐、高句麗を歴訪し、逡巡《しゅんじゅん》ののち、648年に唐太宗と屈辱《くつじょく》的な同盟を結んで、かろうじて生き残ったのである。

媚韓媚中史観の学者はここの肝心なことを日本人に隠しているのだが、朝貢だとか冊封というのは日本も含めて中国の王朝に多くの国がしていたが、従属性は高いものではなかった。それに対して、新羅が唐と結んだ関係はそういうものとまったく性格が違うものだったということだ。

コリアン国家が、それまでの高句麗、百済、新羅が中国の王朝や場合によっては日本とも結んでいたゆるい朝貢関係でなく、本格的な属国となったということなのである。

新羅は、649年には唐の衣冠礼服の制度を採用し、650年に独自の年号を廃止して唐の永《えい》徽《き》を用い、姓も中国風の一文字に大胆に変えた。日本統治時代の創氏改名などと比べものにならない思いきりのよさだった。

651年、新羅の貢調使が、唐風の服を着て筑紫に着いたので、大宰府では非礼と追い返している。今日的にいえば、韓国軍の軍人が中国の軍服を着て日本に来たようなものである。服制の変更は軽微なものではない。

唐の高宗は、作戦を変えて、高句麗より先に百済を滅ぼして併合した（660年）。日本は救援のために派兵したが、百済軍のなかでの内輪揉めもあって、新羅の援軍も得た唐軍に惨敗した（白村江《はくそんこう》の戦い）。このとき新羅では金春秋が王（武烈《ムヨル》王、在位654～661年）となっていた。

高句麗も、莫離支《マンニジ》（宰相）の子供たちの争いという内紛で敗れた長男が666年に唐に投降。50万の唐軍が新羅軍の助太刀を得て高句麗を降伏させ、唐に併合した（668年）。このときの新羅王は、文武《ムンム》王（661～681年）である。百済や高句麗の滅亡は、唐による百済と高句麗の併合であって、新羅による統一戦争の結果ではない。

唐は平壌に安東都護府（都督府より上位）を置き、半島と満州を統括させた。百済の王族を熊《ウン》津《ジン》都督とし、羈縻《きび》州（自治州）としていた。

さらに、新羅にも慶州に鶏林州都督府を置き、文武王は鶏林州大都督に格下げされた。

新羅もさすがに受け入れず、670年から唐と対抗するために、百済の貴族を重用したり、高句麗の王子に高句麗王を名乗らせて百済旧領の全羅道に置き、日本にも朝貢使節を出させた。

結局、このころ、吐蕃（チベット）と唐が戦ったり、満州東北部に高句麗の残党の一部も参加して渤海《バレ》が建国されたので、新羅が唐の渤海制圧戦争に兵を出すことを条件に、高句麗旧領のうち大同江以南と、百済旧領のすべてを新羅領とすることで735年に決着した。このときの王は、文武王の孫である聖徳王（702～737年）である。


伝統的な歴史観では、唐に併合された途中の経過を省いて、「新羅の三国統一」の完成といってきた。ただ、戦後になり、南北朝鮮で新羅と渤海の「南北国時代」に入ったという奇抜な解釈がとられるようになったので、この新羅による統一という歴史観はお蔵入りになっている。

その後も新羅は、唐との関係が悪いときには日本に低姿勢をとり、朝貢して「任那の調」（日本の潜在主権を前提に新羅が献上する貢ぎ物）などを持ってきたが、唐との関係が改善すると対等の関係を主張した。

753年には長安大明宮《だいめいきゅう》での朝賀で新羅が上位に置かれそうになる事件があり、遣唐使・大伴古麻呂《こまろ》が新羅は日本の従属国であったことを指摘し、唐もそれを認めて順位を入れ替えた。

759年には、唐で安史の乱のさなか、恵美押勝《えみのおしかつ》は、日本に朝貢してきていた渤海と手を結んで「新羅は本来、属国であるにもかかわらず日本に非礼である」として新羅への派兵を準備した。

だが、怪僧道鏡《どうきょう》をめぐる恵美押勝と孝謙《こうけん》上皇との紛争のために実行に移せなかったのは返す返すも残念である。

なお、これを「新羅侵略計画」と表現する日本人学者もいるが、中国も認めた日本の領土でありながら侵略された任那を回復し、同じく友好国だった百済を復興するための行動を侵略というのはふざけた話であろう。

古代における日韓外交の最後は、新羅の恵恭《ヘゴン》王が、779年に「任那の調」を持った使節を日本に派遣したときである。日本は喜び、調子に乗って次回はきちんとした上表文を持ってこいと命令したところ、新羅の使節は二度と現れなかった。最後に任那への潜在主権を確認してメンツが立ったので、幕引きにしたということだ。

古代の天皇は30歳以上で即位し生前退位なしだった――日

中国で隋が南北朝を統一する少し前から、唐が滅びるまで（589～907年）の400年間の日本はどうなっていたのか。

日本は半島の支配地を失い、友好国の百済も滅びて、日本に敵対的で唐に従属した新羅が半島の大部分を支配するようになったので、半島情勢とは少し距離をとって大陸文明を積極的に受け入れ、律令制という中央集権体制へ移行した。

仏教が伝来して神道と融合しつつ国教化し、文字の使用が本格化するには、百済経由で来た漢族帰化人の役割が大きかった。また、百済の王族なども大量に亡命してきた。朝廷では、九州などに集住して新しい百済を建国されたりしたら困るから、各地に帰化人を分散させた。全国に半島系地名があるのはそのためだ。

こうして、日本はこの時代の世界文明のなかで、先進国になった。しかし、半島より東日本開発にフロンティアを求めるようになり、唐が衰退し文明の受容も一段落したので、「小さな政府」路線を採り、準鎖国状態に入った。文化も国風文化に移行し、仮名が発明された。

それでは、皇位継承がどうなっていたのかを、継体天皇から桓武天皇まで眺めていきたい（48ページ図8参照）。いくつか、大事な原則を挙げておこう。

①大化の改新までは生前退位はなかった
②即位は30歳を超えてからが原則だった
③母親の出自が重要視された
④皇后は原則として皇族からだった
⑤女帝は推古《すいこ》天皇が最初だったとは必ずしもいえない

継体天皇には越前時代に妻と子供がいたが、即位するにあたり、24代仁賢天皇（武烈天皇の父）の手白香《たしらか》皇女を皇后とした。継体の死後には、皇后の子である欽明《きんめい》天皇が若すぎたので、先妻を母とする安閑《あんかん》天皇と宣化《せんか》天皇が先に27～28代として即位した。

欽明の子は敏達《びだつ》天皇（母は宣化皇女）、用明《ようめい》天皇（母は蘇我氏）、崇峻《すしゅん》天皇（母は蘇我氏）、異母兄である敏達の皇后だった推古天皇（母は蘇我氏）と30～33代まで4人連続で即位した。

推古天皇は、欽明の孫世代である押坂彦人大兄皇子《おしさかのひこひとのおおえ》（敏達の子で母は息長氏。舒明《じょめい》天皇の父、天智・天武の祖父にあたる）、聖徳太子《しょうとくたいし》（用明の子、母は蘇我氏）、竹田皇子（敏達と推古の子）の三人とも若かったので、即位したようだ。女帝は大正時代に歴代天皇から外されたものの、神功皇太后という前例があり、ほかにも候補になったことは何度かあった。

私は、未亡人が「女将さん」として主人の代わりをすることはあったが、株式会社化したので正式に社長を名乗ったようなものだと解釈している。推古が長生きしなかったら、三人のうちのだれかが登極《とうきょく》したのだろうが、推古が75歳まで生きたので、三人とも先に死んだ。

欽明の曾孫世代では、聖徳太子の子である山背《やましろ》王子（祖母も母も蘇我氏）も候補だったが、蘇我蝦夷《えみし》は押坂彦人大兄皇子の子である舒明天皇を選んだ。

舒明が死んだとき、子供たちは若すぎたので、舒明の皇后であり姪でもある皇極《こうぎょく》天皇が35代として即位したが、蘇我蝦夷・入鹿《いるか》は、外国では生前退位もあることを盾にとって、舒明と蘇我氏の母の子である古人《ふるひと》大兄皇子への譲位を迫っていたのではないか。

蘇我入鹿誅殺《ちゅうさつ》事件（大化の改新の端緒《たんしょ》となった乙巳《いっし》の変、６４５年）は、この動きに危機感をつのらせた皇極や弟の孝徳《こうとく》天皇、子である天智《てんじ》天皇が先手を打って起こしたのだろう。そういう前提があって、生前退位もありだというコンセンサスがそこそこ形づくられていたので、入鹿暗殺後、皇極は初の生前退位をしたとみるべきだろう。

中大兄《なかのおおえ》皇子（天智）がすぐに即位しなかったのも、若すぎたからだ。そして孝徳が死んでも、天智はなお若すぎたので、皇極が重祚《ちょうそ》して37代斉明《さいめい》天皇になった。

唐に滅ぼされた百済の遺臣からの要請を受け、斉明は百済救援のために九州に向かうが、そこで崩御《ほうぎょ》した。中大兄は、「称制」という形で政務をおこない、半島での戦いをつづけたが、白村江の戦いで敗れ撤退した。唐の侵攻からの防衛のため、防御に有利な近江大津京へ遷都し、ここで母の死後7年にしてやっと即位した。

▼天智と天武との争いという図式は間違っている ———— 日

天智天皇の皇子たちは母親の出自が悪く天皇にふさわしくなかったので、後継は同母弟の大海人《おおあま》皇子（天武《てんむ》天皇）とみられていたが、大友《おおとも》皇子（弘文《こうぶん》天皇）がことのほか有能だったので、天智は太政大臣《だいじょう》という新しい職に就けた。

危険を感じた大海人皇子は、出家して吉野に出奔《しゅっぽん》した。天智天皇が亡くなったあと、大海人は「壬申の乱」（672年）を制し天武となった。

この争いは、弘文と、同じく天智の娘である、のちの持統《じとう》女帝の姉弟の争いとみたほうがよい。天武朝で編纂された『日本書紀』ですら、大帝として位置づけられているのは天智であって天武ではない。

天武天皇のあとは持統女帝との子である草壁《くさかべ》皇子の即位が予定されていたが、適当な年齢に達する前に死去したので、「称制」で治めていた持統が即位し、草壁とのちの元明《げんめい》女帝（天智の皇女）を父母とする文武《もんむ》天皇が、15歳という若さで即位した。これで、30歳くらいにならないと天皇にならないという原則は破られた。

文武天皇は病弱で早死にし、のちの聖武《しょうむ》天皇は幼かったので、元明女帝が即位し、その娘で文武の同母姉だった元正《げんしょう》女帝が即位した。

聖武の皇后が藤原不比等《ふひと》と橘《たちばなのみち》三千代《よ》の娘である光明子《こうみょうし》である。三千代は中級貴族の娘で皇族と結婚していたが、文武の乳母となり夫と別れ、中堅官僚だった不比等と再婚して光明子を生んだ。

45代聖武天皇のとき最高権力者だった橘諸兄《もろえ》は、先夫との子であり、光明子が仁徳天皇皇后以来の民間出身の皇后になったのは、不比等の娘でなく三千代の娘だったからというべきだ（皇后になったのは不比等の死後9年目）。

光明皇后は唐の則天武后を意識したような力を発揮し、大仏の建立を主導し、聖武が退位したのちは、娘の孝謙《こうけん》女帝を支えた。

このころは、草壁皇子の子孫であることが皇位継承で重視されていたが、男系は聖武を最後に断絶した。そこで、人物的にしっかりした後継者を見つけたいという思いがあったようで、皇位継承は迷走した。

舎人《とねり》親王（天武の子、日本書紀の編纂者）を父とする淳仁《じゅんにん》天皇が帝位に就き、光明皇太后に支援された甥の藤原仲麻呂（恵美押勝）が政権を握った。が、皇太后の死や怪僧道鏡と孝謙上皇の出会いもあって、上皇の院政が強化されると、天皇・恵美押勝の反上皇クーデターを起こすも失敗。上皇は重祚して称徳《しょうとく》女帝となった。

重祚した称徳は、道鏡に譲位を試み和気清麻呂《わけのきよまろ》に阻止されたのだが、これは僧侶である道鏡に子はいないので、適任者が現れるまでのつなぎだったと思う。

称徳の死後は、異母妹である井上《いのうえ》内親王の子である他戸《おさべ》親王が天皇に想定されたが、子供だったので、父で天智の孫である光仁《こうにん》天皇が即位した。だが、わが子の早期即位を願って焦《あせ》った皇后が天皇を呪い殺そうとしたため、皇后と親王は排斥《はいせき》された。

50代桓武《かんむ》天皇は、光仁と百済王家末裔の高野新笠のあいだに生まれた子で、桓武が25年間も在位したあとは、その子の平城《へいぜい》天皇と嵯峨《さが》天皇が即位した。桓武や嵯峨は、強力な君主で中国の皇帝に近い独裁者だった。

▼「日本」と「天皇」という名の起源と日本語書き言葉の誕生 ── 日

統一王朝が成立して、高度な学識者を得たいと、応神天皇が百済から招請したのが漢族の王仁博士である。しかし、その後も、漢字をよく使う人はほとんど漢族系帰化人だけだった。ヨーロッパでゲルマン人の王者たちがラテン語の読み書きができなかったのと同じだ。

日本人では、聖徳太子は読み書きができたようだが、推古天皇や蘇我馬子はしなかったように思える。天智は藤原（中臣）鎌足《かまたり》と塾に通いながら謀議をしたというが、このあたりから変わりはじめた。日本人がつくった最古の漢詩として『懐風藻《かいふうそう》』という詩集に残っているのは、39代弘文天皇の作品だ。

そして、漢字の読み書きが普及してくると、法規が使えるようになる。それが律令制度の基礎になった。本格的な律令は『大宝律令』（701年）を待たねばならないが、『日本書紀』によれば、天智天皇の時代に『近江令』（668年）があったという。

ただし、古代の人々が、漢語を音読みして会話のなかで使っていたのではない。対外的に「倭」という国名が使われていたとしても、国内での読み方はヤマトである。奈良を指す大和国にしても、漢字で書くときは、「大倭」と書き、「大養和」を経て、国郡名は二字好字《こうじ》に統一する統一方針が出たので、奈良時代から平安時代にかけて「大和」に落ち着いた。

日本という国号も、ヒイズルクニとかヒノモトといった形容を自国にすることがあり、そのうちに、「日本」と書くようになり、大宝律令で確定した。「ニッポン」は呉音に由来する音読みで、遣唐使以降に使われるようになった漢音では、日は「ジツ」である（現代中国語ではリーベン）。

仮名の誕生は、固有名詞を読むのに万葉仮名のような形で使ったのにはじまり、平安時代には、その延長線上に仮名が生まれた。日本語の順序に従って漢字を並べることは7世紀からはじまり、初めは万葉仮名を交え、平安時代には漢字仮名交じり文に発展していった。

半島でも漢字を新羅語の語順で並べた金石文はあるが、ごくわずかで、日本での使用例よりあとのものばかりだ。日本から導入されたが、発展しなかったと見られる。

「天皇（テンノウ）」という言葉を日本人が普通に使いはじめたのは、明治になってからで、江戸時代にはミカドとかオカミとかいった。古代には、スメラギ、スメラミコト、オオキミなどだった。

『日本書紀』には遣隋使の手紙に天皇という言葉が使われていたとするが、原文がそうだったとは限らない。唐の3代皇帝だった高宗が天皇という称号を使っていたので、天皇という表記法は、これを真似たと見るのが合理的だと思う。

「アメノシタシロシメスオオキミ（治天大王）」といった呼称もあったようなので、気に入って使うようになったのではないか。ただし、天皇と書いても読み方はスメラギなどのままで、いつからスメラギに天皇という「当て字」を使いはじめたかだけが問題なのだ。こういうことは、はっきりしないのはよくあることだ。明治になって、エンペラーを天皇の英語呼称にすることがいつ決まったのかということにしても、はっきりしないくらいだし、それで国内での呼び方が変わったわけでもない。

▼仏教伝来で大陸文明がワンセットで輸入された ――― 日

日本に仏教が公伝したのは、552年に百済の聖明王が、欽明天皇に金銅の仏像や経典を贈ったときとされている（538年説あり）。高句麗へは372年、百済へは384年、新羅では528年に伝来しているので、それ以前にも帰化人が私的に信仰していたことはあっただろう。

そして、仏教伝来により識字率が飛躍的に向上し、律令国家が成立したのだと思う。仏教は、神々しい仏像、豪華な道具、きらびやかな建築、音楽、漢文で書かれた経典などからなる文明システムだった。世界三大宗教といわれるキリスト教、イスラム教、仏教は、トータルシステム性を備えていることが世界宗教として普及した決め手である。

仏教伝来に際して、蘇我稲目《いなめ》が仏像や経典を預かって拝んだが、疫病が流行し、物部守屋《もののべのもりや》らがその原因は蘇我の仏教崇拝にあると告発して政争となった。この政争は、推古天皇、聖徳太子、蘇我馬子《うまこ》の三人が政権を握ることで終わり、四天王寺や飛鳥《あすか》寺（法興寺）が創立された。

奈良時代に総国分寺として東大寺、総国分尼《こくぶんに》寺として法華《ほっけ》寺が設けられ、国分寺と国分尼寺を諸国に建設したことは、列島全体の文明開化をもたらした。仏教は、個人や小さな集団の幸福だけでなく、飢餓《きが》や疫病《えきびょう》や戦乱をなくすとか、国家の安定をはかる国家鎮護といった高次元なものをめざした。

一方、行基《ぎょうき》は民衆を教化し行動させ、光明皇后は悲田院《ひでん》を設立して慈善事業をはじめた。

日本では7世紀になると立派な宮都が築かれるようになった。天皇が代替わりごとに引っ越ししていたのは、掘立柱の建築なので長持ちしないのも一因であった。奈良盆地南部が主だったが、難波《なにわ》や近江、山城《やましろ》に営まれたこともある。

豪族たちは自分の領地からときどき宮に通っていたが、官僚として勤務するなら職住近接である必要があるし、外国の使節を迎えたりするのには、立派な都である必要もできてきた。

孝徳天皇の難波宮や天智天皇の大津京でも、貴族たちの住居を計画的に割り当てる必要があったはずで、なんらかの都市計画があったと考えるほうが自然だ。また、大和でも飛鳥の地に徐々に固定して「倭京《わきょう》」と呼ばれるようにもなっていった（岡本宮・板蓋《いたぶき》宮・浄御原《きよみはら》宮）。

持統天皇の藤原京は初の本格的な碁盤《ごばん》目状の都城であった。皇居は真ん中にあったが、大和三山が都市内にあるし、排水もうまくいかなかったようだ。そこで、平城京が南向きのゆるやかな斜面に建設され大成功した。

しかし、水運の便が悪く、難波京、恭仁《くに》京、紫香楽《しがらき》宮、保良《ほら》宮、長岡京など迷ったあげく、山城盆地の最北端に平安京を建設して落ち着いた。ほどほどの傾斜があり、災害が少なく、水質がよく、水運も良好な理想的な立地で、ごく短期の中断を別にして、1000年以上も首都でありつづけた。

平安遷都にあって、寺院の政治力を避ける動機があったかどうかだが、道鏡が皇位簒奪を狙ったときに寺院がこれを支持したわけでない。むしろ、寺院の建設や維持のコストのほうが問題だったと考えられ、桓武天皇は東寺、西寺以外の寺院の設置を排除したくらいだ。

▼遣唐使の廃止と後百済・高麗との交流拒否　日中韓

菅原道真《すがわらのみちざね》の建議によって、宇多《うだ》天皇の894年に遣唐使が廃止されたといわれてきた。しかし、正しくは、派遣を見合わせているうちに唐が滅びてしまっただけだ（907年）。

遣唐使は839年の「承和《じょうわ》の遣唐使」ののち黄巣の乱などあって中断されたが、894年、唐の温州《おんしゅう》長官から派遣要請があったので、遣唐大使に菅原道真が任命された。しかし、道真は「内乱がつづくなど唐の衰微はひどい」「これまでも航海の危険などはあったが、いまや、到着後も安全が確保できない」と再検討を具申した。

この意見が容れられて、大使の地位はそのままにしたまま、延期となり、やがて道真も失脚して死去したりしているうちに（903年）、唐も滅びたのである。

半島では、統一国家となった新羅が衰退しはじめ、後百済《フペクチェ》と後高句麗《フコグリョ》との「後三国時代《こうさんごく》」を迎えた。甄萱《キョノン》という武将が後百済（900年）を、弓裔《クンイエ》が後高句麗を建てた（901年）。

弓裔は新羅王の庶子とされ、「不吉な子だ」と占いがあったので殺されそうになったが、救い出され、長じて新羅王家への復讐《ふくしゅう》を決意したという。新羅に対する反乱軍に加わり、やがて、松岳《ソンアク》（のちの開城《ケソン》）で「高句麗」（後高句麗）を建てた。残虐な王で、諫《いさ》めた王妃には、陰部に熱く熱した鉄の棒を突き刺し、口と鼻から煙が出るのを見て楽しんだと正史にも書かれている。

弓裔を支えた武将・王建《ワンゴン》は開城の名門豪族出身だが、部下に推挙されて弓裔を追い落とし、高麗《コリョ》の国王となった。

後百済の甄萱は慶尚北道北西部の尚州《サンジュ》出身で、忠清北道の全州《チョンジュ》で挙兵し、「後百済王」を名乗り、926年には新羅の都である金城（慶州）を攻略し、景哀王を自殺させ、王妃を陵辱《りょうじょく》した。

甄萱は敬順王を立てたが、この王は高麗に逃げて新羅は滅亡した。半島南部の支配者となった甄萱だが、935年に四男を後継者にしようとしたところ、長男の神剣らに幽閉された。甄萱は王建のもとに亡命し、王建とともに神剣を936年に黄山で破り、後三国の統一が完成した。こうして高麗が成立した。

このうち、後百済（首都は全州）は日本との交流や援助を盛んに求めてきたが、日本がこれを断った。高麗も972年に通交を申し入れてきたが、日本は拒否。1079年に、国王のために医師を派遣してくれという要請があったが、治療に失敗したらメンツが立たないと断った。

中国に統一政権がなく動けなかったのだから後百済の要請に応じてもよかったし、高麗は日本との交流を希望して丁重に申し込んできたのだから、その関係は上下関係がそれなりに明確なものになったはずだったのだが、平安貴族は面倒がった。律令制の崩壊で、まっとうな常備軍もなかった事情もあった。

こうした孤立主義の積み重ねが、半島に中国に従属的で、日本に敵対的なコリアン国家が存在する図式を定着させ、そのツケを日本はいまも払っている。日本が頼りないから半島の人々が中国に従うほうが安全だと思うのも無理はない。


渤海《ぼっかい》は唐や新羅と対立して、日本とは友好関係を望み、727年から926年までに34回も朝貢した。特産品である貂《てん》の毛皮などは魅力的だったが、日本海側に風任せで漂着する使者の接遇は物入りで、朝貢回数が多すぎると自粛を要望するなど消極的だった。

そして、渤海を滅ぼした契丹《きったん》が東丹《とうたん》国という傀儡《かいらい》国家を建てたとき（926年）、日本は継承国家と認めず、朝貢使節を拒否した。

その渤海が朝鮮史の一部とはだれもいわなかったが、1962年に北朝鮮の学者が、渤海も朝鮮民族の国だとして、渤海と新羅の南北並立と高麗による統合というのが北朝鮮の公的見解となった。

韓国でも、１９７０年代に採用して「南北国時代」というようになった。高句麗の言語も朝鮮語とは別系統だし、満州人の先祖らしい粟末靺鞨《ぞくまつまっかつ》は朝鮮民族と関係ないから突飛だ。

国家継承としても、高句麗は唐に滅ぼされ、渤海は唐から独立して契丹に滅ぼされ、契丹は女真族の金《きん》に、金はモンゴルに、モンゴル帝国（中国本土を明に奪われたあともモンゴルは北方で継続）は清に滅ぼされたので理解に苦しむが、現代の南北朝鮮の歴史認識として紹介しておく。ただ、渤海は熱心に日本に朝貢していた国なのだが、それは気にしないのだろうか。

第4章

モンゴル帝国と中世の東アジア

► 図13 元・北元

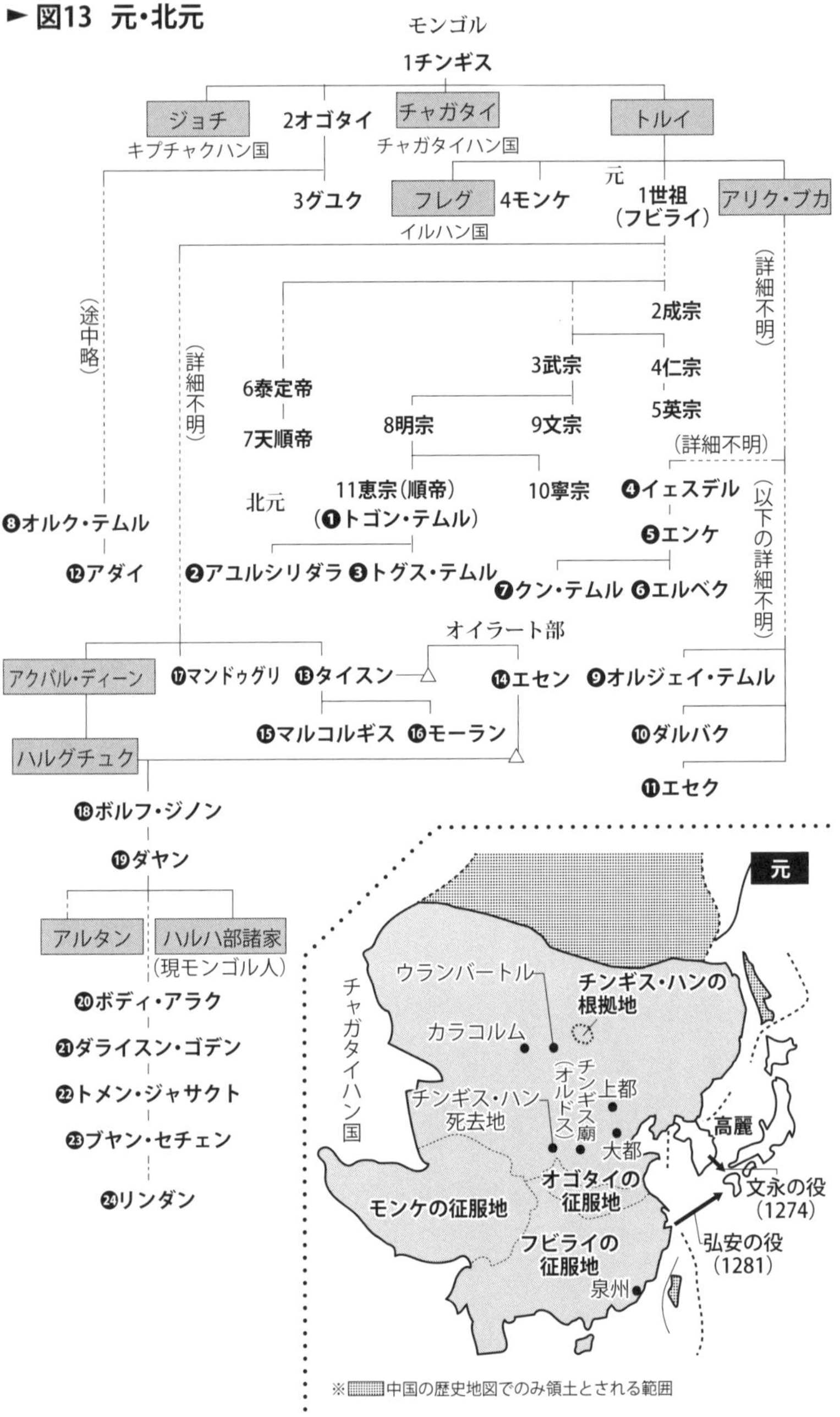
モンゴル
1チンギス
ジョチ
キプチャクハン国
2オゴタイ
チャガタイ
チャガタイハン国
トルイ
3グユク
フレグ
イルハン国
4モンケ
元
1世祖
（フビライ）
アリク・ブカ
（詳細不明）
（途中略）
（詳細不明）
2成宗
3武宗
4仁宗
5英宗
6泰定帝
7天順帝
8明宗
9文宗
（詳細不明）
11恵宗（順帝）
（❶トゴン・テムル）
10寧宗
北元
❹イェスデル
❺エンケ
（以下の詳細不明）
❽オルク・テムル
⓬アダイ
❷アユルシリダラ
❸トグス・テムル
❼クン・テムル
❻エルベク
オイラート部
アクバル・ディーン
⓱マンドゥグリ
⓭タイスン
⓮エセン
❾オルジェイ・テムル
⓯マルコルギス
⓰モーラン
❿ダルバク
ハルグチュク
⓫エセク
⓲ボルフ・ジノン
⓳ダヤン
アルタン
ハルハ部諸家
（現モンゴル人）
⓴ボディ・アラク
㉑ダライスン・ゴデン
㉒トメン・ジャサクト
㉓ブヤン・セチェン
㉔リンダン
元
チャガタイハン国
ウランバートル
チンギス・ハンの
根拠地
カラコルム
チンギス・ハン
死去地
チンギス廟
（オルドス）
上都
大都
高麗
オゴタイの
征服地
モンケの征服地
フビライの
征服地
泉州
文永の役
（1274）
弘安の役
（1281）
※▒中国の歴史地図でのみ領土とされる範囲

► 図14　皇位継承図（3）

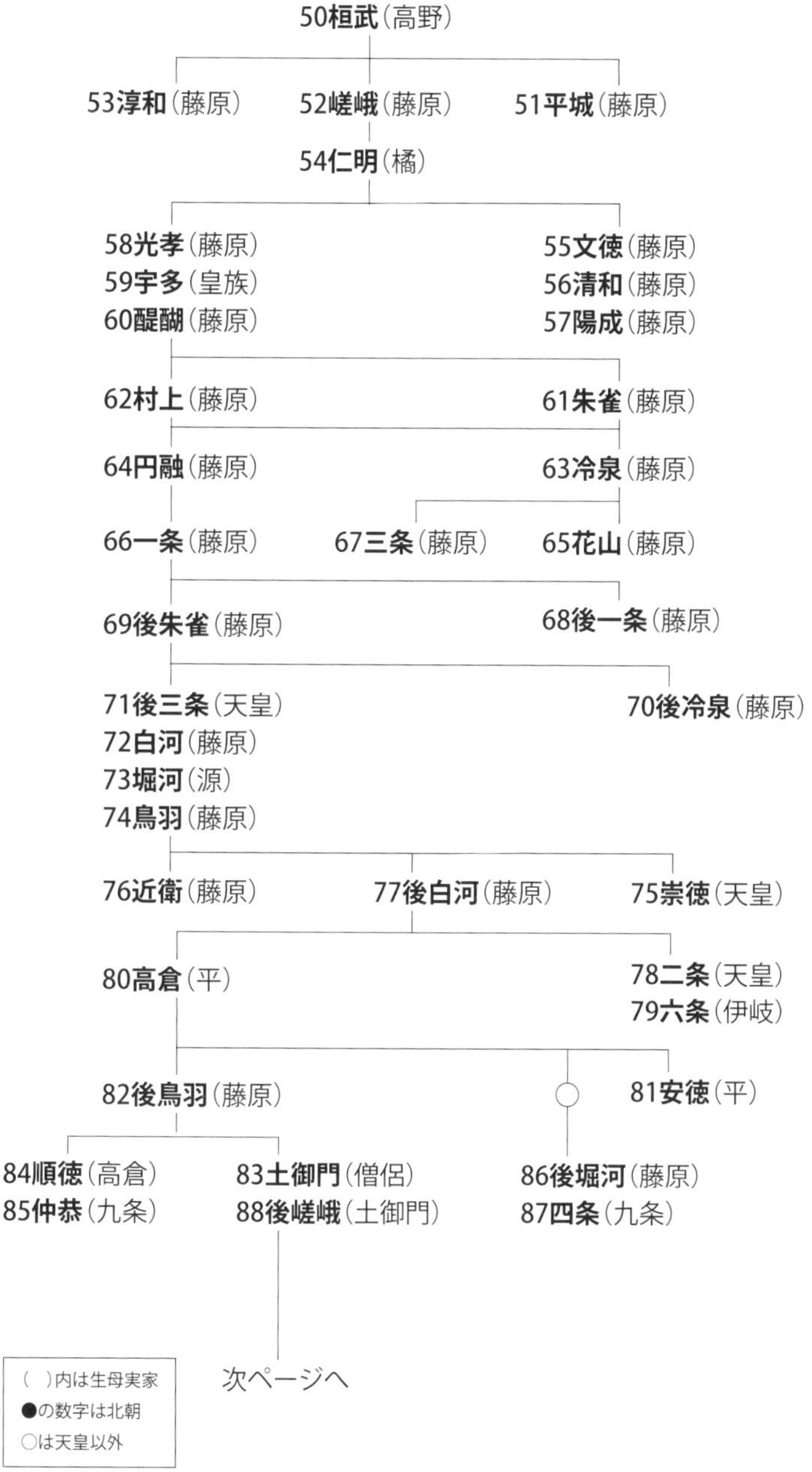
50桓武（高野）
53淳和（藤原）
52嵯峨（藤原）
51平城（藤原）
54仁明（橘）
58光孝（藤原）
59宇多（皇族）
60醍醐（藤原）
55文徳（藤原）
56清和（藤原）
57陽成（藤原）
62村上（藤原）
61朱雀（藤原）
64円融（藤原）
63冷泉（藤原）
66一条（藤原）
67三条（藤原）
65花山（藤原）
69後朱雀（藤原）
68後一条（藤原）
71後三条（天皇）
72白河（藤原）
73堀河（源）
74鳥羽（藤原）
70後冷泉（藤原）
76近衛（藤原）
77後白河（藤原）
75崇徳（天皇）
80高倉（平）
78二条（天皇）
79六条（伊岐）
82後鳥羽（藤原）
81安徳（平）
84順徳（高倉）
85仲恭（九条）
83土御門（僧侶）
88後嵯峨（土御門）
86後堀河（藤原）
87四条（九条）
次ページへ
（　）内は生母実家
●の数字は北朝
○は天皇以外

► **図15　皇位継承図（4）**

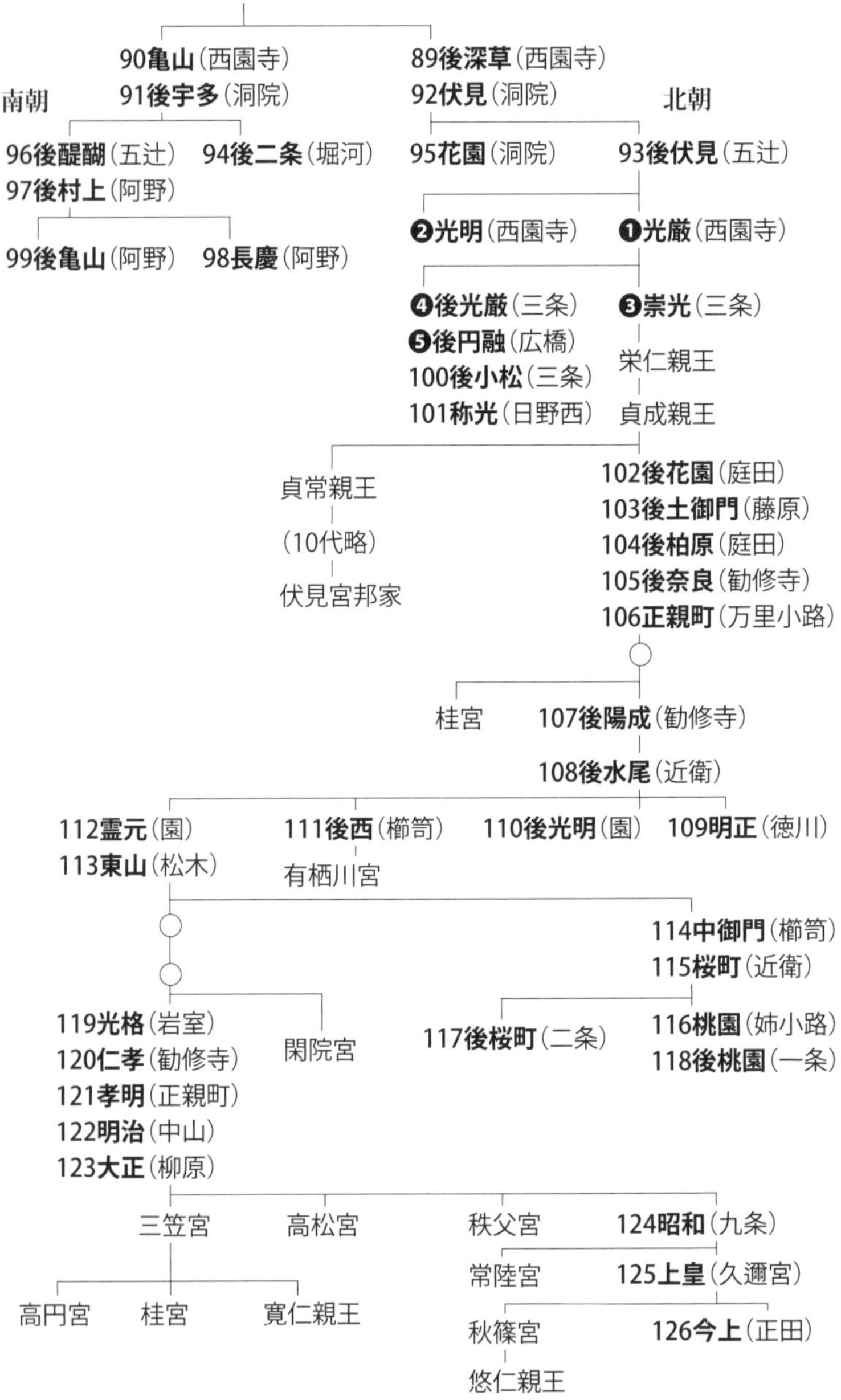
南朝
北朝
90亀山（西園寺）
91後宇多（洞院）
89後深草（西園寺）
92伏見（洞院）
96後醍醐（五辻）
97後村上（阿野）
94後二条（堀河）
95花園（洞院）
93後伏見（五辻）
99後亀山（阿野）
98長慶（阿野）
❷光明（西園寺）
❶光厳（西園寺）
❹後光厳（三条）
❺後円融（広橋）
100後小松（三条）
101称光（日野西）
❸崇光（三条）
栄仁親王
貞成親王
貞常親王
（10代略）
伏見宮邦家
102後花園（庭田）
103後土御門（藤原）
104後柏原（庭田）
105後奈良（勧修寺）
106正親町（万里小路）
桂宮
107後陽成（勧修寺）
108後水尾（近衛）
112霊元（園）
113東山（松木）
111後西（櫛笥）
有栖川宮
110後光明（園）
109明正（徳川）
114中御門（櫛笥）
115桜町（近衛）
119光格（岩室）
120仁孝（勧修寺）
121孝明（正親町）
122明治（中山）
123大正（柳原）
閑院宮
117後桜町（二条）
116桃園（姉小路）
118後桃園（一条）
三笠宮
高松宮
秩父宮
124昭和（九条）
常陸宮
125上皇（久邇宮）
高円宮
桂宮
寛仁親王
秋篠宮
126今上（正田）
悠仁親王

▼軍閥が割拠した五代十国時代から北宋へ

中

農民運動から発展した「黄巣の乱」をなんとか切り抜けた唐であるが、黄巣の乱に参加したのち、唐朝に鞍替えして左金吾衛大将軍となっていた安徽省碭山《あんきとうざん》県生まれの朱全忠《しゅぜんちゅう》が、907年、唐から禅譲を受けて汴京《べんけい》（開封）を首都とする後梁《こうりょう》の太祖となった。

一方、突厥《とっけつ》出身で父が朔州刺史《さくしゅうしし》（長官）など唐の高官になっていた李克用《りこくよう》は、黄巣が占領していた長安を皇帝が奪還するのを手伝ったが、入城のときに大略奪をおこなったので長安は灰燼《かいじん》に帰し、大唐帝国の栄光は失われた。

李克用は山西省の太原で晋王《しんおう》となり、朱全忠と覇を争ったが敗れ、その子の李存勗《りそんきょく》が、後梁を倒して後唐《こうとう》を開いた。次の王の明宗《めいそう》は、「三司使《さんしし》」（経済大臣）を置き財政規律を高め、評判がいい皇帝だった。

その後唐の2代皇帝の娘婿になった石敬塘《せきけいとう》は、突厥に従っていたソグド人で、後晋《こうしん》を開いた。契丹《きったん》の助力を受ける条件に燕雲十六州《えんうんじゅうろくしゅう》（北京や大同周辺）を割譲し、契丹の太宗を「父皇帝」、自分を「子皇帝」と呼ばせたりしたので、中国では漢奸《かんかん》（売国奴）扱いされている。

「燕雲十六州の割譲」が重大事件だったのは、遊牧民族がその性格を失わないまま、万里の長城の南に進出した最初のケースだったからだ。後晋2代目の皇帝は契丹に囚《とら》われて臣下とされ、突厥沙陀《さだ》部出身の劉知遠《りゅうちえん》が後漢《こうかん》を建てたが3年で滅び、河北省邢台《けいだい》市隆堯《りゅうぎょう》県出身の郭威《かくい》が後周《こうしゅう》を建国した。

907年の唐の滅亡から、960年に宋が成立して、979年に全国統一するまでの時代が、唐末期からの節度使出身の軍閥が各地に興った五代十国時代である。後梁から後周までの5王朝を五代というが、その支配地域は洛陽から開封、山東方面を中心とした地域にとどまり、長江流域や四川、広東、福建、浙江といったあたりに十国といわれる地方王国が建てられた。

このうち、浙江省にあった呉越《ごえつ》は、935〜953年にかけて日本と交流をおこなった。藤原忠平《ただひら》などが親書を送ったのは摂関時代における珍しい事例だ。

河南省の開封を首都として後周を開いた郭威は、皇帝になる以前に一族みな殺しにされていたので、妻の甥である柴栄《さいえい》（世宗《せいそう》）を養子としたが、これが中国史上でも有数の名君といわれる。禁軍として殿前軍を組織し、節度使の下から選りすぐりの軍人を引き抜き、経済開発に成功していた江南の南唐を攻め、淮河と長江のあいだを獲得した。また、契丹とそれに従属する北漢とも戦い、燕雲十六州のうち2州を取り返した。

世宗は廃仏令を出し、北魏の太武帝、北周の武帝、唐の武宗による弾圧とともに、「三武《さんぶ》一宗《いっそう》の法難」といわれる。この廃仏と銅の私有を禁じる法令で、銅銭を大量に鋳造《ちゅうぞう》する体制が整った。

跡を継いだ恭帝《きょうてい》は7歳だったので、河北省固安《こあん》県出身の趙匡胤《ちょうきょういん》（北宋の太祖）が、部下たちから皇帝の象徴である黄衣を着せられて皇帝となった（陳橋《ちんきょう》の変）。

太祖はのちの皇帝のために門外不出の「石刻遺訓」を残したが、「柴氏一族を子々孫々にわたって大事にすること」と「言論を理由に士大夫を殺してはならない」ということだったという。

また、軍紀に厳しいことこのうえなかった。

▼平安・鎌倉・室町は究極の「小さな政府」――日

日本史の「中世」は鎌倉時代と室町時代のことだとされてきたが、このごろは平安時代の中期以降も入れることが多い。遣唐使の廃止と菅原道真の失脚があった900年前後から秀吉の天下統一までは、「究極の小さな政府の時代」だからだ。

律令制は、唐や新羅からの軍事的脅威があったので大規模な常備軍を持ち、大陸から新しい文明を受け入れ全国に普及させるために、効率的なシステムとして構築された。

しかし、唐や新羅が衰退期に入って軍事的脅威がなくなり、制度や文化も一通り学んでしまったので、独自の発展で当座の用は足りるようになった。

そこで、国司《こくし》が決まった税額を朝廷に納めたらあとは好きにやってよいという受領《ずりょう》制とか、地域内の治安維持もインフラ整備も民間に任せるという荘園《しょうえん》制が発展した。

荘園の持ち主は、藤原氏などの公家や社寺だったが、上皇や皇室の女性たちも寄進を受けるようになった。荘園に属さない公的な農地が皇室の財源だったのが、皇室自身が私有財産を多く持つことになった。地方有力者は、中央の有力者に寄進して、国司などの干渉を避け、自分は代官になったのである。

一方、常備軍は縮小され、武士が台頭してきた。武士とは、荘園や皇族・貴族のガードマンとして力を伸ばした非正規私兵集団である。源氏や平氏や藤原氏傍流がその首領になったのは、地方でも中央に顔が利くことも含めて、貴種であることがもてはやされたからだ。

人づくりも、学校や国分寺などで人材育成するより、世襲で仕事を通じて憶《おぼ》えさせるほうが、前例踏襲《とうしゅう》主義に徹する限りは、低コストの人材育成方法だった。

ただし、平安初期についていえば、唐を模倣することがもっとも進んだ時代だった。最澄《さいちょう》や空海《くうかい》の存在を見てもわかる。この時代、唐も現実主義的な制度の運用をおこない、そのおかげでジリ貧だがしばらくの延命に成功しており、そういう対応も含めて学んだということだ。

また、大陸とは縁遠くなったが、坂上田村麻呂らの活躍で東北の経営が拡大した。

京都嵯峨野《さがの》の清凉寺《せいりょうじ》の本尊は、インドのウダヤナ王が釈迦《しゃか》在世中に造立《ぞうりゅう》した釈迦如来立像を、奝然《ちょうねん》という僧が模刻してもたらしたとされる。奝然は秦氏の出身で、東大寺の僧だったが、983年から3年間北宋に滞在し、北宋の2代皇帝である太宗に拝謁《はいえつ》している。

太宗は奝然の話を聞き「島国の夷《えびす》にもかかわらず、国王の位は久しきにわたって世襲し、その臣もまた親のあとを継いで絶えることがない。これこそ古《いにしえ》の理想の道と称すべきであろう」と嘆《なげ》いた。御堂関白・藤原道長《みちなが》の青年時代に当たるころだから、政務は藤原氏が取り仕切っていると説明したのだ。

その藤原氏だが、藤原鎌足のころから権力を握りつづけていたように誤解されている。しかし、それは藤原良房《よしふさ》あたり以降の話だし、それも天皇の母である限りのことだった。

鎌足も最大実力者でなかったし、2代目の不比等が律令制確立の立て役者だとか『日本書紀』がもっぱら彼の意向で内容が決まったというのも、京都学派の仮説にすぎない。恵美押勝（藤原仲麻呂）は、孝謙上皇との権力争いに敗れて敗死し、桓武天皇や嵯峨天皇は独裁者だった。

ここで登場するのが、嵯峨天皇の皇后だった橘嘉智子《たちばなのかちこ》である。恵美押勝との権力闘争に負けて獄中死した橘奈良麻呂《ならまろ》（諸兄《もろえ》の子）の孫である。

彼女は、自分の娘婿の53代淳和《じゅんな》天皇（嵯峨天皇の弟）、ついで、息子の仁明《にんみょう》天皇（小野小町《おののこまち》はこの天皇の後宮にあったともいう）に継がせ、さらに、その子の文徳《もんとく》天皇に継承させようとした（153ページ図14参照）。そして、彼女がこの戦いのパートナーに選んだのは、祖父の仇だったはずの藤原家の冬嗣《ふゆつぐ》であり、その子の良房だった。

良房は皇太后の願いを実現し（嘉智子のDNAは今上陛下にも及んでいる）、彼女の死後は、冬嗣の系統を引く藤原摂関家《せっかんけ》が皇后を送り込み、その子を帝位に就け、母后を通じて影響力を確保して摂政や関白となった。また、この仕組みを絶やさないために、極端に低年齢での即位と退位がおこなわれた。

ただし、摂関も母后を通してしか力を振るえないことも多かった。藤原氏の最盛期といわれる道長が権力を握ったのも、姉である一条《いちじょう》天皇の母后・東三条院《ひがしさんじょういん》が天皇に泣きながら弟の登用を口説き落とした結果だ。

ここにいたるまでの皇位継承で注目されるのは、仁明の皇子で臣籍降嫁《しんせきこうか》して源氏になっていた58代光孝《こうこう》天皇を55歳で登極させ、ついで、父と同じように源氏になっていた宇多天皇が継いだことだ。

菅原道真を登用したのは宇多だが、60代醍醐《だいご》天皇は彼を排斥《はいせき》し、これ以降、藤原本流や臣籍降下した源氏以外から大臣が出ることはなくなった。

「この世をばわが世とぞ思ふ望月の欠けたることもなしと思へば」と道長が詠《よ》んだのは、「一家立三后」の祝いの宴でのことだ。一条・三条《さんじょう》・後一条《ごいちじょう》天皇に娘を入れて中宮《ちゅうぐう》とした。『源氏物語』が書かれたのは一条天皇の宮廷で、道長はもともと中宮だった姪の定子《ていし》を皇后とし、娘の彰子《しょうし》を中宮につけ、一帝二后とした（1000年）。定子に使えたのが『枕草子』の清少納言《せいしょうなごん》で、彰子に仕えたのが『源氏物語』（1008年に文献初出）の紫式部《むらさきしきぶ》である。

平清盛は気配りと南宋からの舶来品で人気沸騰

日

摂関時代には正規軍が弱かったので、比叡山の僧兵が京都周辺で最大の軍事力になった。比叡山延暦寺《えんりゃくじ》と園城寺《おんじょう》（三井寺）という天台宗の二つの寺院の対立が、朝廷にとって最大級の政治問題になった。初代の最澄と弟分というべき義真《ぎしん》を祖とする二つの系統に分かれ争っていたのである。

天台宗《てんだい》や真言宗《しんごん》という密教がもてはやされたのは、奈良仏教のように、国家鎮護や民を救うというのでなく、貴族たちの個人的な悩みを神秘的な祈禱《きとう》などで解決してくれるからだった。

しかも、天台宗や真言宗は門跡《もんぜき》制度という、ヨーロッパでの枢機卿《すうききょう》に似た制度を考案した。966年に天台座主《ざす》となった良源《りょうげん》（元三大師《がんざんだいし》）は、藤原摂関家の子を天台座主とし、荘園の拡大をはかった。園城寺、東大寺、興福寺も、皇族や摂関から子弟を傘下の寺院の門跡として受け入れた。余った子供たちの天下り先で、贅沢はさせるが結婚させず、一代限りで次に回したのである。

そして、僧侶と俗人の中間的な者たちや僧兵が、神輿《みこし》や神木《しんぼく》を盾《たて》にして暴虐《ぼうぎゃく》を働いた。延暦寺の門前町である坂本の住民らが金融業も営んで莫大な利益を上げたのは、債権回収が僧兵たちの支援で容易にできたからだ。

それに対抗して、上皇たちが桓武平氏を傭兵とし、摂関家が清和源氏を雇ったというのは、大ざっぱな話としてなら正しい。

天皇の外戚として力を振るった藤原氏だったが、道長の子の頼通《よりみち》（宇治平等院を建立）は娘の数が少なかった。

藤原氏と関係のない母をもつ三条が67代天皇になり、さらに、閑院流《かんいんりゅう》（のちの西園寺・三条家など）という藤原家傍流の母をもつ白河《しらかわ》天皇からあとは、上皇（治天《ちてん》の君）が院政を開始した。天皇の母から父に権力が移ったのだ。

ところが、上皇同士の不和から起きた保元《ほうげん》の乱（１１５６年）、摂関家の内紛が原因の平治《へいじ》の乱（１１５９年）が起きて、結果、武家の世を招くことになってしまった。

清和源氏でもっとも栄えた河内《かわち》源氏の本拠は、ＭＬＢで活躍するダルビッシュ投手の故郷である大阪府羽曳野市《はびきのし》であるが、前九年の役《えき》（１０５１〜62年）と後三年の役（１０８３〜87年）で活躍した源 頼義《みなもとのよりよし》・八幡太郎義家《はちまんたろうよしいえ》父子のおかげで武名を上げ、関東武士の信望を集めていた。

一方、平将門《たいらのまさかど》のころは平氏も関東が本拠だったが、伊勢で発展したのが平清盛《きよもり》の一門で、京都で源氏の対抗勢力となり、安芸《あき》などの国司にもなり、博多の大宰府《だざいふ》を舞台に日宋貿易で利益を上げた。唐物《からもの》や珍しい動物は、貴人たちへの贈答品として絶大な効果があった。

清盛も気配りの人としてだれからも好かれ、頭角を現した。後白河院《ごしらかわいん》は出来の悪い遊び人にすぎなかったが、清盛は後白河院の最愛の妃だった平滋子《しげこ》が清盛夫人の妹だったことも利用して、上手にコントロールしていた。

ところが、滋子が亡くなると、後白河院は清盛の利権を取り上げて側近に与えたりしたので、清盛は後白河院を幽閉《ゆうへい》して独裁者となった。そして、都を福原に移したことは、それまで関係良好だった延暦寺を怒らせ（都の鬼門を守る寺なので遷都には反対した）、東大寺や興福寺を焼いたり、厳島《いつくしま》神社を庇護《ひご》しすぎたことでも畿内の寺社の支持を失った。

平治の乱のあと、継母から亡きわが子に似ていると懇願《こんがん》されて源頼朝《よりとも》を助命したのも失敗だった。

しかも、飢饉で人心を失い、以仁王《もちひと》と源三位《げんざんみ》頼政《よりまさ》の乱をきっかけに、全国の清和源氏が蜂起《ほうき》した。後白河院の誘いで最初に京都へ侵攻したのは、傍系の木曽《きそ》義仲《よしなか》だが、粗野な振る舞いで公家たちを怒らせたし、飢饉のなかで京都に入って民衆の生活を圧迫したこともあり人心を失った。

そこで、河内源氏嫡流の源頼朝が、後白河院の要請で動いた。頼朝自身は流されていた関東にとどまったまま軍勢を派遣し、木曽義仲を討ち、弟の義経《よしつね》の活躍で平氏一門も滅ぼした。

しかし、今度は、後白河院が義経を籠絡《ろうらく》して頼朝を抑えようとしたのでこれを追放し、さらに、義経が岩手県平泉の奥州《おうしゅう》藤原氏のもとへ逃れたので、これも征伐した。奥州は金、馬、鷹の羽根（矢に不可欠）な物資の産地で、富裕を誇っていたのである。

こうして源頼朝が実権を握り、しかも、鎌倉を離れず、貿易にはあまり関心を示さなかったので、南宋との交流は下火になった。

▼王安石の改革はなぜ失敗したのか　中

中国の歴代王朝のうちで、宋は強大さを誇った国ではないが、経済と文化はもっとも栄えた時代のひとつである。北宋《ほくそう》の首都汴京《べんけい》（東京開封府）は、洛陽と同じ河南省にあるが、当時の大運河が黄河に入る地点にある。

異民族の脅威が西からでなく東北方面からに変わり、江南の経済が発展したといった変化に対応して選ばれた首都であった。『清明上河図《せいめいじょうかず》』という有名な絵巻物には、にぎやかなその繁栄ぶりが描かれている。

唐までの帝都が、条坊ごとに門があって繁華街というわけでなかったのに対し、汴京では今日的な都市のにぎわいが見られた。経済では貨幣経済が本格的に動いたが、富の集中の問題が生じていた。

北宋は、960年に建国され、979年に中国を統一した。節度使出身の軍閥の力を削《そ》ぎ、皇帝直属の兵力を充実させ、科挙で選ばれた官僚による文治主義が取られた。

しかし、北方の契丹（遼）や金に圧迫され、1127年には女真《じょしん》族の金に開封を攻略される。江南に移って臨安《りんあん》（杭州）を仮の首都とする南宋《なんそう》を建てたが、1279年にモンゴルによって滅

愛読者カード

ご購読ありがとうございました。今後の参考とさせていただきますので、ご協力をお願いいたします。また、新刊案内等をお送りさせていただくことがあります。

【1】本のタイトルをお書きください。

【2】この本を何でお知りになりましたか。

1.書店で実物を見て　2.新聞広告(　新聞)

3.書評で(　)　4.図書館・図書室で　5.人にすすめられて

6.インターネット　7.その他(　)

【3】お買い求めになった理由をお聞かせください。

1.タイトルにひかれて　2.テーマやジャンルに興味があるので

3.著者が好きだから　4.カバーデザインがよかったから

5.その他(　)

【4】お買い求めの店名を教えてください。

【5】本書についてのご意見、ご感想をお聞かせください。

●ご記入のご感想を、広告等、本のPRに使わせていただいてもよろしいですか。
□に✓をご記入ください。　□ 実名で可　□ 匿名で可　□ 不可

郵便はがき

切手をお貼りください。

102-0071

東京都千代田区富士見一―二―十一
KAWADAフラッツ一階

さくら舎 行

住所	〒　都道府県		
フリガナ		年齢	歳
氏名		性別	男　女
TEL	（　　）		
E-Mail			

さくら舎ウェブサイト　www.sakurasha.com

ぼされた。

科挙は隋の時代にはじまったが、門閥《もんばつ》層の抵抗で官僚になる別の道も残されてきた。しかし、北宋では地主層が競って子弟を勉学させ、科挙をめざし一本化されていった。官僚を出した家は官戸《かんこ》と呼ばれ、士大夫《したいふ》層が政治と経済の支配階層となった。

科挙は、儒学（経義《けいぎ》）、詩文（詩賦《しふ》）、時事問題（策論）が主要な課題で、最終ステージでは、皇帝自身による殿試《でんし》がおこなわれ、官僚は皇帝の弟子であるという絆が生まれた。

この時代に発展した儒学を宋学といい、南宋の時代に生きた朱熹《しゅき》によって集大成されたのが「朱子学《しゅしがく》」である。

朱子学は江戸時代に幕府が認めた公式の学問とされ、他の学問を抑圧したり、封建体制の維持に荷担したためにイメージが悪くなったが、為政者が道義に基づいた政治や行政を展開し、社会秩序を保つために功績があったのも事実である。

その実際的な内容は、すべての個人は、社会の秩序を大事にし、そのなかでの自分の役目をとことん良心的に果たしていかねばならない、ということである。官僚は正統な主君（上司）によく仕え、部下や人民を慈《いつく》しむとともに、家庭にあっても、よき父であり子でなくてはならない。

日本の「教育勅語」も朱子学的な世界から出たものだ。また、戦前の内務官僚は「牧民《ぼくみん》思想」、つまり羊飼いのような気持ちで人民を大事にするように教育されたものである。

この思想は長所もあるが、上が間違っていたときにどうするかの答えがなく、世の中の進歩の抑制要因ともなってきた。男尊女卑を正当化したとか、文官の地位を高めすぎて軍人を軽視しすぎることも多かった。

また、人々のエネルギーが科挙に向かい、有能な人材が集中したが、科挙に合格できないとか、出世できない不満がたまり、定員を増やして組織も肥大化しがちだった。

そこで、北宋の神宗《しんそう》のとき、王安石《おうあんせき》が「新法《しんぽう》」といわれた諸法令による改革をおこなった。江西省撫州《ぶしゅう》の人である王安石は科挙に合格し地方官をしていたとき、政治改革を訴える上奏文「万言書《ばんげんしょ》」を出して注目され、出世した。

青苗法《せいびょうほう》（農民への小口貸し付け）、方田均税法《ほうでんきんぜいほう》（検地）、募役法《ぼえきほう》（士大夫層に恣意《しい》的にかけられていた税外負担を広く薄く銭納とする）、均輸法（物資の運送を公的におこないインフレ防止をする）、保甲法《ほこうほう》（農村の自治組織に治安の維持や軍事訓練をおこなわせる）、科挙改革（実務科目の重視）などが新法の内容だ。方向性としてはもっともだが、既得権侵害や民業圧迫になり、急に新しい制度にしても実際的に機能しないことが多かった。

世の中には、理論的には合理的でも、実情把握や制度運営にコストがかかり、民間に任せたほうが不当利得を少し得させたとしても、結局はコストが安いことはつねにある。王安石の改革は、全般的に広範すぎて性急でもあった。

さらに、教条主義的な新法派が徒党を組んだので、深刻な党派対立も生じた。名画家としても知られるものの、浪費で北宋を滅亡に追い込んだ徽宗《きそう》皇帝の時代が、典型的な新法派の革新政権だったのはその象徴かもしれない。新法派が良心派というわけではなかった。

南宋の皇帝では、孝宗《こうそう》（在位1162〜89年）が名君だった。華北を治めた金で名君といわれた世宗《せいそう》（1161〜89年）と同世代である。平清盛の日本と交易したのも、この皇帝のときである。

孝宗は初代太祖の男系子孫で、官吏の削減・紙幣の発行抑制、農村の生産力回復、江南経済の活性化などに成功し、行きすぎた文官優位を改めて軍人を登用し、後述する武将・岳飛《がくひ》の名誉回復をおこなった。

▼宋の屈辱外交がもたらした平和と空前の経済繁栄　中

北宋が建国されたのは、北方でモンゴル人に近い民族である契丹が強力になっている時期である。しかし、契丹は漢族の文化に影響されて軟弱になり、女真族の金に取って代わられた。

金は北宋も滅ぼして開封も占領した。その金を滅ぼしたのがチンギス・ハンのモンゴルで、これが最終的に南宋を滅ぼした。そして、金やモンゴル人の元《げん》が首都としたのが現在の北京である。

日本と直接の交流がなかったこともあり、契丹（916〜1125年）という国の名は、日本ではあまり知られていない。しかし、マルコ・ポーロの『東方見聞録』では中国はカタイと呼ばれているし、ロシア語ではいまもキタイである。英語でも、香港の航空会社キャセイ・パシフィック航空のキャセイも同じ由来である。いまひとつ、ややこしいのは、途中で遼と改名したりしていることだ。

契丹は南北朝時代から、西遼河流域《せいりょうが》といわれる内モンゴルの東部、旧満州西部で興安《こうあん》南省、興安西省などと呼ばれたあたりにいた民族である。

耶律阿保機《やりつあぼき》が契丹を建国し、渤海《ぼっかい》（698〜926年）を滅亡させて、満州方面の支配者になった。首都は上京臨潢府《じょうけいりんこうふ》（内モンゴル自治区巴林左旗。満州国時代の地名では興安南省）にあった。

2代目の太宗《たいそう》の936年に、後晋から万里の長城より南の「燕雲十六州」の割譲を受け、946年に後晋を滅ぼして、翌年には国号を中国風の遼とした。遊牧民には北面官があたり、燕雲十六州などの農耕民には南面官が唐の仕組みをまねて行政をおこなった（国名はのちに一時、契丹に復したこともある）。

北宋建国ののちの1004年に「澶淵《せんえん》の盟」（遼と宋とのあいだで結ばれた平和条約）で、宋から貢納金を毎年得ることに成功したが、贅沢に染まり、渤海の残党の中から女真族の金が力を持ち、北宋と連携して遼を攻めたので、1125年に滅ぼされた。

このとき、一部は中央アジアに逃げて西遼《せいりょう》を建てた。「黒い契丹」を意味するカラ・キタイがこれで、キルギス共和国の首都ビシュケク西郊のベラサグンを首都とした。

契丹に滅ぼされた渤海の遺民はあちこちに移ったが、北方部族の黒水靺鞨《こくすいまっかつ》は自立して、これが女真（女直）族となった。契丹に従っていたが、重税を課されるようになっていったので、完顔《ワンヤン》部という部族が女真族を統一し、ハルピン南郊の上京会寧府《じょうけいかいねいふ》を首都として金（1115〜1234年）の建国を宣言した。

金の太祖《たいそ》と呼ばれる完顔阿骨打《ワンヤンアクダ》は身の丈八尺（2・4メートル）の偉丈夫《いじょうふ》で、寛大で厳格かつ寡黙《かもく》な君主だった。北宋と海路を介した「海上の盟」を結んで遼を挟撃《きょうげき》し、燕雲十六州を宋に渡す代わりに、宋から銀・絹・銭・軍糧の歳幣《さいへい》を受けることになった。

金2代目の太宗《たいそう》が遼を滅ぼし、1127年の「靖康《せいこう》の変」で北宋の文人皇帝徽宗、欽宗以下、男女3000人を捕虜として連れ去って北宋を滅ぼし、華北を支配した。

徽宗の子の高宗が再建した南宋とは、1142年に「紹興《しょうこう》の和議」を結び、淮河と西安の南にある秦嶺《しんれい》山脈の大散関《だいさんかん》（四川と西安を結ぶ要地）をもって境界とすること、南宋は臣下の礼をとり、歳幣を毎年支払うとした。

これを推進したのは、靖康の変で金の捕虜となった秦檜《しんかい》で、宰相として和平案を推進し、主戦派の軍人である岳飛を理不尽な理由で処刑した。

その後、南宋と金は互いに小競り合いをしたが、金は君臣関係から「叔姪関係《しゅくてつ》」に緩和して懐《かい》柔《じゅう》した（乾道和約）。金が燕京《えんけい》（北京）に遷都し尚武《しょうぶ》の気風を失ったのを見て、南宋では、「開禧の北伐」と呼ばれる反撃を試みたが失敗したこともある。

このころ、モンゴルではチンギス・ハンが部族を統一し金を攻めたので、金は汴京《べんけい》（開封）に遷都し、チベット系タングート族が寧夏《ねいか》回族《かいぞく》自治区に立てていた西夏《せいか》（１０３８〜１２２７年）と結んでモンゴルへの抵抗をつづけていたが、西夏もモンゴルに滅亡させられた。さらにチンギス・ハンの後継者だったオゴタイは、南宋と連携し、金は挟撃され滅亡した（１２３４年）。

このあと、南宋はモンゴルに滅ぼされるのだが、その前に、宋という「平和国家」の運命について考えておきたい。

宋は軍事的には弱体で尚武の気風などなかった王朝だが、経済的には大発展し、自由な雰囲気のいい時代だった。契丹との「澶淵の盟」も、金との「紹興の和議」も、いずれも1世紀ほどの平和をもたらした。とくに、南宋は空前の経済的繁栄期を迎え、文化も栄え、外国との交易も盛んだった。江南の富で華北の人々の生活や北方に備える軍事費を背負ってきたのが、不要になったのである。

しかし、平和を謳歌《おうか》しているうちに、軍事力も経済も両方ともどんどん弱体化し、金やモンゴルに滅ぼされることになったのである。

憲法第九条の下で、平和と繁栄を謳歌する現代日本にとってもいろいろ教訓のタネになりそうだが、現代日本の場合、ハト派といわれる人たちは、軍事力も経済成長もどちらもどうでもいいという人が多いのだからもっと始末が悪い。

中国人は、金との和平を定めた「紹興の和議」の立て役者でそれなりに合理的な判断をした秦檜を漢奸（売国奴）と呼び、国の命令に背いても戦おうとした軍人である岳飛を英雄と褒め称えるので、彼らはとても好戦的な民族に見える。とくに共産党政権は、蔣介石《しょうかいせき》が日本に対し秦檜のようだったといいたいので、あいかわらず岳飛を褒めているようだ。

しかし、中国の歴史を振り返れば、外国の侵略に漢民族は驚くほどあっさりと屈して支配を受け入れてきた。ほとんどの中国人はむしろ秦檜なのであって、岳飛のような硬骨漢《こうこつかん》はめったにいないからこそ、尊敬されるのである。

▼仏教国から儒教の国へ向かった高麗　韓

高麗《コリョ》の創始者である王建《ワンゴン》（太祖、在位918〜943年）の生家は、松岳《ソンアク》（開城《ケソン》）を拠点に沿岸部で交易をしていた有力大商人である。王建の父である王隆が弓裔《クンイエ》に呼応して、息子の王建ともども有力武将として迎えられていた。

陝西省京兆《けいちょう》郡に遠いルーツを持つ康宝育が国祖とされ、その娘が中国人の商人と結ばれ王帝建（懿祖）を生み、王帝建と中国人女性の子が王隆である。康氏の先祖は高句麗《コグリョ》の臣民だったともいうが、基本的には漢族系の一家である。

高句麗との縁は本当かどうか不明だが、新羅《シルラ》領になっていなかった大同江《テドンガン》（平壌市内を流れる川）と鴨緑江《アムノッカン》のあいだの地域に領土を拡大する口実に使った。

そして、この縁によって、高麗は新羅とともに高句麗の継承国家でもあるという意識を持ち、現在の韓国、それ以上に北朝鮮に引き継がれている。ただし、後付けの主観的な意識にすぎず、歴史の流れに沿えば、高麗は新羅の継承国家である。

王建は高麗王朝を創始したが、子孫の王が守るべき心得として『訓要十条』を遺言した。その要点をまとめると次のようなことになる。

仏教を大事に、寺院を建てるときは風水説を尊重する。王位継承はよほどのことがなければ長子優先を原則とする。西京《ソギョン》（平壌）に王は年のうち100日以上滞在すべし。賞罰を公平にする。軍人や官僚の給与は高くしすぎない。王は平常でも警戒を怠《おこた》らず故事をよく学べ。中国の風習になんでも従おうとはせず、蕃族《ばんぞく》である契丹の制度は採り入れない。

さらに、百済《ペクチェ》人の登用は控える。仏に仕える燃燈会《ねんとうえ》と、収穫祭である八関会《はっかんえ》をしっかりおこなう、ともした。

このうち最後の2点は説明が必要だ。後百済の統一阻止の抵抗を見て警戒感を持ったのだろうが、これが現在にまでつづく全羅道《チョルラド》出身者への差別の原点になった。そういう意味でも、日本が後百済を助けなかったのが悔やまれる。半島で日本は親日勢力に冷たいと思われているのは、現代にいたるまでの歴史の負がゆえなのである。

燃燈会は寺院を照明し、音楽と踊りを楽しみ、酒や菓子を振る舞う豊作祈念の祭である。八関会は収穫感謝祭で、王宮を全国から集まった人々に開放し国王が朝賀を受けて芸能を楽しんだ。文化を大事にする開放的な高麗らしいイベントだが、華美だとして批判されることにもなった。

このように、高麗はもともと仏教国で、建築、工芸、芸能など各方面にわたって、華麗な文化が栄え、文化についていえば、疑いなく半島国家の黄金時代だった。しかし、徐々に儒教が優勢となり、安定はしたが停滞していった。

太祖王建のあとは、その子が三人あいついで王位に就いたが、最後の光宗《クァンジョン》が名君といわれる。中国人官僚の助言で「科挙」を導入し、文臣（文班）と武臣（武班）の二つの班からなる官僚制度ができた。だが、中国語でおこなわれたことから、漢族が有利になり、しかも、光宗は彼らに高麗人貴族出身の妻を与え、有力者の屋敷を接収して与えたりした

また、科挙に合格して高い地位を得るとその子供まで科挙合格者と同等に扱われる制度ができ、これが朝鮮の近代化を阻《はば》んだ悪名高い両班《ヤンパン》階級を形成していった。

6代目の成宗《ソンジョン》（在位981〜997年）は、儒学に通じた崔承老《チェスンノ》を登用し、太祖以来の功績も失策も検証して「時務策二八條」を定めた。儒教に基づく政治をめざし、仏教はひどく抑圧され

るようになった。
「良民と賤民《せんみん》の区別を明確にして、賤民の無礼を厳しく罰する」とされ、これが江戸時代の日本に導入されて、硬直的な身分差別や悲惨な同和問題の悲劇を生むことになる。身分ごとに一目でわかるように衣服を定め、家屋にも身分の貴賤《きせん》を反映させたし、良民と賤民の区別を明確にして父母のどちらかでも奴婢なら子も奴婢とするようにもした。

極端な文官優遇で武官の士気を貶《おとし》め、外国が侵略してきても、なすすべもなく屈することをくり返す原因になった。日本人で江戸時代を賛美したい人や「平和主義者」は、韓国の歴史的人物でもっとも日本に影響を与えた存在としてこの崔承老を再評価したらよかろう。

高麗の全盛期は15代粛宗《スクチョン》（即位1095年）のころとされる。

仁川《インチョン》地方を基盤とした慶源李氏の李資謙《イジャギョム》は、睿宗《イエジョン》の妃の父であり、外孫の仁宗《インジョン》を14歳で即位させ、その妃には、王にとっては叔母にあたる自分の娘をあてた。ただ、「十八字（即ち李）が王になる」という図讖《としん》説（トチャムソル、予言）で王位を簒奪《さんだつ》しようとしたが、これは失敗した。

高麗王朝の後半には、元の直接的な支配を受けるようになり、後述するように元寇で日本を侵略しようとして失敗し、中国における元から明への交代の混乱のなかで李氏朝鮮に取って代わられた。

高麗の時代に、新羅王室の血を引く金富軾《キムプシク》が、『三国史記』の編纂をした（1145年）。過去の王たちの過ちも包み隠さず書くという方針なので、比較的公正で、『日本書紀』に記載されている事件の実年代の推定にもそこそこ役立つ。

ただし、新羅系という著者の出自と王家が高句麗との縁があったことから、新羅と高句麗に傾斜し、百済や任那に冷たい。また、儒学者なので中国に甘く、日本には好印象を持っていない立場だ。

この正史における歴史観の歪《ゆが》みが、両国民の歴史認識のギャップを生み、さまざまな不幸の原因になっているのが残念だ。

これとは別に、1280年前後に一然《イリヨン》という僧侶が、私撰の史書としての『三国遺事』を編纂した。由来の怪しい古書を多く引用しているのが欠点だが、『古事記』に近い魅力もあり、檀君神話もこの『三国遺事』に初めて登場する。

▼関東武士のための政府だった鎌倉幕府　日

鎌倉時代（1185〜1333年）は、江戸幕府などとは違い、鎌倉幕府と朝廷の二つの政府があるようなものだった。とくに「承久《じょうきゅう》の乱」（1221年）まではそうである。

源頼朝は京都で育った軍事貴族で、東国武士ですらなかった。頼朝は平治の乱で敗死した義朝《よしとも》の三男だが、母親の実家が熱田《あつた》神宮社家の出身で身分が高かったので嫡男として扱われていた。伊豆に流され、流人《るにん》なので普通の結婚はできなかったが、地元の小豪族の娘である北条政子《ほうじょうまさこ》と結ばれた。なかなか頼りになる女性で、関東武士とのパイプとして役立った。

武士とは何かというとき、天下泰平のサラリーマン武士とか、新渡戸《にとべ》稲造《いなぞう》の『武士道』で描かれる気高い武人をイメージする人が多いが、それらは武士のルーツとはかけ離れている。「一所懸命」という言葉があるが、本来の武士は、農村に土着し、自分の土地を守るため武装する一方で、有力者の要請でガードマン業に従事する兼業農家というのが基本的なコンセプトだ。

関東に多かったのは、早くから公的な治安維持機能が低下し、新規開発の余地も大きく、軍馬の生産地でもあったからだ。彼らは都の朝廷や貴族の権威の価値は認めていた。都の文化や品物は魅力的だし、肩書など与えられるのはうれしい。

それに、関東でもまったくの権威不在でガチンコ勝負ではしんどいから、国衙《こくが》に来た受領《ずりょう》や、都の貴種の血を引き教養ある武士の権威を認めるのにもやぶさかでなかった。都での内裏《だいり》警備などの勤務が絶対に嫌でもないが、手弁当でなく、働きとコストに見合うご褒美くらいは欲しかった。

保元・平治の乱で平清盛が権力を握ったが、京都で軍事貴族が公家に代わって主導権と利権を取っただけで、関東武士にメリットはなかった。

以仁王が平氏追討の令旨《りょうじ》を下して源氏の蜂起を呼びかけたとき（1180年）、頼朝が決起したのは、監視が厳しくなり命の危険も感じたのでやむなくのことだった。しかし、20年間の平氏政権のあと、不満が高まっているところに源氏嫡流の頼朝がタイミングよく挙兵したから、石橋山の戦いで敗れて房総半島に逃れたとき、そこに意外にも多くの関東武士たちが集まってきて大勢力になった。そして、平氏軍を富士川の戦いで破ったが、そのまま上洛するのは関東武士たちの賛同が得られなかったので思いとどまった。

その後の経緯は先に述べたとおりだが（163ページ）、頼朝が京都になかなか上らなかったのは、京都の飢饉、東北の藤原氏が背後にいたこと、後白河院への警戒、経済的コストなどが理由だった。

それから、あまりいわれないが、頼朝が好色でないというか、京都の高貴な美女を求めるという気がなかったのも、京都に興味を示さなかった理由かもしれない。政子が怖かったのでと説明されることが多いが、むしろ頼朝の場合、その方面への淡泊さが目立つ。

奥州藤原氏を滅ぼした後に上洛するが、後白河院に各地に治安維持権限を持った守護や地頭を置くことは承知させたが、望むものを引き出せず、いったん鎌倉に帰った。そして、後白河院の死を待って再上洛して征夷大将軍《せいいたいしょうぐん》となり、娘の大姫《おおひめ》を後鳥羽《ごとば》院の後宮に入れようとした。

しかし、大姫の死で挫折《ざせつ》し、頼朝も落馬事故で死んだ（1199年）ので、本拠を京都に移そうとしていたのかも含めて彼の持っていた政権像は謎のままだ。

北条一族は、頼朝夫人の実家というだけで関東武士のなかでたいした名門でもないし、源平合戦での戦功もなかった。しかし、政子の父でのちに初代執権《しっけん》となる時政《ときまさ》は、比企《ひき》、梶原《かじわら》など京都の上流階級に連なる一族を排除したあげく、政子の子である2代将軍頼家《よりいえ》まで殺した。

3代将軍実朝《さねとも》は京都に憬れ、公家出身の夫人を迎えるなど、後鳥羽院に取り込まれた。だれが黒幕だったかは謎だが実朝は暗殺され、その結果としては、鎌倉を本拠とする関東武士の論理で動く独立王国が維持されることになった。

政子をはじめ北条一族が関東武士の信頼を得たのは、彼らの利益をよく代弁したからである。後鳥羽院が鎌倉幕府打倒の兵を挙げた承久の乱で、65歳の北条政子が、「頼朝以前、関東武士はいかに京都の朝廷から都に召し上げられて、内裏大番をつとめ、雨が降っても日が照っても、清涼殿の前庭にしき皮をしいて、三年の間、故郷を思いやり、妻子を恋しく思っていたのを思い出せ。三代の将軍の墓を蹂躙《じゅうりん》させてよいものか」と畢生《ひっせい》の大演説をしたとドラマでは描かれるが、日本には明治までスピーチはなく、代読だった。

承久の乱は、いわれるほど上皇側にチャンスがなかったのではない。幕府によって任命された守護で朝廷についた武士も多かった。勝敗の決め手は、鎌倉側の行動がすばやかったことと、朝廷についた西国の武士の動員が遅れたことで、到着前に戦いは終わっていた。

後鳥羽院は、自分は関わっていないといい逃れをしたが、幕府は三上皇（後鳥羽・土御門《つちみかど》・順徳《じゅんとく》）を流罪にし、京都に六波羅探題《ろくはらたんだい》を置き、頼朝時代には力がおよんでいなかった西日本も支配するようになった。

いずれにせよ、承久の乱の結果、武士たちの土地所有権が侵害されるおそれはなくなったし、知行国《ちぎょう》も西国で大きく広がった。さらに、荘園主などが、武士に手数料を払うのでなく、土地の所有権を地頭に半分与えるケースも増えてきた。いわゆる「下地中分《したじちゅうぶん》」である。

中 中国を支配しても漢民族化しなかった元朝

モンゴル族は、北魏を建国した鮮卑や契丹（遼）に近い部族で7世紀あたりから存在が確認されているが、鮮卑や契丹が漢民族化したのちも遊牧民としてとどまった集団である。

彼らが急成長したのは、狩猟民で遊牧民に興味がない女真族の金に契丹が滅ぼされたことで、モンゴル高原東部に空白地帯ができたからだ。

チンギスの部族は、天の命を受けてバイカル湖のほとりに降り立ったボルテ・チノ（「蒼き狼」）とその妻であるコアイ・マラル（「青白き鹿」）の子孫だとされている。チンギスは現在のモンゴル北東部で生まれ、ケレイト、ナイマン、オングト、オイラートなどの部族を服属させて、１２０６年にイェケ・モンゴル・ウルス（大モンゴル帝国）を創建した。

西夏（甘粛省の北に広がる寧夏回族自治区銀川）、金の北部、西遼（現在のキルギス共和国あたり）、ホラズム（中央アジア西部・イラン。首都はトルクメニスタン国内）まで征服して、陣没した。

チンギスを継承したのは、次男のオゴタイ（太宗）で、12年の治世のうちに南宋と結んで金を滅亡させ、甥のバトゥをロシアに派遣しキエフ大公国を征服させた。

金から奪った華北の平原を、漢民族の農民を追い払って遊牧地にしようとしたが、遼の遺民で、金の首都だった北京を征服したときに捕らえて家臣とした耶律楚材《やりつそざい》らの意見を入れて、農民を支配することに方針を変えた。

金は北京を捨てて開封に移ったが、モンゴルと南宋に挟み撃ちにされて、蔡州《さい》（河南省）まで逃げたのち滅亡した（１２３４年）。南宋は欲を出して開封や洛陽を占拠したが、これがオゴタイを怒らせた。

３代目のグユクの治世は短く、４代目にはモンケが就いた。モンケは弟のフレグにメソポタミア方面を攻撃させ、アッバース朝サラセン帝国を滅ぼし、イランのタブリーズにイルハン国を建てさせた。弟のフビライには南宋の背後である雲南省にあった大理国《だいり》（９３７〜１２５３年）を降伏させた。そしてモンケ自身も南宋攻略の親征を開始したのだが、四川で陣没した。

モンゴルでは、開平府《かいへいふ》（北京の北方。内モンゴル自治区シリンゴル盟南部）にあったフビライと、カラコルムにあった弟のアリク・ブカとが並立した。フビライが勝利したが、各ハン国（キプチャクハン国、チャガタイハン国、イルハン国）への統率は弱まった。

フビライは南宋攻略に着手し、長江流域の重要都市である襄陽《じょうよう》（湖北省最北部で、漢水《かんすい》の河港）を攻撃した。首都臨安《りんあん》からの援軍が不十分だったことに怒った南宋の現地部隊はモンゴル軍に投降し、モンゴル軍を先導して臨安に無血入城させた（1276年）。

フビライは1271年に国号を元とし、北京を大改造して大都《だいと》とした。ただし、カラコルムの開平府も上都《じょうと》と改称し維持して、夏のあいだはここで過ごした。マルコ・ポーロの『東方見聞録』には、上都で狩猟を楽しむフビライが描かれている。

元の支配は、平和を実現し、華北と江南を一体化し、ユーラシア大陸を横断する経済圏を構築した。大運河も揚州から開封経由でなく、北京へ直行する現在のルートに付け替えられた。そして年貢米を運ぶのには海路を開発したので、大運河にほかの物資を運ぶ余力ができた。

ただし、異民族統治というのは、きめ細かさに限界がある。官僚を少数民族で占めたら質が落ちるのだ。支配下の人民は蒙古人、色目人《しきもく》（ウイグル人、サラセン人など西域諸種族の総称）、漢人（金の遺民）、南人（南宋の遺民）という4階層によって差別され、科挙が廃止されて（のちにごく一部だけ復活）、漢人や南人は地方の下級官吏として採用されて地道にキャリアを積んでいくしかなくなった。

行政官の質は低下し法令もきちんと整備されないまま、モンゴルの慣習法が適用された。元朝が約1世紀という短命で終わったのは、場当たり的な「政治主導」に終始した報《むく》いである。

ただし、ケガの功名は、高尚なものが尊重されなくなったので大衆文化が発展したことだ。立派な芸術性豊かなものに向かっていた文化人や職人が、仕方なくではあるが大衆に喜ばれるものに取り組んだ。高尚な文化が花開いた室町時代に対する日本の江戸時代に似ている。

フビライ以降の皇帝は暗愚で、フビライの死後、40年ほどで明《みん》によって万里の長城の北へ追われたが、短命であったがゆえに漢民族化が不完全だったので、遊牧民に戻るのは容易だった。漢化されて王朝が滅びたあと、漢民族に吸収されて消えて亡くなった鮮卑や匈奴、あるいは風前の灯《ともしび》になっている満州族などの諸民族との違いである。

▼「元寇」でなく「元・高麗寇」と呼ぶべきだ――日中韓

モンゴルが高麗へ侵入したのは、2代目のオゴタイの１２３１年のことで、ダルガチ（達魯花赤＝蒙古が占領地を管理する機関）が設置された。そこで高麗は、宮廷を仁川の沖合にあり流れの早い海峡で隔てられている江華島《カンファド》に移し、国土と人民はモンゴルの収奪にまかせた。

１２５９年、高麗はモンゴルに降伏した。しかし、江華島にいた部隊は、宮廷が江華島から開京に戻ることに反対し、「三別抄《サムベヨルチョ》の乱」を起こした。彼らは珍島《チンド》（全羅南道）を拠点に抵抗をつづけ、反乱は全羅道から慶尚道、耽羅《タムラ》（済州島《チェジュド》）におよんで4年間つづいた。このため、乱の鎮圧後に済州島は高麗から離されて元朝の領土とされた。

済州島は住民も半島とは別系統のようで、耽羅国という独立国であり、日本や百済に朝貢していたこともあり、新羅や高麗の支配も十分でなく、本当の意味でコリアン国家の支配が確立したのは、李氏朝鮮になってからである。言葉も沖縄などに少し似たところがあるとか、風貌《ふうぼう》もやや縄文人的だという人もいる。

高麗が降伏したのち、フビライは高麗に日本との戦いの準備と使節を出すことを求めたが、高麗は負担を嫌い、使節に「風浪が厳しい」といって渡海を諦めさせた。フビライは怒り、返事を必ずもらってくるように厳命した（1266年）。

そこで、潘阜《はんふ》（もともと南宋の官僚で、元から派遣されて高麗に仕えていた）が高麗王の使者として太宰府に来て、フビライの国書を渡したが（1268年）、そこには「願わくは通交と親睦を深めたい。兵を用いることはだれも好まない」と書いてあった。これを平和的な内容だと馬鹿げたことをいう人もいるが、現実にフビライが各国と対等の関係を築いたことなどない。

幕府から相談を受けた朝廷では、「蒙古という国を知らない。武力をもって臣従を迫ることは無礼である。日本は天照大神以来の神国であり外国に臣従するいわれはない」との返信案を作成したが、幕府は出さないことにした。

元と高麗の連合軍が攻めてきた文永の役（1274年）では、対馬や壱岐《いき》で住民を殺し、女性たちには手に穴をあけてそこに縄を通してつないで拉致《らち》した。

戦いはわずか一日（異説あり）で撤退した。名乗りを挙げて一騎打ちを求めた武士たちは、集団で襲いかかる敵兵に討ち取られ、爆弾が登場して驚いたりしたが、元軍も日本の武士が意外に手強く、補給もつづきそうもなくいったん引いたらしい。

偵察だけが目的だったという人もいるが、それにしては大がかりだ。人口や兵力も豊富で、地形も複雑なので、一気に攻略するのは無理だと判断したのである。暴風がそれに追い討ちをかけた。

フビライは二度にわたって使節を送ってきたが、執権・北条時宗《ときむね》は彼ら全員を斬り、しばらく時間を稼いだ。当時は、使節が出発したまま、遭難したか、捕らえられたかなどもわからなかったわけで、時間稼ぎにはなっていたのである。しかし、逃亡帰国した者があり、高麗や元に知られてしまったが、そのあいだに防備を固めることができた。

高麗王世子《セジャ》でモンゴルの宮廷にあった高麗の太子・忠烈王《チュンニョル》は、早期の再派兵を進言する暴挙を働いた。そして、文永の役ののちに滅亡した南宋の人々も動員されて、弘安の役（１２８１年）がはじまった。

元・高麗からなる4万人の東路《とうろ》軍と、10万人の江南《こうなん》軍が九州を攻めたが、石塁《せきるい》や逆茂木《さかもぎ》などの防備も設置されており、関東武士も加わって五分の戦いが繰り広げられているうちに台風が来襲した。鎖でつながれていたために軍船が破損したところを日本軍が攻撃し、元・高麗軍は、総勢14万人のうち3万３０００人しか帰還できなかった。

文永の役と弘安の役が大失敗に終わったのち、フビライは三度目の遠征を計画し、忠烈王はまたも全面協力するのでとけしかけたが、ベトナム遠征で手こずったりしていたので、実行されなかった。

最近は元寇というのは侮蔑《ぶべつ》的な表現だから蒙古襲来といえとかいう愚か者もいるが、それより大事なのは高麗の関与であり、「元・高麗寇」と教科書でも書くべきものだ。高麗軍も加わっているというどころか、主力だったし、経緯としても阻止を試みたのでなくけしかけたというべきだ。

高麗がしばらく抵抗したので元の襲来は遅れ、日本が迎え撃つ準備もできたのだから感謝すべきだとかいう半島の人やその同調者もいる。が、隣家が盗賊に荒らされたあと、その隣家の住人が手引きして盗賊が自分の家にも盗みに入ったときに、「あなたの家が先に襲われたので、そのぶん、わが家に来るのが遅れたから感謝する」という馬鹿がどこにいるだろうか。

もちろん、高麗がモンゴルの支配を進んで受けたわけでないし、ある程度の抵抗もしたし、降伏ののちも「三別抄の乱」という局所的な抵抗があって、彼らは日本に助けを求めてきたこともある。が、それは日本のためにやっていたのでもないし、最終的には忠烈王はフビライをけしかけて、遠征させ、その主力部隊を提供したのである。

そして、荒れ果てた対馬や九州の人たちが食料を求め、拉致された家族を探し、半島に渡った。

これが倭寇《わこう》のはじまりであるが、侵略戦争の結果なのだから何も悪いことではない。

現代の韓国や北朝鮮のルーツとしての新羅は、日本にとって固有の領土だった任那を侵略し、日本の友好国だった百済が唐に侵略されるのに荷担し、さらに、のちに百済の領土を横取りした。古代日本と新羅の関係は、先述のとおり、最後の新羅からの使節が、「任那の調」という任那に対する日本の潜在主権を確認する貢納物を持ってきたあと使節の往来が途絶えたことで、凍結された。

そして、近世以降の日本と半島国家の関係は、元・高麗寇というコリアン国家による日本侵略からはじまったことを、両国民は正しく認識すべきであろう。

▼元の皇后になった高麗女性と元の滅亡 中韓

元朝最後のハン（汗。遊牧国家の君主の称号。カンとも）である順帝《じゅんてい》（トゴン・テムル。恵宗。在位1333〜70年）の太子を生んで皇后となった、奇皇后という高麗人女性がいて、韓流ドラマの主人公としても知られる。

高麗は元の宮廷に大量の若い女性を貢ぎ物として送った。いまもむかしも、美しい半島の女性は、海外にさまざまな形で送り出されてきた。初めは庶民の娘だったが、もっと育ちのいい女性をということで上流階級も対象となり、貴族に禁婚令を出し、選りすぐりの女性が送られた。勝手に結婚すると親は処罰され、あの忠烈王のもとでは流罪にされた。

また、宦官としても多くの高麗人が送り込まれた。彼らはある少女を皇帝の妃のひとりとして後押しし、彼女は順帝の太子を生んで、やがて皇后となった。それが前述した奇皇后である。兄の奇轍《キチヨル》も元から高い官職をもらい、高麗朝廷で専横を極めた。

元の時代、高麗はほかの時代に比べて直接的な支配を受けた。その一方、高麗王家は元の皇女を王妃として迎えて親戚づきあいをした。世子は大都の宮廷で貴公子として生活できたわけで、新羅や李氏朝鮮よりよほど優遇されたのも事実である。今川義元《いまがわよしもと》の人質となり、義元の姪と結婚した徳川家康に似ている。

忠烈王（在位１２７４～１３０８年）からは、元の公主（王女）が高麗王の正妃となるようになった。しかし、元は国王をいったん廃位して復位させたりしたし、モンゴル人の王妃たちは国王や貴族たちを馬鹿にした。

そんななかで、恭愍《コンミン》王は元の宮廷で人質になり、魏王という皇族の娘である魯国大長公主と結婚し王となった。恭愍王は奇皇后の一族を粛清《しゅくせい》して、元のお目付機関である双城総管府《そうじょうそうかんふ》を廃止した。恭愍王はモンゴル人の王妃を大事にしていたが、王妃が死んだら政務への関心を失い、辛旽《シントン》という僧に政務をまかせた。

辛旽は、荘園整理令を断行したり、奴婢を解放するなど改革を進めたが、王に美少年を贈った。王は少年たちに身の回りの世話をさせ、少年たちと後宮の女性のセックス・スキャンダルも勃発《ぼっぱつ》し、そのことを王に知らせた宦官を謀殺しようとして、その宦官に殺された。

一方、順帝の時代の元では、チベット仏教保護による寺院建設などでの財政難、交鈔《こうしょう》という紙幣（当初は強い支配力にものをいわせて通用していた）が破綻してインフレが進行し、天候不順もつづいた。歴代皇帝はラマ教を信仰して乱費を重ねた。

黄河が毎年のように洪水となり、農民の不満は高まり、白蓮《びゃくれん》教徒による「紅巾の乱」が勃発した。浄土宗の一派として出発し、弥勒菩薩《みろくぼさつ》の出現を予告する宗教で、マニ教の影響も受けていた。

この紅巾の乱のなかから明の太祖となる朱元璋《しゅげんしょう》が出てくるのだが、その経緯はまた紹介するとして、陝西省での戦いで大都は手薄になっており、順帝は北へ逃げた（1368年。以後は北元）。上都（内モンゴル自治区シリンゴル盟南部）、ついで応昌《おうしょう》府（内モンゴル自治区赤峰市）に撤退し、順帝はそこで死去した。奇皇后がいつまで存命だったかは謎だ。

あとを継いだ奇皇后の子である昭宗《しょうそう》（アユルシリダラ）は、カラコルムまで後退したのち、河南軍閥のココ・テムルを先頭に山西省北部まで逆襲したが、ココ・テルムの死去でそこまでだった。

3代目の天元帝（トグス・テムル）は、1388年にブイル・ノール付近（モンゴル東端の湖）で明軍に敗れ、フビライと帝位を争ったアリク・ブカの子孫であるイェスデルの軍に捕まり殺害された。これをもって、フビライの直系王朝は滅びた。イェスデルを後押ししたのは、モンゴル西部を根拠としたモンゴル系のオイラート部だった。

このころ、中央アジアのチャガタイハン国の武将の家から出たチムールが、小アジアまで進出してオスマン・トルコを破り大帝国（チムール帝国）を樹立した。しかし、チンギスの男系子孫でないのでハンを名乗れず、アミール（イスラム世界の称号）だった。チムールはモンゴルのハンに貢納していたようだが取りやめ、オルジェイという皇子がモンゴルから亡命してきたのをハンに擁立しようと東征に出発したが、寒さに耐えかねて深酒をして急死した。

しばらくのち、オイラートの首長・エセンが勢威を伸ばし、明に進攻してきた。明の正統帝《せいとうてい》が宦官の王振《おうしん》にそそのかされて出陣したが、エセンはこれを土木堡《どぼくほう》（河北省）で破り、捕虜とした。

エセンはハンを称したが、チンギスの子孫でなかったのと、オイラート人の母を持つ者以外のチンギス家の皇子たちを殺戮《さつりく》したことが批判され、失脚し殺された。そののち、さまざまな有力者によってハンが擁立されたり殺されたりして、空位期間も生じた。

▼北条氏が実践した鎌倉武士のモラル　日

2022年のNHK大河ドラマ『鎌倉殿の13人』の主人公に予定されている北条氏2代目の義時《よしとき》や3代目の泰時《やすとき》は、母親の出自がもうひとつだった。そこで、義時や政子の父である時政は、京都出身の女性との子である政範にあとを譲るつもりだった。だが、早世したので、義時（生前は江間姓を名乗っていた）の次男朝時《ともとき》（母は比企氏）を後継者としようとした。しかし、時政が失脚すると義時が権力を掌握し、長男の泰時（母は有力者でない）に継承させた。

時政は、セレブの血で北条家を補強したかったのだ。朝時の同母弟の重時《しげとき》は六波羅探題として剛腕ぶりを発揮し、鎌倉に戻ってからは連署《れんしょ》（ナンバーツー）として、泰時の孫である時頼《ときより》を助けた。その時頼と重時の娘（葛西殿）のあいだに生まれたのが元寇に立ち向かった時宗である。

この泰時、重時、時頼、さらには時頼の母である松下禅尼《まつしたぜんに》は、質素でストイックな生活と「撫民令《ぶみんれい》」（1253年）で、鎌倉幕府を安定させた。重時は「生命を大事にして生ある者への憐《あわ》れみを持て」と記し、松下禅尼は障子紙を丸ごと取り替えずに破れたところだけ張り替えた。時頼も家来と味噌だけを肴《さかな》に酒を酌み交わした。

京都の皇室や貴族たちは、儀式、和歌、競馬《くらべうま》などばかりに熱心だったし、寺社の衆徒たちの争いも庶民を苦しめていたのと対照的だった。

もともと、武士は民衆のことなど考えるという倫理を持ち合わせていなかった。重文『男衾三郎絵詞《おぶすまさぶろうえことば》』（東京国立博物館蔵、鎌倉中期）には、そのあたりを歩いている庶民を鏑矢《かぶらや》で武芸の練習に殺して、生首を庭の隅に架けておくのが武士らしい武士だと書いてある。

それが、政治家・官僚として民の生活を考える立場になって、意識が変わっていった。また、自分を律することを求める禅《ぜん》の思想や、来世を気にする浄土《じょうど》思想もあった。

こうした思想は京都の貴族たちにも浸透して、花園院《はなぞのいん》（95代天皇、1308〜18年）のように、長雨や火事があると「朕《ちん》の不徳であろうか」と気に病むようになっていった。

内乱にあっても「紅旗征戎《こうきせいじゅう》吾が事に非ず」とし、飢饉にあって死臭が屋敷に漂ってくることを嘆いても、自分で何かしなくてはなどとは考えなかった源平時代の藤原定家《ていか》の時代とは隔日の感がある。

しかし、元寇に見舞われ、なんとか撃退したものの新規に領土を獲得できたわけでもなかったので、幕府は御家人の分割相続を認めて不満を抑えたが、武士の困窮《こんきゅう》が進んだ。

公認の借金踏み倒しである「永仁《えいにん》の徳政令」（1297年）を出したが、武士たちはお金を借りられなくなったり、金利も徳政令のリスクを見込んで高くなったのでますます苦しくなった。

しかも、武力に訴えて荘園主に対抗し、年貢の納入を拒否する悪党《あくとう》が跋扈《ばっこ》した。また、時宗の死後は、執権にふさわしい人を得ず、北条一族や御家人たちと、内管領《うちかんれい》と呼ばれる北条家の家人との抗争が高まるなかで、鎌倉幕府は終焉を迎えることになった。

源平から鎌倉時代の公家社会では、藤原道長の子孫である摂関家で、保元の乱で勝者になった忠通《ただみち》の子孫から五摂家が生まれた。まず近衛《このえ》基実《もとざね》と九条兼実《くじょうかねざね》があり、さらに、近衛家の分家として鷹司《たかつかさ》家が、九条家の分家として一条家と二条家が分かれた。

しかし、藤原とか源といった姓だけでは区別がつきにくくなり、屋敷の場所による名字が使われるようになった。近衛家があったから近衛通ではなく、近衛通に住んでいたから近衛家である。武士も同様で、足利とか武田とか松平は源、織田は平、伊達や井伊は藤原、毛利は大江、前田は菅原、島津は惟宗《これむね》（秦氏）がもともとの姓である。

源頼朝を将軍に就ける工作をしたのは九条兼実だが、のちに頼朝は、村上源氏の源（久我《こが》）通親《みちちか》に乗り換えた。兼実の孫の道家《みちいえ》は東福寺を創建したことで知られるが、これと西園寺《さいおんじ》公経《きんつね》の娘の子が、源頼家《よりいえ》の娘である竹御所《たけのごしょ》と結婚して、実朝のあとの4代将軍九条頼経《よりつね》となった。

しかし、成人したのち北条氏をうとんじて追放され、その子の頼嗣《よりつぐ》をへて、後嵯峨《ごさが》天皇の子で後深草《ごふかくさ》天皇の庶兄である宗尊《むねたか》親王が将軍となった（在職1252～66年）。

西園寺家は道長の叔父からはじまる閑院流の家柄であるが、関東申次《もうしつぎ》という役職で朝幕間の連絡役となり、鎌倉時代後半における宮廷の実力者となった。

▼三種の神器はいつから権威が上昇したのか ―― 日

平氏が安徳《あんとく》天皇を連れて三種の神器とともに西国に落ちていったとき、後白河院は、故高倉《たかくら》院の皇子で安徳天皇の異母弟にあたる82代後鳥羽《ごとば》天皇を即位させた。この三種の神器は『記紀』にも登場するが、こういう組み合わせの王者のしるしは、皇室独自のものではなかったようだ。八咫鏡《やたのかがみ》（伊勢神宮）、草薙剣《くさなぎのつるぎ》（熱田神宮）、八坂瓊曲玉《やさかにのまがたま》（御所）で、前二者は現在、実際に使われるときはレプリカである。中世にあって非常に重視されたものではあるが、これがないと皇位継承ができないとまで考えられていたわけでもない。戦前の皇国史観における扱いは誇張されていたと思う。

承久の乱のあと、後鳥羽院の弟の系統が皇位を占めたが後がつづかず、後鳥羽の子でありながら穏健派だった土御門天皇の子である88代後嵯峨天皇が即位した（1242年）。南北朝の共通の祖である。後嵯峨の皇子のうち、後深草天皇がまず即位したが（1246年）、父である後嵯峨院の意向で弟の亀山《かめやま》天皇（即位1259年）に早々に譲位させられ、しかも、皇統は弟のほうで引き継ぐようにいわれた。

納得できない後深草院が不満を幕府に伝えたので、北条時宗が後深草院系の持明院《じみょういん》統（北朝）と、亀山院系の大覚寺《だいかくじ》統（南朝）の両統迭立《てつりつ》（交代で即位すること）で調停した。時宗は、元寇のさなかに朝廷が混乱するのを避けたのだが、幕府が大覚寺統から恨まれて倒幕される遠因となった。

しばらくは両統迭立でなんとかおさまっていたが、世代が下ると、両統のなかでさらに兄弟が争うようになった。

南朝の後醍醐《ごだいご》天皇（96代、即位1318年）は、中継ぎということだったのだが、有能ぶりを発揮し、周囲からの譲位要求をはねのけ居座りをはかった。そして、執権・北条高時《たかとき》のもとで、内紛が激化したのを見て、「正中《しょうちゅう》の変」（1324年）、「元弘《げんこう》の乱（元徳の変）」（1331年）を起こしたが失敗。籠もった笠置《かさぎ》山も落ちて、北朝の光厳《こうごん》天皇（北朝1代）に三種の神器を渡し、譲位した（1331年）。

後醍醐天皇は隠岐に流されたが、各地の騒乱はおさまらなかったので、隠岐を小舟で脱出し、各地の武士に綸《りん》を下して討幕を呼びかけた。

幕府は源氏の有力者の足利尊氏《あしかがたかうじ》を派遣したが、京都を通過し山陰に向かう途中、丹波で寝返りを宣言し、六波羅探題を攻め落とした。鎌倉は新田義貞《にったよしさだ》が攻略した。このとき、鎌倉では新旧執権など870余人が自決し、六波羅探題の武士も近江の番場《ばんば》宿（米原《まいはら》市）で400人以上が自決しており、集団自決はこの時代の流行だったようだ。

そして、後醍醐天皇は光厳天皇を廃し、建武《けんむ》の中興がはじまった（1333年）。

鎌倉幕府が滅びたのは、貨幣経済や商品経済の発展のなかで、いわば「関東武士の、関東武士のための、関東に所在する」政権を守る、だけでは統治できなかったからだ。そこで、広い視点で経済を再建しなくてはならなかったが、武士たちにも配慮は必要だった。しかし、建武新政権は怠った。天皇も京都府知事としてくらいなら有能だったが、首相は無理だったのである。

そして、北条氏残党の反乱、足利尊氏と新田義貞の対立などで混乱がつづいた。いったん鎌倉に下っていた尊氏が上洛したが後醍醐方に敗れて西国に逃れた。そこで光厳院をかつぐのに成功して再度東上し、兵庫の湊川《みなとがわ》で楠木正成《くすのきまさしげ》を討ち、新田義貞も越前で討たれた。

後醍醐は吉野に逃れ、神器不在のまま北朝の光明《こうみょう》天皇（北朝2代）が即位した。「南北朝時代」のはじまりだ。後醍醐は、「ただ生き変り死に変ってもつづく妄念ともなるべきは、朝敵をことごとく滅ぼして、四海を太平ならしめんと思うばかりなり。これを思うゆえ玉骨はたとひ南山の苔に埋《うず》るとも魂魄《こんぱく》は常に北闕《ほっけつ》の天を望まん」という遺言を残して吉野で崩御した。

しかし、足利幕府でも尊氏と直義《ただよし》の兄弟の不和から「観応《かんのう》の擾乱《じょうらん》」（1349～52年）という内紛が起こり、尊氏が一時南朝に降伏したので抗議は長期化した。

そののち、南朝は再び幕府と対立して吉野に逃れ、北朝では、崇光《すこう》（北朝3代）と同母弟である後光厳《ごこうごん》（北朝4代）の対立もあった。が、結局、いったん伏見宮となっていた崇光天皇の曾孫が102代後花園《ごはなぞの》天皇（北朝）となり現在の皇室につながり、天皇の弟の貞常《さだつね》親王が伏見宮家を継ぎ、その子孫が戦後廃止された11宮家となる。

▼足利氏と対立した新田一族の徳川家が『大日本史』を書いた ―― 日

足利家の先祖は八幡太郎義家の四男・源義国《よしくに》で、下野《しもつけ》の足利荘《しょう》（荘園）と上野《こうずけ》の新田荘を開発し、そこから足利氏と新田氏が出た。

足利氏は母方の実家が源頼朝と同じ熱田神宮の社家だったので、早くから与《くみ》して重んじられた。ただし、河内源氏で頼朝らの系統の次の序列ではなかったのだが、鎌倉時代を無事に生き残って源氏第一の名門といわれるようになった。

代々、正室を北条一門から迎えていたが、尊氏の母は、上杉家出身の側室である。上杉家は公家の勧修寺《かじゅうじ》家の分家で、宗尊親王が鎌倉将軍となったときに同行して下向した公家と武士の中間的存在である。

足利家は三河《みかわ》守護であることが多く、多くの子弟が土着し、吉良《きら》、今川、細川、一色《いっしき》などの各氏となり、尊氏の旗揚げの主力となった。尊氏は鎌倉生まれとみられるが、丹波《たんば》綾部《あやべ》の上杉荘という説もある。

尊氏は、積極性はないが褒賞の気前のよさや人情味で独特の人気を持っていた。しかし、非情に徹することができず、集権体制を築けなかった。

3代将軍・義満《よしみつ》の母は石清水《いわしみず》八幡宮の社家だった紀《き》氏の娘だが、鎌倉幕府の横槍で即位できなかった忠成《ただなり》王（84代順徳天皇の子）の女系子孫で、姉妹は後円融《ごえんゆう》天皇（北朝5代）の母である。

義満は幼少で将軍となったが、管領《かんれい》細川頼之《ほそかわよりゆき》が補佐して手綱を握り、幕府の基礎を固めた。頼之は剛腕ぶりが過ぎていったん失脚したが、このときに詠んだのが「人生五十年　功なきを恥ず」

という名句である。

細川家は足利一族のなかで序列は低かったが、頼之のおかげで、家格の高い斯波《しば》氏や畠山《はたけやま》氏とともに、三管領家のひとつとして幕府を支えた。

このころ、北朝では後小松《ごこまつ》天皇（100代）、南朝では後亀山《ごかめやま》天皇（99代）が即位していた。義満は美濃の土岐《とき》氏や山陰の山名氏を討った「明徳《めいとく》の乱」ののち、1392年に南朝の後亀山天皇を吉野から京都の大覚寺に迎え、三種の神器が北朝の後小松天皇に引き渡されたことによって南北朝は合一された。

このとき足利義満と後亀山天皇のあいだでは、両統迭立とするとされていたが、後小松天皇は、自分は関係ないとし、約束は反故《ほご》になった。私は、義満の方針をあまり継承しなかった4代将軍義持《よしもち》が後小松院の意向を擁護《ようご》したという説に賛成だ。

戦国時代になると『太平記』などで南朝への同情も広がったが、朝廷では北朝をもって正統としていた。

しかし、新田氏一門と称する徳川氏の天下となって、儒者・林羅山《はやしらざん》らが南北を並列とし、水戸光圀《みとみつくに》が『大日本史』で南朝を正統とした。しばしば勘違いされるが、徳川氏は鎌倉幕府には好意的だが、足利氏から源氏の氏長者《うじのちょうじゃ》（氏族の統率者）を奪うなど、室町幕府には敵対的だったのだ。

南朝を正統とするがゆえに『大日本史』は朝廷から受け入れられなかった。南朝の天皇が歴代に加えられたのは西南戦争のころで、1911年に帝国議会で南朝を正統とする決議をおこない、明治天皇の裁断で南朝が正統であるとしつつ、北朝の五帝の祭祀については従前どおりおこなうことで妥協がはかられた。

これは、北朝系の朝廷と水戸学の妥協の産物であるから、それが正しいとか正しくないとかいっても意味がない。

いずれにせよ、後亀山天皇から後小松天皇への神器の譲渡は南朝正統論にとっても有効なので、現在の皇室の正統性に影響はないのはいうまでもない。

なお、歴代天皇の数え方については、明治になって水戸学の影響などで、かなり出入りがあった。削除されたのが、北朝の5人のほか、後醍醐天皇の重祚、少しややこしいのは、第3章で説明したが神功皇太后を女帝とはみなさないこととされ(1926年)、追加されたのが、南朝の3人、弘文・淳仁・仲恭(明治3年)、後亀山・後村上《ごむらかみ》(明治44年)、長慶《ちょうけい》(大正15年)である。

▼毛沢東は洪武帝、習近平は永楽帝か 中

堺屋太一《さかいやたいち》に「信長・秀吉・家康の三傑の役割をただひとりで、何倍もの規模と徹底さでやってのけた『超巨人』がいた」と評されたのが、明の太祖(洪武帝)朱元璋である。

「朱元璋はまことに巨大な人物であった。広大な国土と膨大な人口を持つ中華の舞台においてさえ、大きすぎた『超巨人』であった」「強い組織、勝てる組織をつくった点では、まぎれもなく最高の指導者であった」という。

洪武帝はしばしば毛沢東との共通点が語られる。毛沢東は湖南省の出身だが、洪武帝は同じ長江流域である安徽省の出身だ。農民から一代にして最高権力者に上ったことが同じで、建国の功臣への冷酷で厳しく広汎な粛清で賛否両論だったが、現代中国では、腐敗への厳しい姿勢として評価されている。毛沢東や習近平に通じるものがあるのだ。

始皇帝の秦にはじまる中華帝国の歴史のなかで、皇帝独裁が徹底していたのは明であろう。朱元璋は托鉢《たくはつ》僧をしていたのだが、白蓮教徒が起こした「紅巾の乱」に参加して頭角を現した。南京（応天府《おうてんふ》）を本拠にして、江南農民のリーダーとなり、1368年に明を建国した。

やがて白蓮教徒の仲間を切り捨てて、洪武帝は江南の地主層と結んだ。皇太子が先に死んだので孫が即位したが、洪武帝五男の燕王《えんおう》（北京）が内乱に勝って3代永楽帝《えいらくてい》として即位した（靖難《せいなん》の変）。

北京（順天府《じゅんてんふ》）に遷都し、紫禁城《しきんじょう》を建設したが、南京も副都でありつづけた。永楽帝は、宦官でイスラム教徒の鄭和《ていわ》の艦隊をアフリカにまで派遣した。1405〜33年まで7回にわたって南海遠征し、船団は200隻以上からなっていた。

第1回の遠征では、インド洋のカリカットに達し、第4回のときはケニアのマリンディからキリンを持ち帰って、政治的にも吉祥として祝われた。

ただし、規模が大きすぎてコストパフォーマンスが悪すぎた。最大の艦船は139メートルもあったが、バスコ・ダ・ガマのサン・ガブリエル号は25メートルである。これでは長つづきしない。

この永楽帝はまことに習近平を想起させる。華々しいが、やっていることがコストに見合うか、また維持できるのか、じつに疑わしい。


その後は暗愚な皇帝が多く、皇帝独裁体制は宦官の増長を招いた。科挙は復活したが、朱子学による解釈が絶対視され、守旧的な思想が支配した。「八股文《はっこぶん》」という特殊な書き方が強制され、内容の深い理解より、器用にまとめる才能が重視された。明末・清初の近代的思想家である顧炎武《こえんぶ》が、「八股文は始皇帝の焚書坑儒より酷い」といったほどだ。

このいきすぎに反発して生まれたのが「陽明学《ようめい》」で、明代の16世紀初め、王陽明《おうようめい》がはじめた。学問の目的は、各人に生まれながらにそなわっている良知を実現することにあるという「致良知《ちりょうち》」を唱え、良知とは認識と実戦を統一したものでなければならないとして、「知行合一《ちこうごういつ》」を主張した。この主観重視の考え方は、科挙がある中国や朝鮮では広まらなかったが、日本では好まれている。

江戸時代には、陽明学は反体制の学問として武家社会から排斥されていたが、本人たちがそれを陽明学だと思っていたかどうかは別として、さまざまな人に陽明学的なものを感じ取ることは可能だろう。封建時代の終焉とともに朱子学が衰微したのと比べ、陽明学については信奉者がそれなりに生き残り、東洋にも革新思想があるということで明治になって独自に発展した。

農村では、有力農民層にほかの農家を監督させる「里甲《りこう》制」を実施して、自作農の保全と現実に存在する地主層の権力機構への取り込みを両立しようとした。銀が共通通貨として普及したことから商業が発達した。

日本は銅を産出し明に輸出し、永楽銭《えいらくせん》という銅銭を大量に輸入した。日本には銀を取り出す製錬術がなかったので、明は粗銅を日本から輸入して、銀（と若干の金）を取り出して、残りを銅銭にして日本に輸出していたのである。

ちなみに日本で鉱石から銀を取り出せるようになったのは、1533年に石見《いわみ》銀山で、粗銅から金銀を分離できるようになったのは1591年に堺でといわれている。

綿織物など工業も盛んとなり、山西商人や新安《しんあん》（安徽省）商人が活躍した。

農村においても官僚経験者（「紳」）と官職経験はないが同様の教養をもった「士」が、権力と結びつき、さまざまな特権をもった「紳士」として体制を支えた。ジェントルマンを訳すときに、これを拝借して紳士といっているが、あまり上等な翻訳とは云えない。

14代万暦帝《ばんれきてい》の師で母后や宦官有力者の支持も獲得した張居正《ちょうきょせい》が、検地の実施と公平な課税で財政を再建したが、増税は不人気で、1582年の死後には官位を剥奪された。

ただ、退嬰《たいえい》的雰囲気のなかから『金瓶梅《きんぺいばい》』『西遊記』『三国演義』『水滸伝《すいこでん》』に代表される、娯楽性が高く社会性もある傑作が生まれた。

▼高麗の滅亡と李氏朝鮮の誕生　韓

中国で明の洪武帝が元朝に対する反乱を起こしていたころ、高麗の宮廷は元と明のあいだで揺れた。元の時代、首都より北のほうは元の直轄領になっていたので、高麗はその奪還をはかり、高麗人が多く移住していた遼東《りょうとう》地方（満州の遼寧省）にも触手を伸ばした。

さらに、明が1388年に鉄嶺《チョリョン》以北（咸鏡道《ハムギョンド》）の併合を通告してきたので、高麗32代の禑王《ウワン》は、新興軍人の李成桂《イソンゲ》に明軍討伐のための遼東遠征を命じた。ところが、李成桂は途中の威化島《ウィファド》で「威化島の回軍《かいぐん》」という裏切りに踏み切ったのである。

「小国（高麗）が大国（明）を攻めるべきでない」というのが主眼で、「農繁期に軍を動かすべきでない」「倭寇の侵入を招く」などが口実だった。李成桂は王を廃位し、次の王の昌王《チャン》は不義の子ではないかという噂を利用して退位させ、恭譲王《コンヤン》を王としたものの、やがてこれも廃して殺した。

李成桂は、国号を変えず高麗王として即位したが（1392年）、明から許されず、翌年になって、「朝鮮《チョソン》」を国号とした。朝鮮王国を創った李成桂（太祖）の家系は、全羅北道《チョルラプクド》の全州李《チョンジュイ》氏の一族で、新羅の高官が先祖だったとか、先祖は中国からやってきたとかいろいろの文書があるが、よくわからない。だが4代前の李安社《イアンサ》は一族郎党を率いて故郷を離れ、日本海側の江原道《カンウォンド》、ついでモンゴルが支配していた女真族居住地の咸鏡道に移ったと称している。

真実は不明だが、全州にルーツがあるとしても、モンゴル領で女真族やモンゴル族と混血した可能性が高そうだし、その家臣たちもそうした地域出身が多いだろう。どちらにせよ、高麗と李氏朝鮮という二代の王朝が、北方からやってきて漢族の血も濃厚に引いていたわけで、新羅の時代と比べて明らかに違った系統の支配層になっていたのは確かだ。

高麗に仕えるようになったのは、元朝が半島北東地域の拠点としていた双城総管府（咸鏡南道金野郡付近）を31代恭愍王《コンミン》が攻撃したとき、李成桂の父が内応したことによる。李成桂は軍人として活躍し、とくに、倭寇との戦いの功績で名声を得た。

李氏朝鮮（李朝）といわれるのは、古代の箕子《きし》朝鮮、衛氏《えいし》朝鮮と区別するためだ。日韓併合のときは皇帝だったわけで、李王家というのは、日韓併合後に日本の皇族に準じる地位として位置づけられた家系の名称である。だが、李氏が人口に膾炙《かいしゃ》しているので、便宜的に本書でも使う。

朝鮮という国号については、即位後、明の洪武帝から「国号はどう改めるか知らせよ」と命令されたので、「朝鮮」と「和寧《ファリョン》」の2案を提出した。和寧は咸鏡道にある李成桂の出身地だが、モンゴルのカラコルムを指すこともあるので、洪武帝は朝鮮を選んで下賜した。ただし、李成桂は、高麗を滅ぼした経緯が儒教的でないとして、「権知朝鮮国事」という肩書しかもらえず、3代目の太宗になってから国王として認められた。

首都の候補地として鶏龍山《ケリョン》（忠清南道《チュンチョンナムド》・公州《コンジュ》）も候補だったが、百済全盛期の首都だった漢陽《ハニャン》（ソウル）を選んだ。国土の中央で、漢江に面していて、黄海からも近く、土地も広い立地だった。

ただ、漢江が南側を流れているので、北からの侵攻には弱く、清に攻められたときも、朝鮮戦争のときも為すすべがなかった。景福宮《キョンボックン》の位置は、風水学に基づいて決められたが、あまり建設的な見立てでなかったようだ。

太祖には、地元に住む本妻と、開京に住む「京妻」がいたが、本妻は即位前に死んでいた。太祖は京妻の子を世子《セジャ》にしたが、五男の李芳遠《イバンウォン》（のちの太宗《テジョン》）が李芳碩《バンソク》を殺し、兄の定宗をへて、みずから3代国王となり（在位１４００～18年）、太祖は故郷の咸境道で隠居生活に入って出家した。

太宗は、有力者の私兵制度を廃止した。全国を忠清道《チュンチョンド》、慶尚道《キョンサンド》、全羅道《チョルラド》、黄海道《ファンヘド》、京畿道《キョンギド》、平安道《ピョンアンド》、江原道《カンウォンド》、咸鏡道《ハムギョンド》の八道に分けたが、現在はこれを南北に分割したり特別市をつくったりしつつ維持している。名前は慶尚道だと慶州と尚州という都市からとったものである。

戸籍を充実させ、16歳以上の男子には戸牌《ホペ》（身分証）を携帯させ、戸籍は3年ごとに確認し、自由な移転を認めず民衆に相互監視をさせた。「寺院田」は国有地にされ「抑仏崇儒策」を徹底し、官僚には領地でなく給与を支払うようにした。

太宗は後継者に三男だが優秀な世宗《セジョン》（1418～50年）を選んだ。兄の譲寧大君《ヤンニョンテグン》は気ままな生活を認められたが、大韓民国初代大統領である李《イ》承晩《スンマン》はその末裔である。

▼ハングルの誕生と韓流ドラマの世界　韓

韓国の1万ウォン札は世宗の肖像画があしらわれ、首都機能の移転の受け皿となっている忠清南道の「新首都」は世宗特別市と名付けられている。

世宗の業績でいちばん知られるのは、ハングルの制定だ。半島では書き言葉が成立しなかった。書き下し文とか、返り点なども発展せず、たとえば漢詩を吟詠《ぎんえい》するにも、中国語を韓国風の発音でそのまま使っていた。

世宗は庶民でも使える文字を考案し、「訓民正音《フンミンジョンウム》」と名付け、1446年に公布した。しかし、「諺文《オンムン》（卑俗な文字）」「アムクル（女の文字）」と軽蔑され、正しい漢文を読み書きしたり、高度なテーマを理解できなくなるといって攻撃された。のちには、庶民の政府批判に使われたというので使用が制限されもし、結局、女性や子供が日常や勉強で使用しただけで、公式文書も漢文のままだった。

本格的にハングルが普及しはじめ半島の言葉が書き言葉として確立するのは、明治になって日本人の後押しと日本統治のおかげである。また、ハングルというい方も日本統治下で成立したものだ。

世宗のあと混乱があったが、次男である世祖《セジョ》（在位1455～68年）の7代即位で安定した。『経国大典《キョングクテジョン》』という法制を集大成したものが業績だが（完成は1485年）、「子、孫、妻妾、奴婢が父母やその家の家長を官に告発することは、国家に対する反逆や陰謀をのぞいては死罪とする」「庶子は科挙を受ける資格がない。寡婦《かふ》は原則として再婚できず、再婚先で産んだ子と子孫は官職に就けない」というような内容にはおおいに異議がある。

その死後には、世祖王后の貞熹《チョンヒ》大妃の「垂簾《すいれん》聴政」（御簾のうしろから政治を指導すること）がおこなわれた。

ちょうど日本の戦国時代に当たるこのころの朝鮮宮廷は、韓流ドラマでおなじみの愛憎劇の舞台である。

貧しい両班の娘だった尹《ユン》氏は、美貌で9代成宗《ソンジョン》の2番目の王妃になり、燕山君《ヨンサングン》を産んだ。だが、嫉妬深く傍若無人に振る舞ったので成宗から毒薬を与えられ、死を賜った。即位した燕山君

（1494〜1506年）は乱行が多く、母の死に関係した者たちや祖母の仁粋大妃《インス》まで殺した（甲子士禍《こうししか》）。

このころ新旧官僚間などに起こった一連の抗争を士禍といい、燕山君はのちに廃位されている。一方、燕山君の弟の11代中宗《チュンジョン》は、38年間も王位にあり、宮廷の女性料理人という設定の主人公が大活躍するドラマ『チャングムの誓い』に出てくる気のいい王様である。

既成官僚の「勲旧派《フング》」と新興勢力の「士林派《サリム》」の対立も深刻な問題だった。14代宣祖《ソンジョ》（1567〜1608年）のころは、士林派の官僚が権力を握ったが、彼ら同士が分裂して抗争をくり返すなかで、文禄《ぶんろく》・慶長《けいちょう》の役を迎えた。

ここで李朝の時代の文化や経済について紹介しておくと、美術においては、高麗時代のような華やかなものは少ない。科挙による官吏の採用が充実したので、地方の地主が書院と呼ばれる私立の学校で学び、官僚となっても地元にとどまって地方官となることも多かった。漢学については地方でもかなり高度な勉学が可能だったし、日本のように武士にのみ開かれていたのでもない。ただ、朱子学の弊害も大きかったことは、次章でも紹介する。

貿易では、朝鮮人参、紙、筆などが輸出品で、日本には木綿や書籍も多く輸出していた。また、白磁なども誕生し、螺鈿《らでん》も評価が高い。

▼室町幕府は弱体だったという神話

日

室町幕府は、将軍の権力が弱体で争乱がつづき、朝廷を軽んじて武士が専横を極め、文化的にも力強さに欠け、経済もパッとしなかったと思っている人が多い。

しかし足利義満や義教《よしのり》は日本史上最強の独裁者だ。大名同士を争わせたり内紛を煽《あお》って「仲裁」の出番をつくり、権力基盤としたのだ。徳川幕府が、大名に跡目争いが起きないように要求し、お家騒動も厳しく処断し体制の安定をはかったのと対照的だ。だが、企業でも社長の権威を高めるために、社員を競わせて、最終調停者であろうとするのはよくあることだ。

南北朝の争乱にあって、四国の細川、山陰の山名、九州の今川、北陸の斯波といった方面別の司令官に丸投げせざるをえなかったのも理由だ。

ただし、室町時代の守護は、細川、畠山、斯波の三管領をはじめ、今川、一色、渋川など足利一族や、山名、上杉など尊氏に近い親戚が多く、外様《とざま》的な守護は少なかった。足利義教の暴走や戦乱をよそに茶の湯にいそしんだ義政《よしまさ》の職務放棄がなければ、強力な体制に発展したかもしれない。財政基盤も、直轄地は少なかったが、義満のように貿易によって財政をかなりまかなう発想もありえた。

経済や文化も、南北朝の合一から鎖国までの3世紀あまりは右肩上がりの成長期で、「黄金のルネサンス」と呼んでもいい。われわれが「日本的な生活様式」と考える食物、着物、住宅、教養の多くはこの時代に形を整えたものだし、永楽銭の輸入によって日本で貨幣経済が定着した。

戦前的な美的意識では、縄文時代、奈良時代、鎌倉時代、桃山時代などの男性的な文化をよしとする一方、弥生時代、平安時代、室町時代のものを評価しない傾向がある。しかし、文学でも日本美の伝統的な理想は、『古今集』にあるのであって『万葉集』ではないし、能などより歌舞伎が高級な芸能のように扱われるのもごく近年のことだ。

遣唐使のところでも書いたが、国家による公式の国際交流は、最高の文物を輸入することができる。平安・鎌倉時代には、細々とした民間交流が主だったが、この時代には、宋・元・明の時代の高い水準の中国文明が一気に導入されたのである。

足利義満が朝廷を乗っ取ろうとしたという人もいるが、私は逆に義満が公家社会に取り込まれたと見ている。関東から出てきた田舎者の尊氏や義詮《よしあきら》と違って、義満は京都で生まれ、母方において北朝5代の後円融天皇の従兄弟であり、公家としての教養、儀式での振る舞いができたのである。

義満がお気に入りの子である義嗣《よしつぐ》を天皇にしようとしたともいわれるが、兄の義持《よしもち》に代わって将軍にさせるための根回しということで十分に説明がつき、皇位簒奪を狙ったというのは、飛躍がすぎる。私は摂関家に並び立つ、あるいは代わるような存在をめざしたと思う。

源氏の氏長者は、村上源氏、とくに久我家が独占してきたが、義満はそれに取って代わった。また、明との貿易のために「臣下」である太政大臣の位を辞して、准三后《じゅさんごう》（皇后など三后に准ずる者という称号）を遣明使に使ったのも、村上源氏の占めた地位に倣ったものだ。

義満にせよ義教にせよ、あるいは尊氏より後醍醐天皇に共通して見いだせるのが「専制主義」である。ひとりの独裁者がすべてを決定する体制だ。同時期の明国が、中国4000年でもっとも皇帝独裁だった時代といわれることと共通した、時代的なムードがあったというべきだろう。

これが、鎌倉幕府の合議制などとは違うし、豊臣政権のように優秀な官僚組織を育てる発想でもないし、江戸幕府のバカ殿を飾りで上座に置いて、それを支える老中などもバカ殿たちのなかで少しマシなのでたらい回しというのでもない、室町幕府の特徴なのだ。

しかし、4代将軍義持は倹約を好み、称号にも祈禱などにも興味を示さない現実主義者で、義満流の仰々しい政治や生活を排除し、明との勘合《かんごう》貿易もやめた。

関東では鎌倉公方《くぼう》と関東管領《かんとうかんれい》・上杉氏の対立が深まり、1416年、関東武士を二分した「上杉禅秀《うえすぎぜんしゅう》の乱」が勃発した。室町幕府では、遠隔地の関東統治のために足利一族の鎌倉公方を置く一方、そのお目付役として関東管領を置いていたのだが、中央より一足早く戦乱の時代になった。

松平家初代の親忠《ちかただ》は、これを機に関東を離れ三河へ流れていったとされ、越前にあった織田常松《おだつねまつ》が斯波氏によって守護代として尾張に送り込まれたのも、このころだ。

5代将軍義量《よしかず》の死後、「黒衣の宰相」三宝院満済《さんぼういんまんさい》らの主導によって、石清水八幡宮の神前での籤《くじ》引きで、義満の子である義教が還俗《げんぞく》して6代将軍となった（1429年）。

義教は「万人恐怖」の政治をおこない、延暦寺を焼き討ちしたり、鎌倉公方の持氏《もちうじ》を滅ぼした（永享《えいきょう》の乱）。有力守護にも容赦なかったので、播磨の赤松満祐《あかまつみつすけ》は粛清される前にと、1441年、「カルガモの親子見物」を口実に自邸に招いた義教を暗殺した（嘉吉《かきつ》の乱）。

また、庶民の政治意識が高まり、徳政令を要求した1428年の「正長《しょうちょう》の土一揆《つちいっき》」は「日本開《かい》闢《びゃく》以来、土民の蜂起《ほうき》これ初めなり」といわれた。

▼鎌倉新仏教が本当に発展したのは室町から戦国にかけて――日

日本仏教の教えを思想史的に解説するなど私にはできないが、人々からどう受け取られ、どう政治や社会へ影響を与えたかという視点で概観してみよう。

奈良仏教が大陸文明の受け入れ装置として貢献したことは前述したが、飢餓や疫病や戦乱をなくし国家鎮護をめざしたが、一人ひとりの願いに応えるものではなかった。

対して、平安時代に最澄（伝教大師）や空海（弘法大師）が唐から持ち帰った「密教」は、秘密の教義と儀礼を伝持し、加持祈禱《かじきとう》により現実を変えるという考え方である。護摩《ごま》などを使う儀式や所作が神秘的で、雨を降らせるとか、病気を治すことまでしてくれるから人気が出た。

さらに、本地垂迹説《ほんじすいじゃく》に基づき、日本古来の神様は仏様の生まれ変わりとし、大日如来《だいにちにょらい》と日吉山王権現《ひえさんのうごんげん》と天照大神《あまてらすおおみかみ》が同一などといったりした。また、最澄は法華経《ほけ》の優位性を説いたり、死後の幸福を期待する浄土思想や、瞑想《めいそう》から真理へ近づこうという禅《ぜん》に近い考え方ももたらした。

一方、鎌倉新仏教が発展したのは、釈迦入滅《しゃかにゅうめつ》後1500年を過ぎて末法《まっぽう》の時代に入った（日本では1052年と信じられていた）という意識のもと、戦乱、飢饉のもたらす生き地獄から個人の精神を救済できるような宗教が求められていた時代だったからで、社寺の建立や寄進など費用がかかったり、むずかしい勉学を必要としない教えが求められていた。

浄土信仰は天台宗の中で発展してきた。浄土宗の法然《ほうねん》は、修行しなくても念仏さえ唱えれば極楽へ行けるという説を唱え、関白・九条兼実《くじょうかねざね》の支持を得てファンを広げた。ところが、弟子が院の女房と密通事件を起こし、法然も四国に流された。

弟子のひとりで、公家の日野氏出身である浄土真宗の親鸞《しんらん》も越後に流されたが、ここで結婚し非僧非俗の世界に生きることになった。こちらは、「悪人」であっても救われる（悪人正機説《しょうきせつ》）としたのが目新しかった。

日蓮《にちれん》は安房《あわ》の生まれで、比叡山で学び、「南無妙法蓮華経」という題目《だいもく》を唱えることで現世において救われるとした。「念仏無間《むけん》・禅天魔《てんま》・真言亡国・律国賊《りっこくぞく》」と他宗を厳しく批判し、邪教を保護していると国難がやってくると預言したら、本当に元寇がやってきた。

ただし、浄土真宗や日蓮宗が大発展をしたのは、戦国時代である。浄土真宗の本願寺が大発展したのは、戦国時代の蓮如《れんにょ》（本願寺八世）が大衆動員に成功してからだ。浄土真宗の寺院は、他の宗派の寺に比べて御堂《みどう》の規模が桁違いに大きい。村人を身分にかかわらず堂内に入れるようにしたり、御文《おふみ》という蓮如の手紙形式の一種のニューメディアを活用したことは絶大な威力を発揮した。

日蓮宗は、京都の町衆に支持された。商工業者には、来世よりも現世での救済をめざすほうが受けがよかったし、現代でも、新興宗教のほとんどが日蓮宗系であることも同じ理由だ。

臨済《りんざい》宗の開祖・栄西《えいさい》は、備中の神官出身で、宋から禅を伝え、北条政子らの支援を得て建仁寺《けんにんじ》を創立した。ただし、栄西は旧仏教にも関わりつづけたので、独自の宗派として発展するのは中国人僧の来日が多くなってからである。足利義満は、南宋の臨安《りんあん》（杭州）と明州《めいしゅう》（寧波《ニンポー》）で「五山」（最高位にある5寺）を選んでいたのに倣《なら》って京都五山と鎌倉五山を指定し、南禅寺は別格の「五山の上」とした。

五山や、足利尊氏・直義の兄弟が全国各地に建設した安国寺は、明治の文明開化の時代における帝国大学と鹿鳴館をあわせたような役割を担って、宋・元・明の文化を受け入れる窓口になったのである。

曹洞《そうとう》宗の開祖である道元《どうげん》は、鎌倉初期の京都での最高権力者だった源通親《みちちか》の子である（孫という説もある）。臨済宗では禅問答のような思索をするが、曹洞宗では座禅を組めばおのずから悟《さと》りは開けるとした。

ただ、道元は祈禱や祭礼、礼仏、読経などに否定的で修行を重視したが、4代目の紹瑾《じょうきん》が祈禱や祭礼を積極的に採り入れた。スパルタ修行や質素さ、土俗信仰や祈禱や葬式などを大事にすること、そして知的な学習はあまり問わないところが、普通の武士のニーズにぴったりで、数の上では臨済宗をはるかにしのぐ宗派に曹洞宗を押し上げた理由だ。

▼足利義満が日本国王を名乗った理由と倭寇の跋扈 ——日中韓

明を建国した洪武帝《こうぶてい》は、周辺諸国に王朝の交替を告げ朝貢をうながした。朝貢すれば献上品の数倍以上の下賜品を与え、ほかには一切の貿易を許さなかったが、朝鮮は喜んで受け入れた。

日本には倭寇の取り締まりを頼みたいという別の意図もあったのだが、南北朝の争乱の真っ最中である。第1回使節は途中で遭難してたどり着けず、2回目は博多を支配していた南朝の懐良《かねよし》親王に斬られてしまった。だが、3人目は国書を親王に届けるのに成功し、返書を持って南京に戻ったので、洪武帝は懐良親王を「日本国王『良懐』」として冊封《さくほう》した。

ところが、九州に使節が戻ると、北朝方の今川了俊《いまがわりょうしゅん》に取って代わられており、使節は京都の足利義満のところに送られた。義満は南朝を排除し自分が明との関係を持とうとするが、明は懐良からの簒奪者というとらえ方をした。また、義満が北朝の天皇の家臣らしいというので交流をひかえた。

しかし、明の宮廷で北元（モンゴル）や懐良と結ぼうというクーデター計画があり、また、義満が隠居して北朝から独立したという言い訳を見つけて、足利義満を日本国王と認め、１４０４年に勘合貿易がはじまった。

義満の気持ちは、「経済的な利益を優先させた」「南北朝に分裂しており南朝と組まれると困る」など理由はいろいろ考えられるが、よくわからない。明にへりくだる義満に対しては、公家などから非難囂々《ごうごう》だった。しかし、明のほうでも、日本国王とした義満のほかに天皇という存在がいることなど、互いに悩ましいところはあったので、日本を朝鮮と同じような立場の従属国だなどとはどちらも思ってはいなかった。

とはいえ、どう考えても無理があったから、義満が死ぬと、４代将軍義持は勘合貿易をやめて国交を断絶した。義教は勘合貿易を復活させたが、しだいに大内氏や細川氏、さらにその下請けである博多や堺の商人が代行するようになった。これを中国側も知っていたが、黙認していた。最後は寧波で大内・細川が武力衝突したのち、大内氏が独占したが、１５５１年の陶晴賢《すえはるかた》の乱で大内義隆《よしたか》が殺され、勘合貿易は終わった。

そのあとは、後期倭寇の活動が激しくなる。日本との貿易を封じられた沿岸部の住民は困り、密貿易が盛んになった。倭寇のなかには平戸を拠点とした王直《おうちょく》など華人も多かったし、だからこそ、内陸部にも入り込んで荒らし回り、明は「北虜南倭《ほくりょなんわ》」のために滅びたとまでいわれる（北虜は北方から侵入したモンゴル人のこと）。

そして、ポルトガルもこの後期倭寇と組んで、東シナ海貿易に参入した。種子島に鉄砲を伝えたのも、中国人倭寇である王直の船に乗ったポルトガル人だった。愚かな明による貿易打ち切りは、倭寇と豊臣秀吉による大陸侵攻、明の滅亡、日本の鎖国などという結果になり、満州族と世界の海を制したイギリスが漁夫の利を得たのである。

一方、高麗やそれを引き継いだ朝鮮も、倭寇に悩まされていた。きっかけは、元寇で対馬などから拉致された日本人を捜すとか、農地が荒れ果てたことから食糧を奪ったり労働力を得たりすることが必要になったからだ。朝鮮にとっては自業自得だが、朝鮮は室町幕府や対馬の宗《そう》氏に取り締まりを求め、その見返りに貿易がおこなわれるようになった。

幕府への朝鮮通信使を、明の冊封体制のもとでの朝鮮国王と日本国王の対等な交流と位置づける人もいるが、そのような意識はなかった。国名からして明から与えられた朝鮮の完全な従属関係と、日本と明との関係は似ていない。

花の御所で朝鮮からの使節を迎えたのは6代将軍義教だ。このとき、古代にあって新羅や百済などが朝貢していたときの儀礼を前例とすべきという議論もあったが、そこまでうるさくいわず実用的に対処された。ただし、上下関係が明確な応接であった。

諸大名、とくに博多を支配していた大内氏は朝鮮と通交に積極的だった。大内氏は百済王家の男系子孫なので、父祖の地を領地として欲しいと要求したりもした。

対馬の宗氏は島津氏と同じく、秦氏の流れを引く惟宗朝臣《これむねあそん》である。太宰府の在庁役人だったが、1245年に地元豪族・阿比留《あびる》氏の乱を討つために派遣されてそのまま土着していた。

李氏朝鮮は対馬に軍事侵攻したが（応永《おうえい》の外寇《がいこう》、1419年）、宗氏は退けた。そして、嘉吉《かきつ》条約（1443年）が結ばれ、宗氏は歳遣船《さいけんせん》を朝鮮に派遣し、朝鮮から歳賜米《さいしまい》を支給されることになった。

そののち、1510年に三浦《さんぽ》の乱（釜山《プサン》、熊川《ウンチョン》、蔚山《ウルサン》に居住していた日本人の反乱）で関係が断絶したが、その後、貿易は再開された。

このあたりの経緯は正確に知って理論武装しておかないと、韓国がいずれ対馬は自分の領土だなどといい出さないとも限らないと思う。歴史上、一度も主張してきたことのない話を突然いい出すのがよくあることは、渤海の一件を見てもわかるだろう。ただし、そんなことをいうのなら、任那は日本固有の領土だと反論すればいいことだ。

最後に、この時代、日本人が朝鮮から手に入れたいと熱望していたものがあることを紹介しておこう。

高麗時代から、朝鮮では『大蔵経《だいぞうきょう》』（仏教経典の総集）を版木をつくって印刷していた。世界遺産になっている海印寺《かいいんじ》（慶尚南道陜川郡）のものがもっとも有名だが、これを手に入れることは、日本の諸大名にとって非常に強い願いであった。

一方、この時代に日本から朝鮮に与えた影響もあるはずなのだが、日本人も韓国人もほとんど研究すらしていない。たとえば、ハングルの制定が日本での仮名の効用に刺激されなかったとすれば、よほど不自然だと思うのである。

第5章

西洋との出会いと日中韓の興亡

► 図16　明・清

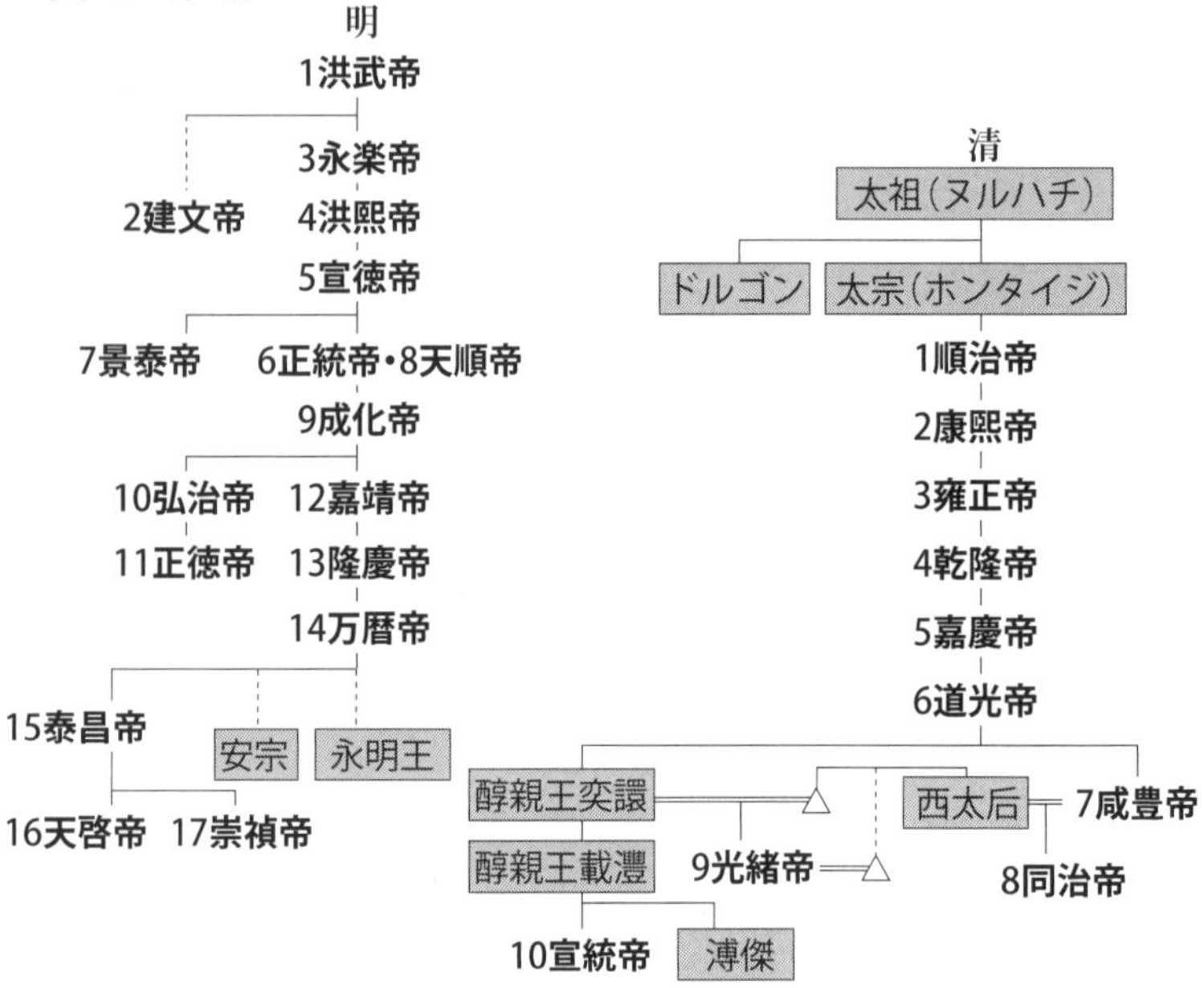

► 図17　清の発展

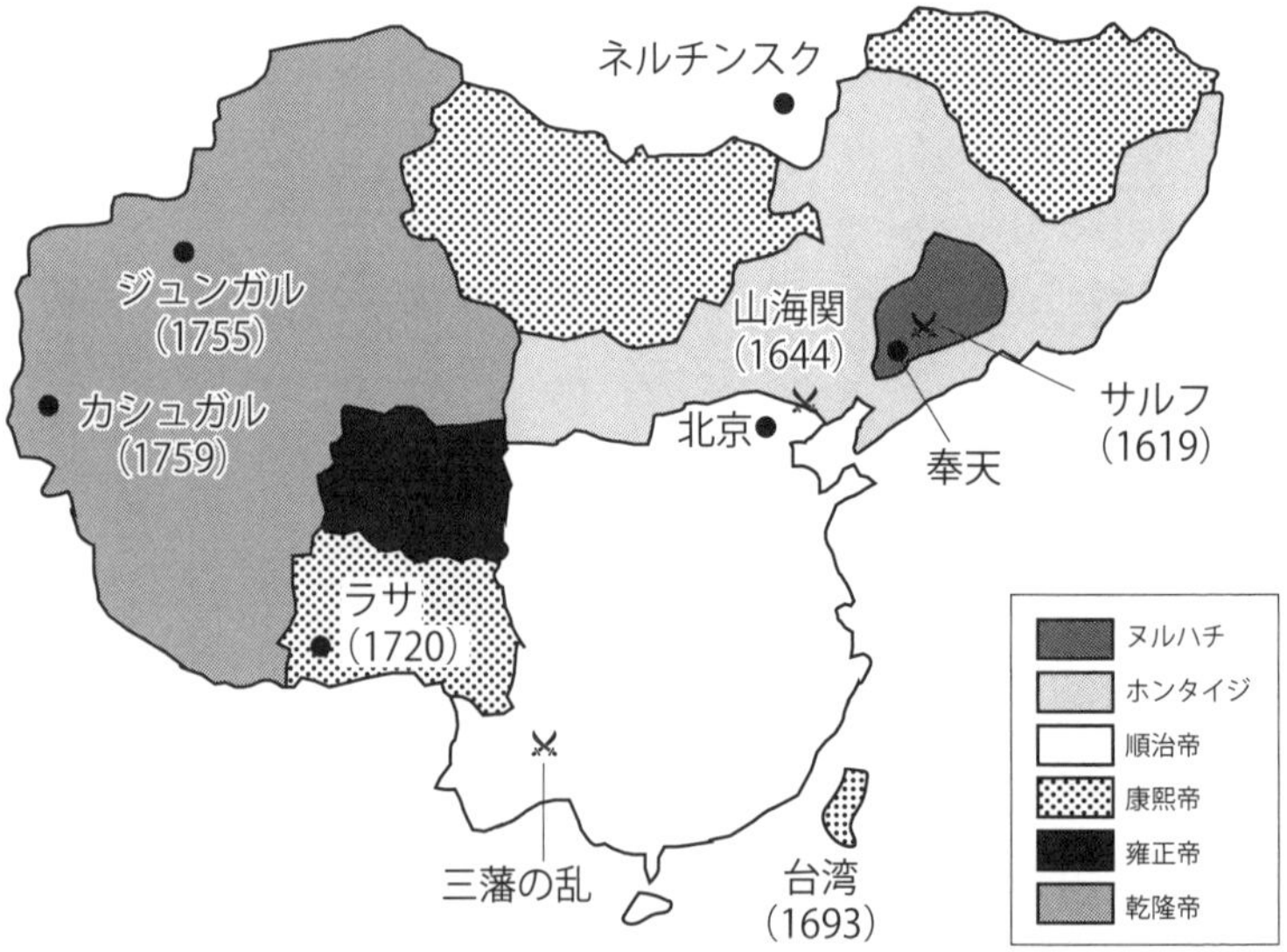

▼大航海時代の世界と日中韓の俯瞰図

日 中 韓

「モンゴル帝国が世界史を創った」といわれる。それまで中央アジアを介した細々とした交流はあったが、極東とヨーロッパの直接的な出会いはチンギス・ハン以前にはなかった。新型コロナウイルス以上の悲惨《ひさん》な結果を生んだ14世紀におけるペスト流行も、モンゴル侵攻の副産物だ。マルコ・ポーロの『東方見聞録』などで極東の国々への関心が高まったわけだが、それが大きな動きになったのは、大航海時代（15～17世紀初め）の到来によるものだ。

前著『日本人のための英仏独三国志』でくわしく書いたが、直接の動機はイベリア半島をイスラム教徒から解放するレコンキスタ（再征服の意。国土回復運動）の延長線上で、ポルトガルのエンリケ航海王子がアフリカ西海岸への進出に乗り出したことだ。

１４５７年にはギニアに、王子の死後の１４８８年には喜望峰に、１４９８年にはバスコ・ダ・ガマがインドに達し、１５４０年代に日本に到達した。

１５８２年、九州のキリシタン大名がローマに派遣した天正遣欧使節もポルトガル船によるもので、アフリカ、インド、極東はポルトガルの勢力圏とローマ教会は位置づけていた。

スペインは１４９２年、イベリア半島でイスラム教徒の最後の拠点だったグラナダを陥落させ、その年の秋には西回りでインドをめざしたコロンブスがアメリカ大陸を発見した。その後、アステカ帝国やインカ帝国を滅ぼし、1560年代にフィリピンを領有。やがて、日本にもやってきて1613年、伊達政宗《だてまさむね》の命を受けた支倉常長《はせくらつねなが》をメキシコ経由でヨーロッパに連れていった。

しかし、スペイン領だったオランダがスペインに反乱を起こし、1581年には実質的に独立し、1602年には東インド会社を設立して、ポルトガルから東アジア地域の覇権《はけん》を奪った。

つまり、日本の鎖国とは、オランダによるポルトガルの対日交易権奪取である。また、1624年から1662年までの38年間、台南《タイナン》市郊外のゼーランディア城を拠点に台湾《タイワン》も支配した。

大航海時代の幕開けは、日本に劇的な変化をもたらした。1543年に種子島に鉄砲が伝来し、1549年にザビエルが鹿児島に上陸してキリスト教の布教をはじめたが、これによって、西洋だけでなく華南から東南アジアにかけての文明がいっせいに日本に流れ込んだのである。

それに比べると、中国や韓国では西洋文明の浸透は緩慢《かんまん》で、急速な経済社会の変化はなかった。明朝も李氏朝鮮もいちおう安定して、中国の工業技術の水準は日本よりかなり高かったから、西洋の技術の革新性がそれほど強く感じられなかったのだ。

たとえば、前述のように日本には粗銅から銀を取り出す技術がなかったため、粗銅をそのまま中国に輸出し、中国が銀を抜き取ったあとにつくった銅銭を輸入していた。1591年に住友財閥の創始者のひとりである蘇我理右衛門《そがりえもん》が南蛮人からその技術を伝授され、粗銅から銀を取り出せるようになって、日本の銀が世界を席巻した。

鉄砲についても、日本では改良して命中率も上げ、鉄砲を活用した戦術を生み出し、大量生産体制も構築した。その結果、文禄《ぶんろく》・慶長《けいちょう》の役で明・朝鮮軍に圧倒的な戦力の差を見せつけ、中国でもそれを採り入れるようになった。文禄・慶長の役で日本が勝てなかったと誤解している人が多いが、あとで書くように、秀吉の死で引き揚げただけで、圧倒的な勝ち戦だったのである。

しかし、日本は1639年に鎖国をしてしまった。キリシタン排除が第一の理由だが、海外の文明をひととおり採り入れたら、しばらく、それを独自に発展させることで満足したのである。これは、古代に大陸文明を受け入れたときもそうだし、文明開化が一段落したあと国粋主義に走ったときも、高度成長ののち内向きになって世界最低水準の経済成長に平気な現代の日本も同じだ。日本人のまことに残念な性癖といっても過言でない。

明や清《しん》は中華思想ゆえに、海外から積極的に何かを学ぼうという姿勢に乏《とぼ》しいのはいつものことである。イギリスから通商を要求されたとき、清の乾隆帝《けんりゅうてい》が「地大物博《じだいぶつはく》」（土地が広く物が豊か）でなんでもあるから貿易は必要ない、といったのは象徴的である。

しかし、日本の鎖国後も、清は日本よりはかなりゆるやかな対外開放政策をとった。そのおかげで、たとえば絹織物や陶磁器、茶などを輸出し、その代金としてメキシコ銀を得て、経済は飛躍的な発展を見た。また、トウモロコシ、サツマイモ、ジャガイモなど新大陸由来の作物も導入され、食糧事情は改善し、人口も増加した。一方、農地が不足し、華僑《かきょう》が東南アジア方面に進出した。イエズス会の宣教師だったマテオ・リッチは明に西洋の科学をもたらし、大砲を鋳造《ちゅうぞう》し、カスティリオーネ（郎世寧《ろうせいねい》）は清に洋画や建築技法を伝えた。

日本人は清朝というと低く見たがるが、それは明治日本と清朝後期を比較した場合であって、清朝前期は康熙帝《こうきてい》など名君がつづいたこともあり、江戸幕府の退嬰《たいえい》ぶりとは比較にならない優れた治世を展開していたのである。

朝鮮は独自の西洋人との接触はほとんどなかった。文禄・慶長の役のときに宣教師が日本軍と一緒についてきたとか、17世紀に漂着者がいたくらいだ（オランダ人のハメルは『朝鮮幽囚記《ゆうしゅうき》』を書いて西洋に朝鮮の様子を知らせた）。

朝鮮における西洋文物の知識は、毎年北京に派遣されていた朝貢使《ちょうこうし》が、北京在住の宣教師たちから得た。ただ、18世紀終わりからは、キリスト教の浸透を怖れて、かえって西洋文明の受容が低調になったまま、異国船の渡来や日清からの圧力を受けることになった。

▼意外と保守的だった織田信長 ―― 日

戦国時代は、1467年の応仁《おうにん》の乱の勃発にはじまり、1590年の天下統一で終わるということになっている。しかし、大河ドラマなどで扱われるのは、ほとんどが1560年の桶狭間《おけはざま》の戦いとか、その翌年の武田信玄《たけだしんげん》と上杉謙信《うえすぎけんしん》との「（第四次）川中島《かわなかじま》の戦い」よりあとである。

応仁の乱が一段落してから1世紀のことは、ほとんど話題にもならないのだ。もちろん、地方では北条早雲《ほうじょうそううん》の国盗りとか、毛利元就《もうりもとなり》が大内氏に代わって西国一の大名になったといったことはあったが、中央政治にはほとんど影響がなかった。

足利将軍でいえば、8代将軍で銀閣寺に逃避してしまった義政《よしまさ》、日野富子《ひのとみこ》の子である9代義尚《よしひさ》、全国各地を流れ歩いた10代義稙《よしたね》、伊豆で生まれ近江で死んだ11代義澄《よしずみ》、信長の父と同い年の12代義晴《よしはる》、松永久秀《まつながひさひで》らに暗殺された13代義輝《よしてる》だが、いずれもなんとも存在感がない。

応仁の乱は、足利義政が日野富子との結婚後すぐに男子が生まれなかったことに焦って、弟の義視《よしみ》を還俗《げんぞく》させて後継者に指名したら、そのあとで義尚が生まれたので、細川勝元《ほそかわかつもと》と山名宗全《やまなそうぜん》がそれぞれにつき天下大乱になった、というのが古典的説明である。

しかし、畠山家や斯波《しば》家にもお家騒動があり、それがあっちについたりこっちについたりしながら争った。こんなことは現代の政界でも企業経営でも起きていることで、きっとこういう構図にちがいないと浅薄な解説をしても意味ない。まして、姉妹だから仲がいいはずという現代核家族の常識を持ちだしたり、舅と婿が対立するはずないとか、感情にまかせて損な喧嘩をするはずがないというのも人間社会の性《さが》を知らない学者の浅知恵である。

そんなことより大事なのは、結果、何が起きたかである。この乱があったところで、政治・経済・社会の構造が急に変わったのではない。ただ、それまで治安が保たれ平和だった京都の町の大半が焼けてしまい、やがて、京都在住だった守護たちも生活条件が悪くなった京都を離れて、それぞれの領国に引き籠もることになった。

なにしろ、京都都心部ではこの乱以前の建築で現在まで残っている建築は千本釈迦堂《せんぼんしゃかどう》のみである。細川護熙《ほそかわもりひろ》元首相の父である華族の護貞《もりさだ》が知人と、「細川家には素晴らしいお宝があるのでしょうね?」「戦争で焼かれてあまりいいものがない」「空襲に遭われたのですか?」「いや、応仁の乱です」という会話を交わしたとかいうほどだ。

それまで全国の人々が花の都に憬れ上洛してきていたのが、逆に、公家が地方に出稼ぎにいって連歌《れんが》を教えたり源氏物語を講じたりしたし、一条氏のように関白が領地のある土佐に下ってしまい、そこでの贅沢な生活が都人の羨望《せんぼう》の的《まと》になったということすらあった。

それでも、細川氏が幕府を支えていたのだが、政元《まさもと》が修験道《しゅげんどう》に没頭して女性を近づけなかったのち、三人の養子の争いで大混乱となり、阿波《あわ》守護の分家が家督《かとく》を継いだ。しかし、家臣の三好長慶《みよしながよし》に実権を取られ、将軍と管領のほうが京都を出て近江に逃げたり、長慶の死後に将軍義輝が実権を取り戻そうとしたら、三好の家臣たちに殺されてしまうという事件まで起きた。

そのあいだ地方がどうなっていたかといえば、それまで地方裁判所長+検事正+県警本部長にすぎず、知事としての機能を持っていなかった大内、今川、武田、島津、大友といった守護が、荘園を没収したりして守護大名化した。また、朝倉、北条、毛利など守護でもなかった武将が戦国大名となって、地方ごとではあるが集権体制を築き上げた。幕末の西南雄藩と同じだ。

これがだいたい、1560年ごろの情勢であった。そして、そうした大名のなかから将軍を奉じて、あるいは、それに取って代わって天下を取る大名が出るのではないかという期待が高まるなかで、それを実現したのが尾張の織田信長だった。

信長は、小大名が天下取りレースの先頭を走っていた今川義元を桶狭間の戦いにおいて番狂わせの勝利で討ち取り、のし上がったと受け取られてきたが、それは間違いで、織田家は平氏の流れを引く名門だし、父親の信秀《のぶひで》の時代には義元を凌《しの》いでいた。信秀の跡目争いで織田家が乱れていたのに乗じて義元が攻めてきたが、撃退したというだけだ。

しかも、将軍を奉じて上洛するというのは、大内義興《おおうちよしおき》や三好長慶がしていたが長つづきしなかっただけで、信長が初めてではない。

信長は彼らの失敗を踏まえて、京都に本拠を移さなかった。京都では守旧勢力の流儀に取り込まれるし、軍事的に防御に優れた場所でなかったからだ。そして、南蛮貿易の要地だった堺を押さえて鉄砲などの流通を掌握し、寺社は罰当たりなどといわれることを怖れずに押さえ込んだ。

将軍・足利義昭《よしあき》については、名目的な主君として我慢するなら活用しようと考えた。

鎌倉幕府での北条氏や、鎌倉公方のもとでの後北条氏がモデルだったと思う。しかし、義昭は信長に、織田家の主君だった斯波氏の地位を継承させる程度の扱いを考えたようで、その落差が埋まらなかったので追放された。

そして、信長は革命的な安土《あづち》城を築き、そこに強力な中央集権政府をつくろうとしたが、嫡男の信忠《のぶただ》とともに軽装備で京都に同時滞在した一瞬の油断をつかれて、部下を気まぐれで切り捨てていく非情さへの不安に危機感を感じていた明智《あけち》光秀《みつひで》の裏切りに遭って横死《おうし》した。

日 ▼豊臣秀吉はナポレオンに匹敵する

信長・秀吉・家康という三人に対する評価や人気は時代によって違う。かつては、江戸時代も含めて太閤《たいこう》秀吉が断トツの人気だったが、近年では改革者としての信長が好まれ、日本的経営者としての家康の評価も高い。

秀吉は、信長や家康に比べて独創性に乏《とぼ》しいといわれ人気がなく、大河ドラマでも小賢《こざか》しいとか、好色であるとかいった描き方にされがちだ。ただし、これは朝鮮出兵がゆえだと思う。韓国で悪くいわれている歴史的人物について、そのこと自体だけでなく、他の面でもよくいうことが憚《はばか》られるような風潮があるのだ。

しかし、世界史的な観点から評価すれば、豊臣秀吉こそ東洋のナポレオンというべきだと思う。ナポレオンの業績にしても、まったく独自といえるものはそれほどない。しかし、ナポレオンは近代国家をトータルに設計したことが偉大なのである。秀吉はそれより200年も前に現れて、それに匹敵する仕事を残しているのである。あるいは、絶対主義国家という意味では、ルイ14世とか清の康熙帝と同じような仕事をだいたい1世紀前にしたともいえる。

中世に地に墜ちていた朝廷の権威回復、太閤検地を通じての大名の領国支配近代化、軍備近代化、兵農分離、通貨制度の確立や度量衡《どりょうこう》の統一、鉱山開発、貿易の拡大などがその業績だ。また、大坂はもちろん、江戸も秀吉が徳川家康に居城とするように指示したものだ。京都も秀吉によって根本的な大改造をされているし、博多もそうだし、主たる城下町はほどんど秀吉の時代から江戸時代最初期に建設されている。

秀吉は征夷大将軍になりたくて、義昭の猶子《ゆうし》にしてもらおうとしたが拒否されたので関白になったという説は、儒者の林羅山がいい出したらしいが、将軍は清和源氏でなくてはならないというルールなどなかったし、朝廷は信長にも将軍になることをすすめているくらいだからありえない。秀吉はさまざまな可能性を模索したうえで、将軍より格上のポストである関白になったのである。ナポレオンがローマ法王の手を借りて、国王でなく格上の皇帝になったのとまったく同じパターンである。

聚楽第《じゅらくだい》での席次では、秀吉が上段の中央に座り、その横に五摂家、宮様、それに公方様たる足利義昭がおり、下段には左右に公家と諸大名がいた。これは、王政復古のあとの初期の明治体制と似たものだ。つまり、公武合体であって、世界に雄飛する集権国家として妥当な体制だ。

秀吉のあとに天下を取った家康は、そのかなりを引き継いだが、必要以上にマイルドにした。

そして、その後継者たちは鎖国という愚劣な決断をし、李氏朝鮮から導入した朱子学を採用して変化のない社会が最善という方針を立て、秀吉が世界最先進国のひとつにした日本を３００年間の停滞の時代に閉じ込めてしまった。

もし、秀吉が長生きしたとか、関ケ原で西軍が勝って豊臣の天下がつづいたら、日本は20世紀の「ジャパン・アズ・ナンバーワン」の時代を待つことなく世界史の主役になっただろう。

徳川家康は、三河の土豪のうち有力者の家系である。室町時代の中期に関東から流れてきて、新田一族だと称していたのはたしかだが、真偽は不明だ。信長の同盟者として武田攻略に貢献し、また、本能寺の変のあとの混乱に乗じて武田旧領を併合した。ついで秀吉と組んで、関東の北条を攻略し、その旧領を与えられた。

秀吉の死後に起きた政争では、関ケ原の戦いで大勝利した。ライバルで秀吉の子の秀頼《ひでより》の後見人だった前田利家《まえだとしいえ》の死後におきた権力の空白を見逃さなかったのと、石田三成《いしだみつなり》が考案した安芸《あき》の毛利氏と会津の上杉氏の二・三位連合の脆弱《ぜいじゃく》さを突いたのである。

ただし、東日本での覇権は確立したが、天下が徳川に移ったという客観情勢でもなかった。伏見《ふしみ》城に居城し、１６０３年には征夷大将軍となったが、当時の人の受け取りとしては、徳川将軍と豊臣関白は両立するとすら考えられていた。

しかし、漢方薬にくわしく健康オタクだった家康は思いのほか長生きし、そのために豊臣恩顧の勇猛な大名たちのほとんどが死んでも、生きていた。

また、秀頼との二条城会見では、秀頼が誇り高くカリスマ性があり徳川の天下を許すような人物には見えないことを発見する一方、京都市民の支持が豊臣家にあることも痛感させられた。家康は狡猾《こうかつ》に豊臣秀頼を挑発し、大坂冬の陣・夏の陣（1614年、15年）でこれを滅亡に追い込んだ。家康が死んだのはその翌年だから、この強引さはよい判断だった。豊臣恩顧の福島正則《ふくしままさのり》が、大坂の陣を「三年早く、三年遅い」（三年遅ければ家康が死んでおり、三年早ければ豊臣恩顧の大名が残っていた）と地団駄を踏んだのは正しい指摘だった。

ただ、「方広寺鐘銘《ほうこうじしょうめい》事件」と大坂城内堀埋め立てという卑劣な手段を使ったことは、幕末になって薩長という関ケ原の宿敵を立たせ、敗報が相次ぐ大坂城で将軍家茂《いえもち》が病没し、慶喜《よしのぶ》がここで雌雄を決することを嫌い江戸に逃げ帰る伏線になったともいえるから皮肉だ。

▼文禄・慶長の役は日本の勝利だった　日中韓

日本で豊臣秀吉が天下を統一したころの明を中心とする貿易体制は複雑だった。明では中国人の海外渡航と一般の商業貿易を禁止する「海禁政策」がとられ、海外諸国には朝貢貿易のみが許され勘合符を出してその数を制限していた。だが時代が下ると、貿易も海外移民も止められなくなっていた。

明は、勘合貿易は琉球《りゅうきゅう》や朝鮮には頻繁に認めていた。日本とは、大内氏と博多商人を相手に、幕府と実質的には関係のない怪しげな形でおこなわれていたが、大内氏の滅亡後は明から断った。そして、秀吉が貿易を希望したときも、倭寇にひどい目に遭わされてきたからと拒絶した。

ポルトガルは1517年からいったん貿易を認められたのだが、紛争があってすぐに取り消された。その後、1557年に倭寇討伐に協力したとしてマカオでの居留と貿易を認められるようになったとポルトガルはしているが、真偽は不明だ。いずれにせよ、マカオがポルトガルの植民地になったのは1887年になってからだ。

日本は戦国の混乱で統一政府がないような状態だったので、とりあえずは各大名がそれぞれにヨーロッパ諸国や朝鮮などと貿易をしていたし、倭寇も跋扈《ばっこ》していた。

しかし、秀吉は九州を平定すると、倭寇を禁止し、貿易も朱印船《しゅいんせん》という形で管理した。秀吉は、キリシタン大名・大村純忠《おおむらすみただ》によってイエズス会に寄進されていた長崎の土地を回収し、奴婢の輸出も禁じ、さらには、イエズス会宣教師の不用意な言動もあって形式的だが禁教令も出した。

周辺諸国には朝貢に来るようにすすめたが、これは、明でも北方民族でも勢力が強くなるとやっていたことだ。

そのころ明との貿易は南蛮船などが担っていたが、直接貿易を断られ、その結果、明を征服するという計画を実行に移し、朝鮮や琉球にも協力を求めた。貿易を希望して断られて戦争になるとか、そのときに周辺諸国に協力を要請するのは、当時としてはありふれたことであるし、朝鮮は高麗時代に元と一緒に攻めてきたのだから、今度は協力しろというのは正当な要求でもあった。

文禄の役（1592年）では、武臣をないがしろにして弱体化していた朝鮮軍を蹴散らして、平壌《へいじょう》や満州のオランカイまで進んだ。だが、兵站《へいたん》がついていけず、食糧を現地調達したことから、最初は好意的に迎えていた民衆にも評判が悪くなり、それが残虐行為にもつながった。

ただし、漢城《かんじょう》では景福宮《けいふく》が焼けたが、火をつけたのは圧政に苦しんでいた民衆であって日本軍ではない。また、明軍も日本軍とは比べものにならないひどい略奪をしている。

いずれにしても、明軍が救援に現れ、漢城の北西方向にある碧蹄館《へきていかん》の戦いでは日本軍が大勝利をおさめたものの、和平気分が高まった。小西行長《こにしゆきなが》らは明の使節と口裏を合わせて、それぞれ本国には偽りの報告をして、朝鮮南部沿岸地帯の占領、勘合貿易の復活などで実利を確保しようとした。小西行長が非難されることがあるが、明側も同じようなもので、朝鮮は蚊帳《かや》の外だった。

しかし、明側が勘合貿易の復活も拒否し、領土割譲も約束しなかったので、再出兵となった（慶長の役、1597年）。今度は日本側もむやみに深追いをせず、漢城を落とせる形勢になっても、沿岸地帯での基盤固めに専念した。

そして、1599年に総攻撃で決着をつけることになっていたが、1598年に秀吉が死んでいったん撤兵することになった。そして、秀吉の死と撤兵が伝えられると、明軍や朝鮮軍も元気になって攻撃してきたので、日本軍は帰国までに蔚山《うるさん》での籠城戦などで苦労した。

朝鮮側の水軍の司令官だった李舜臣《りしゅんしん》はいまは民族的英雄になっていて、ソウルの景福宮前のメインストリートに巨大な銅像があるが、それほどの活躍をしたわけではない。文禄の役の当初、輸送船を攻撃して成果をおさめたが、輸送船が軍備を整えると動けなくなり、終始、対馬海峡の制海権は日本側にあった。

慶長の役でも全羅道《ぜんらどう》方面も含めて日本水軍が優位にあり、日本軍の撤退が決まってからの攻撃でもとくに成果を上げることなく、小西行長の水軍との戦闘に敗れて戦死している。日本軍の撤退をもって、勝利をおさめて追撃中だったといっているだけである。

また、のちに東郷《とうごう》（平八郎《へいはちろう》）元帥《げんすい》が李舜臣を世界三大名将と褒めたという伝説は、東郷元帥に出会った朝鮮の人が一方的に主張しているだけで、それを聞いた人はほかにだれもいない。覆いがついた亀甲船《きっこうぶね》を考案して日本軍が乗り移るのを阻止したともいわれるが、それは以前からあるものであり、その名将ぶりは都市伝説に近い。

しかし、日本側の文禄・慶長の役の顚末《てんまつ》は褒められたものではない。その失敗の本質は、秀吉が陸軍軍人の感覚だったことだ。イギリスがヨーロッパで成功したように、水軍を強化して制海権を握り、陸上では沿海部の要衝《ようしょう》だけを確保すればよいものを、領地を面で支配しようとしたので合理性を欠いたのである。

イギリスはいまも、イベリア半島のジブラルタルやフランス沿岸のチャネル（海峡）諸島を手放さない。以前は、マルタやキプロスやスエズ運河も押さえていた。また、スペインがアメリカ大陸とヨーロッパのあいだの輸送を独占していたので、英仏は海賊を政府が後押しして独占を崩した。「パイレーツ・オブ・カリビアン」の世界だ。

しかも、エリザベス一世は海賊を正規軍に取り込み、スペインの無敵艦隊を破った。秀吉が海賊を征伐して正規の水軍だけで勝とうとしたのは馬鹿げたやり方だった。

しかし、それでも秀吉が死ななければ、たとえば半島南部での領土割譲、漢城に日本の代官を置くこと、場合によっては、朝鮮経由ででも貿易をすることくらいの条件は明に受け入れさせることは可能だった。琉球に対して受け入れさせ、明も追認した条件である。

それは、このあとで説明する明とモンゴル族のアルタン・ハンとのあいだで結ばれた協定に似たイメージでもある。アルタン・ハンは明から冊封された形になったが、一方でモンゴルのハンの権威のもとにもあるままだった。秀吉は日本国王に冊封するという明の国書が無礼だと慶長の役に突入したのでなく、領土割譲や貿易開始についての約束が不確かなのに怒ったのだが、冊封を受けても明の従属国になることを意味するものでもなく、とりあえずのステップとしては悪くないという判断だったようでもある。

この戦争において、明や李氏朝鮮が勝利したわけでないのは、手薄になった満州方面でヌルハチに率いられた女真族が勢力を拡大し、まず、朝鮮に屈辱的な儀式でもって服従させ、ついで明の混乱に乗じて中国全土を獲得することになったのを見れば明らかだろう。

この戦争の副産物かといわれるのが、アメリカ原産の唐辛子が日本から伝わり、最初は倭芥子《ウェケジャ》といわれていたが、半島の人々の趣向に合い、18世紀にはコチュジャン、19世紀に現在のようなキムチが誕生したことだ。

日本には磁器の製法が伝わった。忠清道《ちゅうせいどう》を進軍していた鍋島《なべしま》軍の道案内をした李参平《りさんぺい》という陶工が、日本軍撤退のときに朝鮮側に処罰されることを怖れて日本に同行することを望んだのである。彼は佐賀領内で磁器の原料となる陶石を発見し、有田《ありた》・伊万里《いまり》焼の祖となった。

藤堂《とうどう》軍の捕虜となった姜沆《きょうこう》という官僚は、藤原惺窩《せいか》に本格的な朱子学を教え、その弟子の林羅山が幕府の儒者となったので、江戸幕府の国教的な地位を占めることになった。惺窩は、姜沆に明と朝鮮が日本を侵略することをすすめるという信じがたい売国奴的示唆《しさ》をした。儒学は中華思想の肯定を含むので、その浸透はキリスト教以上に危険なものがあったのだ。

▼朝鮮通信使は朝貢使であって対等の外交ではない――日韓

豊臣秀吉が1598年に死んだとき、五大老はいったん半島から撤兵することを決めた。そのニュースが流れてしまうと、勇気百倍の敵が攻勢に出るのは普通のことで、いろいろ苦労したが、島津軍などの奮闘でなんとか撤退に成功した。日本軍が苦戦したというのはこのときのことで、もともと劣勢にあったわけでない。

そのあとに再派兵の選択もあり、関ケ原の戦いの直接の引き金も、徳川家康から朝鮮への第三次出兵の相談に上洛を求められた上杉景勝《うえすぎかげかつ》がそれを拒否したことだった。家康は、ソフト路線で明との貿易を朝鮮に仲介してもらうことを狙ったが、再派兵をにおわせ硬軟織り交ぜてのことでハト派というわけでもなかった。

そして、朝鮮通信使の受け入れということになった。日本側にとっては朝貢使節であるが、朝鮮側はそうでないと強弁できる余地を残した。明との関係で朝鮮側はそうせざるをえなかったのである。たとえば、将軍に朝鮮王の書状を差し出すときに、使節は四方礼をするが、朝鮮側は将軍にでなく王の書状にしているのだという位置づけにして自己満足していた。幕府も手を替え品を替え、朝貢使節らしくさせようと、東照宮や秀吉の造った大仏のある方広寺に参拝させようとした。

しかし、朝鮮から大規模な朝貢使節がやってくるということは、幕府の権威を高めるので、おおいに宣伝し、大接待をして歓迎していたのである。

両国のあいだの潤滑油となったのが対馬藩だ。朝鮮出兵の際に王陵《おうりょう》を荒らした戦犯として無関係の罪人の喉を水銀で潰して差し出したり、朝鮮側が先に幕府が国書を送れといったので国書の偽造をおこなったりして、1609年に己酉約条《きゆうやくじょう》（通商協定）を締結した。

対馬藩の家老で交渉にも関与していた柳川調興《やながわしげおき》が主家と対立し、国書改竄《かいざん》を幕府に訴え出たのだが、江戸幕府は主君を家来が訴え出たときは、家臣を罰して封建秩序を維持するのが通例で、柳川調興のほうが流罪とされた。ただし、京都五山の僧で漢文に通じた者（五山碩学《せきがく》）を対馬に輪番制で派遣して、文書作成や使節の応接、貿易の監視などを担当させ再発を防いだ。

その後、新井《あらい》白石《はくせき》とか松平定信《まつだいらさだのぶ》などのまじめ人間が政権にあると、朝鮮通信使は理屈に合わないと騒動が起きた。新井白石は接待を簡素化し、将軍の肩書を「大君」から「国王」に変更したが、これは、天皇と将軍の微妙な関係にふれるものだし、通信使を迎えることがイベントとして将軍の権威を高めるという実用性を無視したものだったので一代限りでもとに戻った。関東武士の新井白石は、西日本の人間と違って皇室のことにはうといところがあった。

松平定信は通信使の来日とその歓迎行事が財政的にも負担（日本側は通信使一行の接待に莫大な金をかけた）であるうえ、儒学者らが通信使に漢文の教えを請うて朝鮮側を増長させるし、幕府の権威がゆらいでいることを朝鮮側に知られたくないなどといって、対馬で交流行事をすませることにした。これを「易地《えきち》聘礼《へいれい》」といい、将軍家斉《いえなり》の就任祝いの通信使が対馬で迎えられたが、通信使はそれをもって最後となった。

結局、12回の通信使がやってきて、華やかな行列が対馬から兵庫あたりまで船で、そのあとは陸路で江戸へ向かった。東海道が原則だが、近江から尾張までは彦根、大垣、名古屋という大きな城下町で宿泊したので街道から迂回した。日本を広く見せたいので遠回りさせたというのは都市伝説だ。

鎖国の時代なので、オリンピック並の熱狂で迎えられたのは当然だ。また、朝鮮の官僚は科挙を受験しているので、漢文や書道については日本の武士より数段上の能力を持っていたため、自分の漢詩を見てほしい、古典の解釈を聞きたい、書をもらいたいといった人が押しかけた。一方、使節団の行儀の悪さも人々を驚かせた。

いずれにしても、朝鮮側として対等だったといいたいのはわかるが、日本側にとってはあくまでも朝貢であった。あちらの外交的思惑にのって朝鮮通信使を善隣友好のシンボルとして扱うことは国益に反するもので、日本人としては、日本の外交的主張としては、対等でないという認識だったということからはずれるべきでない。相手に媚びて歴史を歪めては、国益は護れない。

▼清国とは満漢蒙連合帝国だった　中韓

モンゴルでは、チンギスの墳墓《ふんぼ》は秘密にされたが、代わりに霊廟《れいびょう》が設けられた。もともとはチンギスの宿営地（オルド）だったところにあり、これを護るチンギスの子孫でもある部族の移動とともに移り、このころは内モンゴルの黄河の湾曲《わんきょく》部にあったので、この地方はオルドスと呼ばれるようになった。

この部族の王で、外祖母がオイラート部の首長エセンの娘だったダヤンはモンゴルを再統一し、久々の安定政権となった（１４８７年）。その後もモンゴル諸部族は分裂しつつも、ダヤンの子孫としての求心力を保った。

孫のアルタンは、北京を包囲したり、山西省で数万人を虐殺したり、数十万人の漢人を拉致してフフホト（内モンゴル自治区省都）などの都市を建設させ農業開発に従事させたので、明は順義王《じゅんぎ》に封じ多くの特権を与えた（１５７１年）。これを根拠に、現代中国ではモンゴルを支配下に置いたような解釈をしているが、それは中国側の天動説的解釈だ。明がアルタンに屈したのが実情だったし、中国から一度でも冊封されたら中国の領土にされるのではたまったものでない。

また、アルタンは大興安嶺《だいこうあんれい》東側に移動したチャハル部のダライスン・ハンの優越性は否定していなかったので、その意味でも内モンゴルが明の一部になったということにはなりえない。両属関係は珍しいことではないのである。また、アルタンはチベットのゲルク派と互いに権威を認め合い、これがダライ・ラマの称号のはじまりとなった。

整理すると、アルタンはモンゴル皇帝ダライスン大ハンの下のハンであり、明の隆慶帝の下の順義王であり、チベットのダライ・ラマとは皇帝と教皇のような対等な関係だった。

そして、明から莫大な通商利益と年金を得た。乗っ取りを謀った企業の社長が経営権奪取は諦めたが、社外取締役として高額の給与と取引を獲得したようなもので、明への帰順とはいえまい。くり返しになるが、中華帝国への朝貢とか冊封とかいっても、新羅・高麗・朝鮮のように非常に従属度の高いものはむしろ例外なのである。

ただ、このアルタンの後継者は弱体で、モンゴルやその周辺では多くのハンが乱立することになった。しかし、16世紀の終わりになると、その東の満州で女真族のヌルハチが台頭したことはすでに書いたとおりだ。そして、1616年には後金《こうきん》を建国した。ヌルハチは女真が蔑称だとして、文殊菩薩《もんじゅぼさつ》に由来する満州（マンジュ）を称した。

これに押されて、チャハル部のリンダンは西へ移動をはじめ、現代のモンゴル人の主流派であるハルハ部の協力をとりつけ、アルタンの後裔が支配していたフフホトまで勢力下に置くことに成功したが、チベット遠征の途中に死去した。

そこで、リンダンの妻子はヌルハチの後継者であるホンタイジに投降し、このときに、中国皇帝伝来の玉璽《ぎょくじ》を献上した。ホンタイジは国号を後金から大清と改め皇帝に即位し、ここに満州人、漢人、モンゴル人（満蒙漢）が連合した清国が建国された（1636年）。

こうして、明皇帝、モンゴル大ハン、ダライ・ラマのややこしい関係はすべて大清皇帝のもとに集約されたのである。

一方、朝鮮では、朝鮮王室内の政争で敗れた勢力が後金に亡命して、朝鮮攻撃を要請した丁卯胡乱《ていぼうこらん》（1627年）があった。国境の守備に当たっていた李舜臣の甥は、女性と一緒に過ごしていて城が陥落したのも知らなかったというお粗末ぶりで、王室は江華島《カンファド》に逃げ込んだ。

このときは、「後金と朝鮮は兄弟の盟約を結ぶ」「両国軍は鴨緑江《アムノッカン》を越えない」「朝鮮が明と関係を維持することは認める」ですんだが、満漢蒙連合帝国の皇帝になったホンタイジは再び朝鮮に侵攻した。

そして、1637年に漢城（ソウル）郊外の三田渡《サムジョンド》で、国王に三跪九叩頭《さんききゅうこうとう》の屈辱的な服属儀式をさせた。「清に臣下の礼をとる」「明との関係を断絶する」「太子とその弟、大臣の子女を人質として差し出す」「明を征伐するために援軍を送る」「明に対して送っていたのと同様の使節を定期的に送る」ことを約束させられ、莫大な賠償金も払わされた。

清はこの場所に、満漢蒙の三カ国語で頌徳碑《しょうとくひ》を建てさせた。朝鮮語がないのは、書き言葉としての朝鮮語が成立していなかったためだが、現代の韓国人はどの言語も読めないのでこの屈辱を知らないですんでいる。

このころ、明では李自成《りじせい》に率いられた反乱農民が北京を陥落させ、17代崇禎帝《すうていてい》を自害に追い込んだ（李自成の乱）。万里の長城が渤海湾《ぼっかいわん》に没するところにある山海関《さんかいかん》で清朝の南下を阻止する任についていた武将の呉三桂《ごさんけい》は、城門を開き、ホンタイジの後継者である順治帝《じゅんちてい》を迎え入れ、清軍を先導して李自成を討った。こうして1644年、清が中国の支配者となった。

残党は明朝復興をはかって抵抗をつづけ、「国姓爺《こくせんや》」といわれた鄭成功《ていせいこう》は日本にも救援を求めたので、幕府は紀州の徳川頼宣《よりのぶ》が総大将になって派兵することになりかけたが、井伊直孝《いいなおたか》の反対で見殺しにした。朝鮮での敗戦で海外は懲り懲りだったといいたい人もいるが、捲土重来《けんどちょうらい》を期したいという武士も多かったし、このころ、山田長政《やまだながまさ》のようにシャムに移住して活躍するなど、日本人は十分に元気だったのである。

清朝は融和的な政策をおこなったが、弁髪《べんぱつ》の強制だけは「髪を残すか、首を残すか」と迫って強制した。

次の康熙帝《こうきてい》は、雲南の平西王になっていた呉三桂らによる「三藩《さんぱん》の乱」をおさめ、61年間も清を統治した。つづく3代雍正帝《ようせいてい》が13年、4代乾隆帝《けんりゅうてい》は60年のあいだ統治し、さらに譲位して院政を敷いた。

この三人はそれぞれ個性は違うが、偉大な君主としてよく大帝国を治め、漢民族出身のいずれの帝王より中国人が持つ理想の帝王像に近い存在である。

康熙帝は痰《たん》に血が混じっても読書をやめず、俊敏、剛毅《ごうき》で洞察《どうさつ》力に富み、抜群の記憶力だった。明が建設した豪華な紫禁城を修理するときも安い材料ですませた。臨時の科挙を挙行して知識人たちの不満を受験への努力に向けさせもした。『康熙字典』を編纂《へんさん》したが、われわれが使っている漢字（旧漢字）の字体はこれに準拠している。一方、修道士カスティリオーネ（郎世寧）などから西洋の知識もよく吸収した。

康熙帝の黄河の治水や大運河の改修は、経済の発展をもたらし、海禁政策の見直しは銀不足を解消した。把握がむずかしい増加人口に対する人頭税を廃止し、実態にあった戸籍ができ、登録人口は2億人に達した。

▼街のレストランに神出鬼没した乾隆帝 ― 中

天皇陛下が自分の好みの本や芸術作品などを語られることは少ないのだが、平成の陛下が印象に残った本として、『雍正帝』（宮崎市定《みやざきいちさだ》著）を挙げられたことがある。陛下のストイックな姿勢のお手本だったようだ。

一日に4時間しか寝ず、「奏摺《そうしゅう》」という地方官からの上申書にひたすら目を通し処断したあたりは、無敵艦隊で知られるスペインのフェリペ二世に似ているが、なかなかユニークなアイディアを実行に移した皇帝でもあった。

「太子《たいし》密建《みっけん》法」は、皇帝が意中の後継者の名を書いた文書を乾清宮《けんせいきゅう》にある扁額《へんがく》の後ろに置き、崩御ののちになって開封するもので、跡目争いを防ぐだけでなく、最後まで自分にもチャンスがあると皇子たちが期待をかけることで忠誠を確保するものだった。このシステムのおかげで清国の皇帝の質はよく、バカ殿揃いの徳川将軍とは大違いだった。

「養廉銀《ようれんぎん》」は官吏の給料を大幅に上げるものだ。中国では官吏が薄給で、経費すら十分にまかなえないので、人民から手数料を吸い上げ自力救済するのが慣習化していた。これを経費をまかなうほど大幅に引き上げ、腐敗防止をはかったのである。官でも民でも、低すぎる給与や不十分な経費支給は腐敗をもたらす最大の原因である。

「軍機処《ぐんきしょ》」というのは、大統領府のようなもので、皇帝独裁を円滑に動かすのに欠かせない官僚機構となった。税制では地丁銀《ちていぎん》という税を創設して、土地税に人頭税などを吸収させて取りこぼしをなくした。

清朝は漢族の不満を抑えるため心を砕いたが、雍正帝が反満的な批判に応えた『大義覚迷録《たいぎかくめいろく》』ではこんなことをいっている。

「漢人でない夷狄《いてき》は禽獣《きんじゅう》であるかのように罵《ののし》っているが、人と禽獣との違いは心に仁義があるかだ。モンゴル人たちには、君主を尊び目上を敬《うやま》い、殺人もまれで詐欺や盗みはなく、穏やかでなごやかな風俗がある。これをどうして禽獣というのか」

「満州族はたしかに『夷』であるが、孟子《もうし》は聖王である舜も『東夷の人』であり、周の文王も『西夷の人』だといっているではないか」

「徳のある者のみが天に従うことができるのであって、天が味方する際に、出身地によって区別することはない」

「清朝は東から興《おこ》り、優れた君主が相次ぎ、天下を安んじさせ徳を広めて民政にも尽くしてきて100年にもなる」

「われわれは明から天下を奪ったのでない」

「これまでの王朝はいずれも謀反《むほん》人だったが、清朝は流賊《りゅうぞく》（李自成）に国を滅ぼされて人民が苦しみにあえいでいるので天命で救ったのだ」

まさに堂々たる論理だった。ただ、キリスト教を禁止したり、後ろ向きの保守的姿勢も指摘しなくてはなるまい。

一方、中国4000年の宮廷文化が咲かせた最後の華が乾隆帝の時代（在位1735〜95年）である。ベルサイユ宮殿でバロックやロココ文化が栄えた時期と一致する。乾隆帝は数えで85歳まで在位し、院政まで敷いたので、死んだのはナポレオンが政権についた年だった。清代に大流行した『紅楼夢』は乾隆帝の時代を舞台にした長編小説だ。

乾隆帝はグルメとしても有名で、街のレストランに姿を現した。北京の「都一処《といっしょ》」という焼売《シューマイ》で有名な店の看板は、大晦日にお忍びで食事をした皇帝が扁額を与えたものだとか、蘇州の「松鼠桂魚」（高級淡水魚である桂魚の甘酢かけ）で知られる「松鶴楼《しょうかくろう》」も皇帝がしばしば訪れた店だという。

乾隆帝は10回の大遠征をおこない全勝したので「十全老人」と自称した。モンゴル西部から現ロシア領にかけての新疆《しんきょう》ウイグル、チベット、台湾などが領土として確立したのはこの時代だ。『四庫全書《しこぜんしょ》』は中華文明の生み出したすべての書物を整理し、紫禁城、北京郊外の離宮「円明《えんめい》園」、承徳《しょうとく》の離宮（避暑山荘）、奉天《ほうてん》（瀋陽《しんよう》）の4カ所に設けられた書庫にそれぞれ3万68

63冊の書物をおさめたもので、これに加えて江南の3カ所にも複写が置かれた。

この作業の過程で、史書で正史とすべきものは何かが確定され、テキストも考証され確定された。清朝に都合の悪い書物があぶり出され排除されたのも事実だ。

周辺民族の土地は「理藩院《りはん》」という中央官庁を設けて統治したが、現代中国における自治区に引き継がれている。


前述のとおり、「地大物博《じだいぶつはく》」というのは、土地が広く物は何でもあるので、貿易などしなくても中国はかまわないのだということを、乾隆帝がイギリス国王の使節であるマカートニーに豪語したときに使った言葉だ。

新大陸から新しい作物がもたらされ、米も東南アジアからインディカが入り、二期作、二毛作など一年に何度も収穫することが一般的になり、人口は一億数千万人から3億人に倍増した。江戸時代の日本が衰退期だったのと大きな違いだった。

しかし、人口急増で農地が不足したが、満州など少数民族地域に漢族を入れることは政治的にむずかしい問題があり、新大陸への移民の送り出しには乗り遅れた。

同時に、少数の満州族が統治する清朝では、中枢的な行政組織は皇帝独裁で強固で能率的に動いていたが、末端では紳士層を取り込むことで間接支配にとどまらざるをえず、彼らの貪欲《どんよく》さが農民の不満を高めた。清は漢民族の伝統的支配層の既得権については、無理をせず、よくも悪くも尊重したのである。

晩年は、和珅《わしん》という奸臣《かんしん》を軍機大臣にした。乾隆帝の没後、息子の嘉慶帝《かけいてい》によって解任され自殺したとき、没収された財産は国家歳入の十数年分に達していた。日本の賄賂《わいろ》政治家も困ったものだが、それが国家財政を傾けるほどのことはなかったが、中国ではしばしばそれが問題になる。

▼何も変わらないことを理想とした江戸幕府 ―― 日

大坂夏の陣で豊臣家を滅ぼした徳川家康とそれを継承した秀忠は、発展より安定を重視した国家体制を構築していった。天然の要害である関東に幕府を置き、商工業より農業を重視し、対外進出には慎重だった。全国の4分の1は幕府や旗本の領地とされ、残りは大小さまざまの300足らずの大名の世襲独立王国とされた。そのうち、外様や一族の大きな大名は遠隔地に置いて権力から遠ざけ、国政は譜代《ふだい》の小大名や旗本の手にゆだねた。

16世紀の前半まで多くの有力大名を改易《かいえき》（身分・領地の没収、お家断絶）にしたのは、漢における削藩政策を思い起こさせるが、「由比正雪《ゆいしょうせつ》の乱」を機に、かえって浪人を増やして社会不安を増大させるとして、以降は止めた。とりあえずの安定は手に入れたが、のちに西南雄藩の台頭を招くことになる。

また学術や芸術にいたるまで硬直的な世襲による身分制をとったので、コストをかけることなく職業的知識は継承されたが、人材の質の低下を招き、革新性の発揮をおおいに妨《さまた》げた。将軍が正室の子であることが3代目から14代目までいちどもなく、下級武士や庶民の教育を受けていない娘が主だったことも、優れた指導者としての訓練を妨げた。

諸侯もそれに近い傾向で、教育レベルは低く、賢君といわれる大名はわずかであった。そのなかで、米沢藩の上杉鷹山はだれしもが認める最高の名君であったが、領地を増やすことができたわけではなく、中央政府の要職に抜擢《ばってき》されたわけでもないので、自藩を窮状から脱出させるにとどまった。鷹山は生前も、没後も、明治維新後も、現代においても高く評価される珍しい政治家だが、ケネディ大統領が尊敬していたというエピソードはまったくの都市伝説で真実ではない。

行政の実務は勘定方、兵法家、儒者、医師など、これも主として世襲の専門家集団にゆだねられたが、彼らのなかで優秀な人材がいたとしても、高い地位に昇ることはまれだった。

財源は、貿易をやめたこともあって、米に課せられる年貢が主たるものになった。しかし、各大名が米の生産を奨励しすぎて米価が低迷するとともに、飢饉にも弱くなった。さらに、作柄で査定する検見《けみ》法から定額制の定免《じょうめん》法に移行したために、徴税コストの低下や税収の安定は実現したが、租税負担率の継続的な低下を招いた。新田開発などは、安土桃山時代における技術進歩を活用して進んだが、海外からの新技術や新作物の導入が減るなど停滞していった。

これに対応するには、行政改革と倹約、重商主義的政策による特産品生産の奨励と財源化、教育の普及と高度化、身分にとらわれない人材登用しかなかったが、それに成功したのが薩長土肥など西南雄藩であった。

幕府は中央政府としても、全国の4分の1を領する地方政府としても、倹約など保守的で後ろ向きの政策しかおこなわず、地位を低下させていった。18世紀後半の老中・田沼意次《たぬまおきつぐ》は優れた経済感覚の持ち主だったが、守旧派の反発、腐敗批判と、最後は気候変動による天災で失脚した。


江戸は政治の中心であり、大名は妻子をここに住まわせることを強制されたので、家督《かとく》継承まで領地を訪問することは原則としてなく、その後も、参勤交代を強いられた。京都の朝廷に対しては抑圧方針であったが、やがて互いに干渉しないことになって、200年以上にわたって将軍の上洛はなく、朝廷の権威は徐々に回復していった。また、京都は西陣織など伝統工業都市として栄えた。

幕府は大坂商人に経済統制をゆだね、ある種の大坂一極集中政策をとった。しかし、西南雄藩は徐々に統制から離脱し、1780年以降は大坂経済の地盤沈下がはじまり、人口も減少に転じた。

文化には、支配者である武士の関心は低く、また、政治の中心が文化の中心地だった京都から離れていたために、高尚な文化は発展しなかった。しかし、江戸や大坂を中心に大衆文化が発展し、とくに浮世絵はヨーロッパの芸術家にも影響を与え、ジャポニスムが流行した。

宗教は檀家《だんか》制度の導入により、各宗派の布教が制約を強く受け、葬式仏教として形骸《けいがい》化した。一方で国学《こくがく》の流行などにより、神道が静かに勢力を広げていった。

日▼北朝鮮と江戸時代の共通点

明治時代には、江戸時代は暗黒時代で、それを倒した維新は偉大だとされた。しかし、維新から時間がたつと、江戸時代もよかったという人も多くなってきた。いまでは、維新は間違いだったといわんばかりの人もいる。

これは世界史の特異な理解にもつながってきている。フランス革命が民主主義へ世界を導いた転換点というのが世界の常識だが、日本ではそれを否定したがる人が異常に多い。もちろん、同時代のイギリス人エドマンド・バークのフランス革命批判のように、いいことばかりでないというのは一理ある。が、ロシア革命などと一緒くたにしてネガティブに見るなど、世界でも特異な歴史観が日本人に広がっているのは奇妙なことであるし、日本が世界で異質な国になることを危惧《きぐ》する。

私は、江戸時代はやはり暗黒時代だと理解している。それを「江戸時代の不都合な真実ベスト10」と「江戸時代はよかったと信じたい理由ベスト10」にまとめてみた。

【江戸時代の不都合な真実ベスト10】

①鎖国のため軍事力が低下し、植民地にされかかった

日本が独立を守れたのは鎖国のおかげだという人がいる。だが、17世紀のポルトガルは軍事拠点を世界で確保したが、その地域全体を植民地にはしていない。スペインも金属製の武器がなかった中南米と国家未成立だったフィリピンを植民地にしたが、日本を植民地にする力はなかった。一方、鎖国で武器が火縄銃のままとなるなど、黒船がやってきたときに植民地化されそうになった。

②科学技術も300年遅れたままだった

日本人の海外渡航は全面的に禁止され、西洋のことを書いた書籍の輸入もほぼ禁止されたので、科学技術はもちろん国際法などの知識も2世紀以上遅れることになった。

③農民は引っ越しも旅行も禁止の半奴隷状態で、交通インフラも劣悪だった

町人は比較的自由だったが、農民は引っ越しも旅行も原則として禁止という農奴《のうど》状態だった。交通インフラや通信も劣悪で、主要街道でも一般人は馬は使えず、関所も復活し、江戸時代を通じて時間短縮もなかった。大型船の建造を禁止したので、岸から離れて航行するのは不可能で、瀬戸内海などをのぞいて客船もなかった。

④女性差別と部落差別は江戸幕府が創り出した

戦国時代の日本女性は自由で男女差別も少ないと宣教師たちは報告しているが、李氏朝鮮から朱子学が輸入されて採用されたので、女性差別は厳しくなった。以前から差別されている人たちもいたが、深刻な部落差別は江戸幕府が創り出した。

⑤武士道は明治時代に新渡戸《にとべ》稲造《いなぞう》が捏造《ねつぞう》した

江戸時代の武士は、戦国時代のご先祖の遺族年金として禄《ろく》を食《は》んでいるだけの年金生活者に近く、軍人としても官僚としての実務能力もなかった。武士道は明治になってから、新渡戸稲造が西洋の騎士道に似たものがあったとして、つまみぐいでなかば捏造したものである。

⑥教育レベルは低く識字率が高いというのも嘘

科挙があった中国や朝鮮と違って江戸時代の武士に教育は不要で、寛政から天保にかけてようやく藩校ができたが漢学を教えるだけで、武士は九九もできなかった。庶民が学べる中高等教育機関もなかった。識字率が高いというのは、中国や朝鮮で数千字の漢字ができる率より、日本で仮名ができる率が高いというだけである。

⑦下級武士から上級武士になるのすら不可能に近かった

親と子が同じ職業につくのが原則で、上級武士（馬に乗れて殿様に会える）とそれ以外が峻別《しゅんべつ》される。福沢諭吉《ふくざわゆきち》は中津《なかつ》藩で下級武士や庶民から上士《じょうし》になれたのは、江戸時代を通じて数例しかなかったとしている。

⑧北朝鮮なみに禿《は》げ山だらけで環境先進国は嘘

ものを大事にしたりリサイクルが発達したのは事実だが、ものがなかったからで、いまの北朝鮮と同じ事情である。薪《まき》や炭を主たる燃料にしたので、ほとんどの山が禿げ山だった。

⑨北朝鮮と同じように餓死者が続出

米に偏《かたよ》った年貢制度や鎖国による新しい作物の導入がなかったために、米のモノカルチャー。食料の流通も諸侯に任せていたので、天明の飢饉など飢饉が頻発し、江戸時代後期は人口が停滞し、東日本では減少した。清の人口が大きく伸びたのと対照的だった。

⑩裁判や警察制度の前近代性

刑法も整備されず、司法制度も恣意《しい》的だった。火あぶり、磔《はりつけ》、牛裂き、釜煎《かまい》り、獄門《ごくもん》、石子詰《いしこづめ》などサドマゾ刑罰に拷問《ごうもん》もやり放題だった。切腹は自殺を許すという考え方で、武士のメンツを守る温情でもあったが、無罪の主張をさせずに曖昧《あいまい》に事を処理するものでもあった。切り捨て御免も公式に認められていたもので、伝説ではない。

それでは、どうして誤った江戸時代賛美論が存在するかというと、次のようなことのようだ。

【江戸時代はよかったと信じたい理由ベスト10】

①関ケ原以前からの美点を江戸時代の功績と誤解

日本の民度が高いと『魏志倭人伝』にすでに出ている。仮名をほとんどの人が読み書きするとザビエルの報告にあり、江戸時代の功績ではない。安土桃山時代の日本は世界の先進国だったが、江戸時代後半になると世界から落伍《らくご》した三流国になっていた。

②幕末の日本と17世紀のヨーロッパを比べがち

江戸時代の日本として語られるのは、天保期から幕末（19世紀）の日本で、それと関ケ原のころ（17世紀）のヨーロッパを比べて、日本は劣ってないという議論が多い。

③明治体制を否定するために江戸時代を褒める

戦後史観では明治日本を誹謗《ひぼう》したいから、その成果を矮小化《わいしょう》するために江戸時代の日本も悪くなかったといいたい。

④武士道とか陽明学とか明治になってできた疑似《ぎじ》江戸思想の影響

江戸時代には、現代人が理解しているような形では普及しておらず、明治になって寄せ集めて創り上げられたものだが、そういうものが江戸時代からあったような錯覚がある。

⑤韓国政府の捏造史観への迎合による歴史歪曲《わいきょく》

明治政府が国際法に基づく対等の関係にしようと提案したのに対し、朝鮮側が清国皇帝の優越性を日本も認めろといったことから日朝関係は混乱したのに、朝鮮通信使は対等外交だったといって問題の所在を誤魔化したがる。

⑥リストラされた武士階級の没落名家伝説

明治になって多くの武士階級は没落したが、彼らは江戸時代はよかったといいたい。ただし、かつてなんとか藩士だったとか家老だったとかいう家柄自慢話は、きわめて高い割合で嘘で、足軽だったとか遠戚のことだったりする。

⑦薩長土肥は少数派だ

積極的に倒幕派だった薩長土肥などは少数派で、佐幕《さばく》や日和見《ひよりみ》で没落したほうが多数派だから声が大きい。

⑧江戸の町を当時の全国標準と誤解

移動の自由がなかったので、江戸は現在の平壌と同じように別世界だったのに、ドラマなどで出てくるのは江戸の町ばかりだ。また、東京が首都になった結果、首都に住む人たちは、江戸びいきになりやすい。

⑨偽藩校の高校などが多い

東京での栄達ができなかった武士の多くは、地元で教師などになって藩政時代への憬れを語った。また公立高校などで、本当は関係ないのに藩校の後裔だと称するところが多い。藩校が近代の学校にそのまま移行したものは皆無《かいむ》である。

⑩エコ社会論などに代表される偽ユートピア

孔子が周の初期を、自分の理想を語るために理想郷だったとしたのと同じで、自分の持つ理想社会を歴史のなかで捏造することはよくあることだ。

▼オランダ人が幕府を騙して鎖国させた

日

オランダはもともと、ブルゴーニュ公国の一部だった。フランスのブルゴーニュ公が結婚でオランダやベルギーなど低地地方（ネーデルランド）を併合していたが、男子の相続人がいなかったので、ブルゴーニュはフランスに戻り、低地地方は女系相続でハプスブルク家領となり、ハプスブルク家がスペイン王になったのでスペイン領となった。だが、プロテスタントが多かったので独立をめざし、最終的な認知は1648年のウエストファリア条約でだが、実質的には1581年に独立した。

それから、積極的に海外に進出し、ポルトガルから拠点を奪い取っていったわけで、日本はその最前線だった。オランダ船の出現は、1600年にリーフデ号が漂着しヤン・ヨーステンと三浦按針《みうらあんじん》（英国人）がやってきたときだが、二人は徳川家康の顧問となり、カトリックの悪口を家康などに吹き込んだ。

このころイギリスとオランダも争っていたが、1623年にイギリスは東アジアから撤退。日本では、①翌年にスペイン船の来航が禁止され、②奉書船《ほうしょせん》以外の渡航禁止（1633年）、③長崎に出島の建設を開始（1634年）、④外国船の入港を長崎に限定。日本人の渡航及び帰国を禁止（1635年）、⑤貿易に関係のないポルトガル人追放（1636年）、⑥ポルトガル船の入港を禁止（1639年）となり、これを鎖国令と総称している。

秀吉が禁教令を出してから、貿易による収入は魅力だが、キリスト教の浸透も避けがたいというジレンマが為政者を悩ましてきた。

しかし、徳川幕府は、米中心の農本主義的財政で直轄領（俗にいう天領《てんりょう》）を多く持ち、戦国時代の終焉で軍事支出が減ったので、貿易上の利益は重要でなくなった。また、東日本基盤の幕府は、海外貿易が盛んになって西日本が発展すると困ったのである。島原の乱が、意外に手強かったことも決断をうながした。

もうひとつは、ヨーロッパ諸国の植民地熱がやや衰えていたこともある。スペインやオランダは国の勢いがなくなってきたし、イギリスが本格的なインドの植民地化に乗り出すのは1757年のプラッシーの戦いからで、ロシアがカムチャツカを占領するのは1700年ごろ、と小康状態だった。

ポルトガル・スペイン船の来航を禁止したので、朱印船（のちに奉書船）は東南アジアで彼らに襲撃される可能性があるとオランダ人からいわれて、派遣を止めた。オランダにマニラからスペインを追い払うように要請したが、言を左右にして断られたのは当然だ。

鎖国をしたから植民地化されず、自給自足だったから産業も発展したという鎖国肯定論を唱える人がいる。また、鎖国というが、長崎貿易だけでなく、対馬を介した朝鮮通信使とか、琉球王国の明・清への進貢などの窓口があったという人もいる。

しかし、閉鎖性は極端で、貿易を最小限、日本人が海外に渡航することはほぼ全面禁止、外国人の渡来もきわめて少数だった。洋書だけでなく西洋のことについて言及した漢籍まで厳しく輸入を制限した結果、知識においても世界の孤児になった。

そして、それが祖法であると信じるようになり、松平定信は1793年にロシアのラクスマンに「オランダ、中国、朝鮮など以外の異国の船が来たときは、召し捕らえるか海上にて打ち払うのが、いにしえよりの国法である」としている。

鎖国したので、独自の産業が発展したという人もいるが、その後も金銀を輸出して木綿、茶、砂糖、陶磁器などを輸入していたが、元禄《げんろく》時代（1688〜1704年）あたりから金銀の産出が減少したから自給化が進んだだけである。

ガラパゴス的発展で面白い工夫があったが、開国したとたんに西洋のものより劣っていたので価値を失った。いってみれば、戦時中の木炭自動車みたいなものだ。オランダ人で元禄時代に来たケンペルが、鎖国は日本にとって賢明だと書いていることを強調する人がいるが、日本との交易を独占して法外な利益を上げていたオランダ人がそれを肯定することは当たり前だ。

そのオランダによる独占に穴を開けようとやってきたのはロシアだった。

ロシアがオホーツク海に姿を現したのは1648年で、日本が鎖国してまもないころだ。ロシアはモンゴル人の支配下に置かれていたが、中心はカスピ海に流れ込むボルガ川の下流地域で、北部はロシア人による間接支配だった。ドイツ騎士団による攻撃からの防衛に貢献したアレクサンドル・ネフスキーという英雄の子孫がモスクワ大公国の建国を認められ、やがて、モンゴル人から独立して発展をはじめた。

彼らは黒海やバルト海への進出が念願だったが、バルト海沿岸はピョートル大帝、黒海は18世紀後半のエカテリーナ二世の時代になるまで、進出できなかった。それに対し、シベリア方面では毛皮商人たちの傭兵《ようへい》がオホーツク海にやってきて、1711年からは千島列島にも現れてアイヌ人と小競り合いをはじめた。

田沼意次は蝦夷《えぞ》地を開発しようとしたが、松平定信は下手に開発するとロシアに狙われるだけだと退けた。

ところが、1792年に遣日使節ラクスマンが、漂流民でエカテリーナ二世とも謁見した大黒《だいこく》屋《や》光太夫《こうだゆう》を連れて、初めて根室にやってきたのである。

幕府の北方政策は混迷したが、ナポレオンによるロシア遠征と、ロシアの関心が東欧にあった時期だったので、1853年のペリー来航のころまで対応を引き延ばせたのである。

▼じつはアヘン戦争を深刻に考えなかった清国　中

康熙帝のころの北京には、イエズス会の宣教師たちが来て、名を中国風に改め、永住を誓い、孔子崇拝や先祖の祭祀を容認していた。ところが、ほかの修道会から異議が出て「典礼《てんれい》論争」となり、教皇庁はイエズス会の布教方法を否定したので（１７０４年）、康熙帝は、イエズス会以外の宣教師の入国と伝道を禁止し（１７０６年）、雍正帝の１７２４年にはキリスト教の布教が全面的に禁止された。

明朝では外国との交易を原則禁止する「海禁政策」がとられていたが、清朝でも鄭成功の台湾からの反乱を排除するために、「遷界令《せんかいれい》」（住民を海岸部から内陸に移住させる命令）が出された。しかし、呉三桂らの「三藩の乱」を鎮定した後、１６８４年に解除され、１６８５年には、上海、寧波、厦門《アモイ》、広州の４カ所を開放した。生糸・陶磁器・茶などが輸出され、銀が流入し経済が発展したが、乾隆帝の１７５７年に広州だけとなり、外国人の活動も厳しく制限され、上納金も徴収された。

イギリスが乾隆帝の80歳の祝いを名目にマカートニーを派遣したのはこのころだ。「三跪九叩頭の礼」をするかで揉めたが、このときは、英国王への儀礼と同じということで許された。古代の日本との関係と同じように、清も現実的な妥協をしたのである。とはいえ、乾隆帝は遠路から来たのだから会ったが、清は貿易など必要しないといい放った。実際、イギリスは中国に売るものがなく、貿易が拡大すると銀の流出がイギリスにとってつらくなってきた。

そこでイギリスはインドで産するアヘンに目をつけた。清は対策が遅れ、１７９６年に禁令を出したものの効果がなく、あっという間に広まり、１８２０年代には、銀が流出超過になった。

本当に困ったのは、アヘンの害よりこのことなのである。

清朝では、「国産化を進める」「公認して関税収入にする」といった容認論もあったが、禁止に決し、林則徐《りんそくじょ》が広州におもむき、アヘンの没収、誓約書を書かない船の入港禁止などを断行した。

これを聞いたイギリス政府は議会での大議論のすえに開戦を決めて、アヘン戦争となり（1840～42年）、清は大敗した。南京条約で賠償金の支払いと香港の割譲、上海などの開港、虎門寨《こもんさい》追加条約で治外法権、関税自主権放棄、最恵国待遇条項承認などが決まった。

これ以降、中国の半植民地化が進むのだが、清朝の人々や一般中国人は深刻に受け止めなかった。戦争で負けて夷狄に恩恵を与えることは、中国史上では珍しくなかったのである。むしろ、このニュースを聞いた吉田松陰《よしだしょういん》のような日本人のほうが深刻に受け止めたくらいだ。ただ、経済と統治体制の破綻は深刻で、銀の銅に対する交換比率が急騰《きゅうとう》し、銅で米代金を受け取り、銀で税を支払う農民は困窮したのである。

そして、科挙に落ちたショックで熱病にうなされているうちにエホバの啓示を受けたという洪秀全《こうしゅうぜん》が、広西省で起こしたのが「太平天国《たいへいてんごく》の乱」である（1851年）。「天朝田畝《てんちょうでんぽ》」という均田構想や女性の解放、「滅満興漢《めつまんこうかん》」など雑多な主張を掲げて勢力を伸ばし、1853年には南京を占領して天京《てんけい》と改名した。

しかし、満州族の八旗《はっき》など正規軍は、周辺民族との戦いを念頭にしたもので、民衆蜂起の鎮圧は想定していなかった。しかも、満州人たちはすっかり尚武の気分を失っていた。

そこで、漢民族でも支配層から、太平天国の思想が危険だとして、清朝を助ける動きが出てきた。農村では郷紳《きょうしん》という有力者が団練《だんれん》という自警組織をつくり、義勇兵を募集し、「郷勇《きょうゆう》」といわれるようになった。要するに私兵集団である。

とくに、湖南省の曽国藩《そうこくはん》は、科挙にトップで合格し政府高官になっていたが、母の喪に2年間服するために帰郷していた。これが組織したのが湘軍《しょう》で、北京では曽国藩を両江総督《りょうこうそうとく》（江蘇省・安徽省、江西省の長官）・欽差《きんさ》大臣として鎮圧に当たらせた。

この内乱のさなかに、清の官憲がイギリス船籍を名乗る中国船アロー号に臨検をおこなったことで、イギリスは、宣教師が殺された紛争を抱えていたフランスを誘い開戦した（1856〜60年、アロー戦争）。

いったん天津《てんしん》条約が結ばれ、公使の北京駐在、キリスト教布教、河川航行、アヘンの輸入などが認められたが、手違いから戦闘が再開され、咸豊帝《かんぽうてい》（西太后《せいたいこう》の夫）は離宮がある北東の熱河《ねっか》に避難し、英仏連合軍は、乾隆帝がベルサイユ宮殿を模して建てた円明園を略奪し炎上させた。

ロシアの仲介で結ばれた北京条約では、天津の開港、イギリスへの九竜《きゅうりゅう》半島の割譲、中国人の海外への渡航許可が決まった。ロシアもこの調停の代償として、その2年前のアイグン条約で清露雑居地となっていた沿海州を譲渡され、ウラジオストクを建設することになった。

北京条約締結後、列強は清朝援助に転換し、太平天国の鎮圧に乗り出した。清朝でも英仏の助力を借りたいという思惑があった。イギリスでも最初はキリスト教系なので好感もあったが、民族主義と、アヘンに厳しい態度から危険思想と見ていたのである。

アメリカ人やイギリス人の指導した常勝軍が、軍人・左《さ》宗棠《そうとう》の指揮する湘軍（湘勇《しょうゆう》）や官僚・李鴻章《りこうしょう》の組織する淮《わい》軍（淮勇《わいゆう》）と共同して太平天国軍を攻撃し、1864年、洪秀全は病死、天京が陥落して鎮圧された。

これで太平天国の乱は治まったが、清は英仏などによる半植民地化、漢族官僚の力の増大、経済破綻、アヘンの蔓延《まんえん》という四重苦に悩むようになった。高杉晋作《たかすぎしんさく》が上海にやってきて驚いたのはこのころである。

ロシアは、康熙帝の時代にネルチンスク条約を結んでスタノボイ山脈を国境とした。これはロシアの南下に歯止めをかける内容で、仕方なく、ロシアはカムチャツカ（1700年ごろ）、アラスカ（1800年ごろ。1867年米国に売却）と進み、1711年からは千島列島に現れてアイヌ人と小競り合いをはじめていた。

しかし、北京条約によって沿海州の不凍港を獲得し、満州や朝鮮を狙うようになり、日本やイギリスにとって脅威となりはじめたのである。

▼大院君の登場と外国船打ち払いの蛮勇

朝鮮では、皇太后が垂簾聴政という院政をおこなったり、その実家がわが世の春とばかり権力と富を得たり、陰惨な復讐《ふくしゅう》劇が相次いだ。

両班《ヤンパン》（官人）たちは、どうでもいい儀典上の問題について学者を動員して争い、それが国政を揺るがした。「同姓同本不娶《どうせいどうほんふしゅ》」（同姓不婚）というのは、たとえば「全州李氏《チョンジュイ》」（始祖が全州出身の李氏の氏族）に属する者同士の結婚はしてはならないというようなことで、18代顕宗《ヒョンジョン》が宋時烈《ソンシヨル》という朱子学原理論者の提案を受け入れて、１６６９年に制定した。

なにしろ、朝鮮では李、金など一部の姓に人口が集中しているため、在日の人にも多い金海金氏などひとつの同姓同本（戸籍の上で姓および本貫《ほんがん》を同じくする者）が人口の数パーセントを占めることがあり、多くの悲劇を生んだが、１９９９年まで継続した。

韓流ドラマで扱われるおどろおどろしい家庭劇のなかで、極めつきは、母が韓流ドラマ『トンイ』の主人公のモデルである20代国王・英祖《ヨンジョ》の生涯である。

官人たちの党派争い（党争《とうそう》）をなくすため、特定の派閥に権力を集中させない「蕩平策《とうへい》」とか、死罪は三審制で執行することとする「三覆制度」を制定した賢君でもあった。

だが、世子《セジャ》の出来が悪く、非行を重ねるので自決を命じたが承知しない。そこで、１７６２年、

10歳の孫（のちの正祖《チョンジョ》）の哀願を振り切って、世子を小さな木製の米櫃《こめびつ》に閉じ込め、8日目に飢え死にさせた「米櫃事件」を起こした。

のちに正祖は、餓死させられた父の墓を水原《スウォン》に移し、現在世界遺産になっている水原城《スウォンソン》を整備した。

正祖は、「実事求是《じつじきゅうぜ》」（合理的な事実の究明）と「利用厚生」（道具を用いて豊かになる）をめざして実学を育成しようとした。西洋科学文明を受け入れはじめた清の成果を朝鮮の実情に合うように改良して採り入れる動きも出ていたが、キリスト教への警戒感で慎重すぎて成果は出なかった。

この時代、両班たちは、南人《ナミン》（野党側）と西人《ソイン》（政権側）の派閥に分かれて争い、南人が大量に追放されると、西人がさらに老論《ノロン》派と少論《ソロン》派に分裂して争い、政権が変わると徹底的に前の権力者を追い詰める「換局政治」がおこなわれた。これが現代の韓国政治に色濃く伝統として残っている。

経済では、田税・軍役のほかに各種の品物を地方ごとに割り当てて貢納・進上させていたが、採取や生産や運搬が農民たちの重い負担となり、米でまとめて払う大同法が広がり、負担が軽減された。

19世紀初めごろ、外戚として栄華を極めたのが、安東金《アンドンキム》氏で、三代の王后を送り込んだ。これに対抗したのが、24代憲宗《ホンジョン》の母である神貞王后《シンジョンワンフ》で、策略家だが放蕩《ほうとう》をして周囲を油断させていた王族の李昰応《イハウン》と組んで、その次男である高宗《コジョン》を26代に即位させた。

李昰応は王の実父を意味する大院君《テウォングン》として摂政となり、儒教精神に基づいた政治を標榜《ひょうぼう》し、安東金氏らの力を削ぎ、党派と身分を問わず人材を登用し、地方官吏の不正摘発や両班への課税強化で好評を得た。

独裁者になった大院君は、高宗の妃を自分の夫人である閔《ミン》氏の実家から迎えさせたが、この閔《ミン》妃《ビ》と呼ばれる妃が食わせ者だった。こののち大院君と閔妃の対立が、朝鮮の外交が非常識な迷走をする原因になった。

よく朝鮮は大国の思惑に翻弄《ほんろう》されたというが、まったく逆で、朝鮮側の有力者のそれぞれが外国勢力を呼び込んで争ったのである。とくに、大院君と閔妃、そしてのちには、高宗自身の勝手気ままな私的利益の追求に大国も振り回されたことが、日清・日露戦争の原因であり、その結果が、日韓併合ということである。

大院君は、ロシアの異国船が現れるようになったので、フランスの助力を得たいと頼んだが拒否されて、腹いせに9人のフランス人宣教師を処刑した。フランス艦隊は報復攻撃したが、これを撃退し、数千人のキリシタンを処刑した。

また、大同江をさかのぼって平壌に近づいたアメリカの商船を焼き討ちにした事件の報復に、アメリカ艦隊が江華島へ来たときも撃退して、江戸幕府よりはよほど骨のあるところを見せた。
ところが、調子にのって、日本を甘く見て大火傷をしたことは、エピローグで紹介する。

▼沖縄が中国領だったことはない　日

沖縄など南西諸島は、日本列島に人類がやってきた経由地のひとつである。古代や奈良時代にも人は住んでいたし、遣唐使などが風のために航路を外れて立ち寄ることもあった。とくに、鑑真和上《がんじんわじょう》は沖縄経由で薩摩に達した（20ページ図1参照）。

しかし、漁労や採集生活で養える人口はわずかで、人口が増えはじめるのは平安時代の終わりごろからである。南九州からの移住者が来て農業が盛んになり、クニらしきものも成立してきた。琉球の正史である『中山世鑑《ちゅうざんせいかん》』が、源為朝《ためとも》が本島北部の運天《うんてん》港に漂着し領主の妹と結婚し、生まれた子が琉球王家の始祖である舜天王《しゅんてんおう》だとしているのは、そうした記憶に脚色が加えられたものだ。

しかし、明が建国されると、中山《ちゅうざん》、南山《なんざん》、北山《ほくざん》という三つの小国家が鼎立《ていりつ》する時代（三山《さんざん》時代。山は国の意）の琉球にも、入貢《にゅうこう》をうながす使いが訪れた。船もすべて用意してくれるという結構な話だったので、明の冊封と三山それぞれからの朝貢がはじまった。

さらには、外交や行政の専門家がいないだろうと福建《ふっけん》省人の350家族が下賜された。当時は東シナ海を横断することは危険が大きかったので、福建省の福州《ふくしゅう》などから、島影を見ながら久米島の沖合を経由して那覇《なは》に入った。

華人の子弟が北京に留学して官僚を独占していたが、のちには、不満が高まって土着の上流階級にも門戸が開かれた。いずれにせよ、明は官僚機構を福建人や留学生組を通じてコントロールしていた。

織田信長の全盛期のころ、琉球王国の国王・尚永《しょうえい》のもとへ、明の皇帝が使わした冊封使が来琉し、「琉球はよく進貢のつとめを果たしており『守礼之邦《しゅれいのくに》』と称するに足る」という神宗《しんそう》（14代万暦帝《ばんれきてい》）からの勅諭《ちょくゆ》を伝えた。これを喜んで、尚永王は「守礼之邦」という扁額をつくらせ城門に掲げさせた（1579年）。

これが2000円札の図柄になっている首里《しゅり》城の「守礼門」である。

この門は新しく琉球王となるべき「世子」が中国皇帝の使いを三跪九叩頭《さんききゅうこうとう》して迎える儀礼をおこなう場として建てられたものである。歴史のひとこまだから気にしないという考え方もあるが、ソウルにあった同様の趣旨の「報恩門」は取り壊され、代わりに「独立門」が立てられている。そういう意識すらないのは脳天気すぎるのではないか。

琉球王国は、明帝国から厚遇され、中継貿易で莫大な通商利益を上げた。「万国津梁《ばんこくしんりょう》」（世界の架け橋）の時代といわれる琉球王国の全盛期である。琉球は171回という、他国に比べて圧倒的に多い回数の朝貢船の派遣を認められた。安南《アンナン》（ベトナム）89回、チベット78回、哈密《ハミ》76回、占城《せんじょう》（チャンパ）73回などより多く、朝鮮の30回、日本の19回とは比べものにならない優遇ぶりだった。

ただ、沖縄にそれほど産物があるわけもなく、日本などとの中継貿易だったわけで、明帝国から見れば、何かと態度が悪い日本と直接の貿易を盛んにするのは腹立たしいから、ダミーを立てたようなものだ。

この繁栄は、倭寇の跋扈で朝貢貿易の枠外の貿易が盛んになり、また、南蛮船が到来して中継貿易をはじめるにいたって、下火になっていった。南蛮人たちは、欧州から産物をもたらすより、アジア諸国間の交易を盛んにおこなったのである。

琉球王国と日本との関係は組織だっていなかったが、室町幕府は仮名書きの文書を使って内国扱いとして交流し、島津氏は交易を独占しようとしていた。

豊臣秀吉は征明にあたり軍役を課そうとしたが、金銭ですることになり、琉球王国はこれを島津氏に肩代わりさせてしのぎ、それを踏み倒した。そこで島津氏は、琉球出兵を幕府に提案し、第三次朝鮮遠征に消極的だった徳川家康は国威維持のために代わりの国威発揚策になると思ったのか、それを許可した。

薩摩軍はあっという間に首里城をおとしいれ、国王尚寧《しょうねい》は江戸に連れ去られた。島津氏は奄美《あまみ》群島などを領国に編入した。役人を那覇に常駐させて73万石という石高《こくだか》の内数にもしたが、形の上では国家として維持し、明、ついで清との朝貢貿易はつづいた。

島津氏および幕府との実態を中国側も知っていたが、黙認していた。風俗は、異国である琉球が幕府に服属しているという小中華体制に見せるために、幕府が国風化させなかった。

黒船が来航するようになると、老中・阿部《あべ》正弘《まさひろ》や島津斉彬《なりあきら》は、琉球を欧米に開放する代わりに日本自身の開国を免れようという案も検討したが、結局は、島津氏は日本の開国と並行するような形で、琉球王国に独自に条約を結ばせて欧米諸国と交易をおこなわせた。

1867年の第2回パリ万博には、「薩摩・琉球」として出品をおこなった。島津氏は琉球を使って幕府から独立して外交を展開しようとしたのである。

しかし、欧米諸国が沖縄の地位の不明確さに乗じて植民地化するおそれがあり、一方、清も野心を見せかねなかったので、明治新政府は内国化することにしたが、その経緯はあとで記す。

▼ペリー艦隊来航までの時間を無駄にした幕府 ——日

イギリスは徳川家康の時代に日本にやってきたが、オランダに敗れて、インドに専念し、極東はオランダに譲った。18世紀にはインドでフランスと争い勝利した。ナポレオン戦争でオランダはフランスに併合されたので、イギリスはオランダの植民地を横取りにかかり、1808年に英国のフェートン号がオランダ船を敵国船として追って長崎に現れたが、単発で終わった。

しばしの小康状態に気をよくした幕府は、1825年に異国船への「無二念打払令《むにねんうちはらい》」（異国船打払令）を出した。その後しばらくは、アヘン問題などでイギリスの関心は清に向かっていたが、魔の手が日本に伸びるのは時間の問題だった。

このころ日本では、「天保の改革」で知られる水野忠邦《みずのただくに》が老中筆頭（老中首座）だった。水野は経済には無理解だったが、政治改革と外交には先進的な感覚を持っていた。幕藩体制の基礎は、大名を同じ石高なら無条件で移封《いほう》できることだった。ところが、徳川吉宗や松平定信は、領国の安定を認める代わりに上納金や工事手伝いを求め、短期的には有益だったが、雄藩連合による連邦国家化が進んでしまった。

これでは海防のための国軍の創設もできないし、新規の大名取り立てや功労者への加増もする余地がない。そこで、川越・庄内・長岡の三角トレード（三方領知替《さんぽうりょうちがえ》）を試みた。川越藩の養子に将軍家斉の子を迎えさせるために豊かな庄内に移し、海防のために新潟を幕府が欲しかったのが狙いだった。だが、庄内では大地主の本間家が領内統治を藩主の酒井家からまかされてうまくいっていたので、本間家主導でほかの大名まで巻き込んだ反対運動が起きて、撤回する羽目になった。

さらに、江戸と大坂周辺の大名領や旗本の知行地《ちぎょうち》を、遠隔地と交換して幕府領とする「上知令《あげちれい》」を出した。都市近郊に大名などの飛び地があるので、幕府領経営に支障をきたしていたのである。

だが、老中ナンバーツーの古河藩主・土井利位《どいとしつら》は、自藩が大坂郊外の平野郷に領地を持ちそこの有力者から借金をしており、上知令が実行されれば返済を迫られるのでサボタージュしたし、大坂周辺には紀州藩の領地が多く、その反対もあって潰された。

つまり、譜代筆頭の庄内藩、御三家の紀州藩、副総理格の古河藩などが幕政改革を潰したというわけで、徳川体制は自滅したのだ。

経済について、松平定信や水野忠邦は、商工業や商品作物の栽培が発展して、米の年貢に頼る税収構造と齟齬《そご》をきたしているので、生活水準を下げさせ、商工業や商品作物の生産を減らしてGDPを下げたら、税収に見合う支出ですみ、以前のようにうまくいくという思考をしたが、うまくいくはずがない。

外交では、1842年に薪水《しんすい》の補給を認めたのは、水野が危機感を正しく持っていたからだ。もし彼らが、田沼意次が幕政で試み西南雄藩が独自に実施したように、重商主義国家的な経済政策をとり、日本主導で慎重に開国に舵《かじ》を切り、中央集権化を進めて富国強兵に努めたら、幕府はドイツにおけるプロイセンの立場に立てたはずだが、そうはならなかった。

富国強兵を実現しようとすれば、①幕府による中央集権化（水野忠邦、井伊直弼《いいなおすけ》など）か、②朝廷のもとでの新政府樹立か（長州）、③雄藩連合による連邦国家化（薩摩、水戸、越前など）という選択があった。そして、③を支持していた薩摩が②へ鞍《くら》替えしたことで決着がついた。

ペリー来航時の老中筆頭だった阿部正弘は、同時代の人にも歴史作家にも評判のよい政治家だ。名門出身らしいおおらかさがあり、頭脳も明晰《めいせき》で、決して独走せずに有力大名や大奥の意見をよく聞くのだから当然だ。現代の大企業でサラリーマンになっても、間違いなくエリートコースまっしぐらだったにちがいない。しかし、平時にはいいが、思いきった改革とか危機対応には最悪のタイプだ。つまり、どうしていいかわからないことは想定外にして、対策をあらかじめ取らず、事が起きてから右往左往する日本的リーダーの典型である。

アヘン戦争の終戦から2年後の1844年に、オランダ国王ウィレム二世の国書がきて、「アヘン戦争など国際情勢の変化を考えれば開国すべきだ」と勧告された。日本市場独占が国是《こくぜ》だったオランダの大方針転換である。

この勧告を水野忠邦は前向きに受け止めたが、保守派若手のホープ・阿部正弘らが反対し、水野の後任の老中首座となって、ことなかれ主義を貫いた。フランス艦隊が沖縄に現れて通商を要求したときには、琉球が独自にフランスと貿易関係を持つことを認めてもよいと島津斉彬に約束した。

フランスが深追いしなかったので現実化しなかったが、薩摩や琉球が独自の交易に応じたらガス抜きになって、日本を開国しなくてすむと考えたらしい。対馬藩に朝鮮外交を代行させているのと同じということだが、日本各地を次々とどこかの植民地にしてしまう可能性が高かった。

さらに、ペリー来航の前年、オランダ商館長ドンケル・クルチウスは、アメリカがペリー提督を司令官とする艦隊を日本に派遣し、陸戦隊も同行すると具体的に予告し、緊急に対策を取るように勧告してくれた。ところが、阿部はまたもや無責任に、これを聞き流した。対策を立てようにも知恵が出そうもなかったから、思考を停止したのである。

1853年、現実にペリーが来たら、攘夷派でうるさい水戸斉昭《なりあき》を海防参与にして丸め込んで、国書を受け取ることで意見をとりまとめ、ペリーは翌春に江戸湾に戻るといい残して姿を消した。

ここで阿部は、大名、旗本から陪臣《ばいしん》にいたるまで、広く意見を求める前代未聞の大世論調査をしたが、ペリー艦隊が正月の16日に江戸湾に現れたので、幕府はなすすべもなく神奈川で日米和親条約を結び、下田、函館《はこだて》を開港し、ハリスが領事として伊豆の下田に赴任してきた。

幕府に抵抗という選択肢はなかったわけでない。当時のアメリカ海軍は西海岸に根拠地もなく、ペリーも喜望峰回りで来たので、補給も援軍もありえなかったのである。砲撃されれば江戸に火事は起きただろうが、いかんせん陸戦隊数百人の兵力では数日のうちに殲滅《せんめつ》される。少なくとも、ペリーの再来航までに、将軍や大奥の人々などを関東各地や甲府城にでも疎開させておくべきだった。

軍事圧力を受けて交渉する場合に、場合によっては戦うという姿勢なしでは足元を見られるし、そこそこ善戦すれば、それが財産になる。のちに、薩摩や長州はイギリスや四国艦隊と戦うことで、一目《いちもく》置かれることになったのである。

▼孝明天皇に振り回されて幕府は滅んだ　　日

下田に領事として赴任したハリスは、幕府と通商条約の交渉をはじめたが、このとき、中国に駐在した経験から、イギリスがやってくる前にアメリカと条約を結んだほうが過酷なものにならず賢明だと説得したが、それは客観的に見ても正しいアドバイスだった。

交渉には外国奉行岩瀬《いわせ》忠震《ただなり》ら旗本たちが当たったが、なにしろ国際法の知識がないから、ハリスに教えを請いながらの交渉だった。たしかに、岩瀬らは頭脳明晰でときには鋭いこともいったが、のちに問題になる治外法権や関税自主権については、質問もしていない。

知識がないのは個人としては仕方がないようでもあるが、いずれ起きることがわかっていたのだから、国際法の勉強をしようとしなかったこと自体が、奉行として岩瀬らも責任を問われるべきなのであって、褒める人の気が知れない。

できあがった条約案について、幕府は朝廷の了承をとって反対派を説得しようとした。日米和親条約のときは、関白が鷹司政通《たかつかさまさみち》という英明な実力者で、朝廷も事後承諾してくれたのだが、政通が関白から降りて内覧の職に転じていたので、孝明《こうめい》天皇は自説を押し出して拒否した。

上洛して工作にあたっていた老中筆頭・堀田《ほった》正睦《まさよし》は失脚し、井伊直弼が大老に就任し、条約に勅許なしで調印した。

将軍継嗣問題では紀州の家茂に決し、反対派の水戸、尾張、越前、土佐などを排除したが、これに怒った水戸藩関係者に桜田門外の変で暗殺された（1860年）。

そののち2年間は井伊派の残党が政権を担ったが、1862年に島津久光《ひさみつ》が上洛し、ついで勅使とともに江戸に下って圧力をかけたので、松平春嶽《まつだいらしゅんがく》（慶永《よしなが》）や一橋慶喜《ひとつばしよしのぶ》らが政権に参加し、これ以降はすべてにわたって孝明天皇の意向を無視できなくなる。

ここで登場したのが、京都守護職となった会津藩主の松平容保《かたもり》である。容保は幕府と天皇のいずれにも忠義だったという人がいるが、そんな立場は存在しえない。どちらを優先するかの哲学があやふやだから、とんでもないことになった。

容保の役目は、孝明天皇に開国を承知させることだったはずだ。ところが、孝明天皇に籠絡《ろうらく》されて、幕府を説得するほうに回った。「佐幕開国《さばく》」と「尊皇攘夷《そんのうじょうい》」で世の中が対立しているときに、「佐幕攘夷」という孝明天皇の意見にはだれも賛成していなかった。

ところが、容保が肩入れしたので、幕府は表向きは攘夷だが各大名には実行しないように期待するという無責任な方針をとった。

そして、朝廷と幕府の命令どおり攘夷を実行した長州を、朝廷から追放し征伐するという狂気じみた対応をしたから、幕府は各大名からも市民からもそっぽを向かれ、征長戦争（長州征伐）は長州の完勝に終わった。

ここでひとつ誤解があるのは、長州の攘夷は開国拒否ではないことだ。吉田松陰はアメリカ渡航を企《くわだ》て、高杉晋作は上海へ視察旅行にいき、伊藤博文《いとうひろぶみ》は英国留学したのだからそんなことはありえない。列強のいわれるがままになることに反対しただけである。

長州の人々は室町時代に大内氏が明や朝鮮と交流し、文禄・慶長の役では毛利軍が主力として活躍したことのＤＮＡを引き継ぎ、国際感覚は鎖国のあいだも脈々と生きつづけていたから、非現実的な発想はありえないのである。

坂本龍馬《さかもとりょうま》が「日本を洗濯したく」といったのは行政改革のスローガンでない。長州に砲撃されて傷《いた》んだ外国船を、幕府が造船所で修理したことに怒ってのものだ。龍馬はもともと長州に顔が利くのがウリであるし、妻のお龍《りょう》を下関に住まわせていたから、長州の意に反した行動はとれる立場でなかった。

もちろん龍馬ひとりの功績でないし、むしろ歯車のひとつにすぎないが、龍馬は薩摩が倒幕に乗り換えて長州が武器を購入することを仲介し、土佐では勤王党の残党として方向転換を助け、越前と組んで徳川慶喜を頑迷な守旧派から引き離すことに成功した。

この幕末の動乱の時期、イギリスはパークスが盛んに動き回ったが、薩摩や長州が彼らを全面的に信用していたとか操られていたというのは根拠がない。上海でのイギリスの専横を見たのが高杉晋作の原点であるし四国艦隊の下関砲撃後の交渉では毅然とした態度を貫き、薩英戦争では薩摩が善戦したことを忘れてはならない。

フランスは幕府に肩入れしたが、これはロッシ公使の独断専行で、普仏戦争（プロイセン－フランス間）を前にした当時のフランスに極東でイギリスと対立する余裕はなかったので、幕府の主戦派の小栗上野介《おぐりこうずけのすけ》（忠順《ただまさ》）などがフランスの支援を当てにしていたとしたら馬鹿げていた。アメリカは南北戦争もあって積極的な動きはできなかったので蚊帳の外で、終戦で余った武器を売っていただけだ。

龍馬の暗殺犯に謎はない。謎だったのは、鳥羽《とば》・伏見《ふしみ》の戦いで捕まった下手人のひとりの今井信郎《いまいのぶお》の自白以前までのことである。幕臣からなる見廻組《みまわり》の仕業だが、その隊長は会津藩幹部だった手代木直右衛門《てしろぎすくえもん》の弟である佐々木只三郎《ささきただぶろう》であり、手代木は死に際してそれが松平容保の弟あるいは容保自身の指示であったことを遺言している。

龍馬は慶喜が会津など守旧派と手を切って王政復古の枠組みに参加する手引きをしたがゆえに殺され、その死ゆえに慶喜は王政復古に参加する機会を失った。

そしてもうひとつ、王政復古は、将軍と幕府だけでなく摂関制も廃止したことが、しばしば忘れられている。それは、武家の世がはじまる前の院政や摂関制の時代に戻るのでなく、武士とか貴族とかの私的利益を満たす封建政治からの決別こそが明治維新だったからである。

エピローグ

近現代の日中韓関係と世界

▼「中華人民共和国」は日本からの外来語 ——日中韓

「日本の時代」として記憶されるべき極東の1世紀半は、1868年の明治維新にはじまり、2010年に中国がGDPで日本を追い抜いたことで終わったように見える。

フランス革命と産業革命という18世紀後半に起きた変革は、世界を席巻し、極東もその価値観の下で生きることになった。最近、「民主主義・人権・法の支配・市場経済」という普遍的価値を共有する国々との連携を強化する価値観外交が唱えられているが、その源流はここにある。

19世紀半ばの世界では、イギリス、フランス、アメリカが文化・経済・政治体制のいずれにあっても一流の大国だと考えられていた。ドイツとイタリアがようやく統一国家となってそれを追い、オーストリアも生きながらえていた。

それにつづくべきはロシア、オスマン帝国、清国だったが、彗星《すいせい》のように現れた日本が番狂わせで勝者となった。第二次世界大戦の敗戦という試練はあったが、日本は一流の文明国でありつづけ、1968年から2010年まで42年間にわたり、世界第二位の経済大国でもあった。

日本の成功は、文明国であることの要件がコーカソイド（白人）であることでも、アーリア系の言語を持つことでも、キリスト教徒であることでもないことを立証したのであり、人類がすべて平等である世界がいずれ可能であることへの希望となった。

かたくなに近代化を拒《こば》んでいた清国がゆるやかに洋務化に着手したのは、明治維新の成功に触発されてのことで、その象徴が現代中国語の多くの語彙《ごい》が日本からの外来語であることだ。

そのなかには、「革命」のように中国語で王朝交替を指していた言葉を本来の意味と違うレボリューション（回転が語源で急激な政治・社会や技術などの変革）に当てはめたのと同じような言葉も多い。科学、文化、社会、時間などがそうだ。あるいは、共産主義といったように、漢字の意味に着目してまったく新しい言葉を創ったこともある。政党、細胞、悲劇、企業などもそうだ。

中華人民共和国のうち「共和国」は、仙台藩の箕作章吾《みつくりしょうご》と大槻磐渓《おおつきばんけい》が、オランダ語の辞書に「君主のない政体をレプュブリークと称する」とあったので、周代に暴君だった厲王《れいおう》を追放し、宰相の召公と周公が「共和」して統治したということにヒントを得て翻訳したものだ。「人民」も、日本で古くから用いられてきた言葉をピープルの翻訳に使用したものである。和製漢語というより、「中国風日本語」というべきものだ。

朝鮮半島では、文書は中国語を使っていたので、書き言葉が真っ当に成立していなかった。ハングルは女性や子供などが使っていただけで、漢詩を朗詠するときも中国語の語順でしていたので日本のような母国語による詩吟はなかった。

ところが、井上角五郎《いのうえかくごろう》という日本人が官報を漢字ハングル交じり文で出すことを提案し、普及していった。韓国・朝鮮語の書き言葉は、日本語の仮名をハングルに置き換えたような形で成立したものだ。ハングルの正式な表記法や本格的な教育も日本統治下ではじまったものであって、日本が「民族の言語を奪った」のでなく「与えた」というべきである。

朝鮮の人がすばらしさを自覚していなかった伝統文化も、柳宗悦《やなぎむねよし》らが発見して半島の人々にその価値を教えたし、李氏朝鮮で弾圧されていた仏教の復興や遺跡修復も朝鮮総督府の手でおこなわれた。もちろん、文化財で毀《こわ》されたり改変されたりしたものもあるが、国内の城郭などを公共施設として使うときでも同様のことは多く、それと比べて配慮に欠けたわけではない。

朝鮮総督府は日韓併合を円滑に進めるためにも、日本人が半島の歴史や文化を尊重することが有益だと考えた。たとえば、古代日本が半島から大きな恩恵を受けたという実態より誇張した歴史観を持つ人がいるのも、その朝鮮総督府の政策に起因するものというべきなのである。

中国についても、仏教文化とかシルクロードの遺跡の再評価や整備に日本人はかなり貢献してきたが、中国人は半島の人々よりは、比較的すなおにその貢献を認めてくれている。

▼日本は「和魂洋才」でなかったから成功した　日

日本が近代国家の建設に成功したのは、「脱亜入欧」の精神で「文明開化」に成功したからなのか、「和魂洋才」の心意気で、日本固有の精神を失わずに西洋の優れた学問や知識を活用したからなのかといえば、後者のほうが気分的にはいい。

しかし、中国は、「和魂洋才」に似た「中体西用《ちゅうたいせいよう》」にこだわって失敗した。清国の官僚で李鴻章《りこうしょう》に仕えた馮桂芬《ふうけいふん》の造語だが、儒教的な伝統や制度を守りつつ、富国強兵の手段としてのみ西洋の技術文明を利用しようという考え方だった。

ところが、これはうまくいかなかった。ビスマルクは「海軍強化のために、日本はそれを運用する学問や制度も導入しようとするが、中国は艦船が性能がよくて安いかしか興味がない」、蔣介石《しょうかいせき》は「日本人は政治、憲法、社会組織、軍事制度、科学精神まで採り入れようとしたが、李鴻章らは西洋人の長じる技術にしか興味がなかった」としたという。

日本の成功は、「和魂洋才」ではダメだと理解していたからもたらされたのを知るべきだ。

現代においても、なぜ、日本が多くのノーベル賞を獲得し、中国や韓国が取れないのか。それは科学的精神という西洋的なものを日本人が受け入れたからだ。

また、西洋のどの国のものがいいかを慎重に選び、改良すべきところは改良した。最初は直輸入型でやり、時間がたつにつれて独自のものができあがってから入れ替えていった。

たとえば、江戸時代の庶民には高い教育を受けるチャンスはほとんどなく、武士は漢学はできても算術もできなかったから、官僚としても軍人としても役立たなかった。

そこで、１８７２年にフランスの制度をモデルに「学制」が定められ、数年のうちに２万６０

00の小学校ができ、明治中ごろまでに就学率も50パーセントに達した。

一方、日本人には高度な専門知識を持つ学者もいなかったので、中学でも外国人が教師として招聘《しょうへい》され、大量の留学生が送り出された。ようやく落ち着いてきたのは、明治も中ごろだ。外国人教師→留学経験教師→国内養成教師というように変化し、教科書も外国語→翻訳→独自編纂《へんさん》となっていった。

明治20年代になると、岡倉天心《おかくらてんしん》らが東京美術学校（東京芸術大学の前身）を設立し、「教育勅語」によって伝統的な価値観も見直されはじめた。

しかし、「復古」がいきすぎることもあり、独善的な精神主義や民族主義が力を増した。「教育勅語」は、明治憲法の起草者のひとりである井上毅《いのうえこわし》が保守派の意見を踏まえつつ、国際的なセンスにも配慮をしたもので、その時点では妥当だったが、明治末年になると復古的にすぎた。

そこで、文部大臣・西園寺公望《さいおんじきんもち》が「国際的な責任」や「女子教育の重要性」を入れたいと提案し、明治《めいじ》天皇も了解したが、天皇が崩御されて改定のチャンスを失ってしまい、井上毅が心配していたように、宗教的色彩の濃い儀式で扱われたり、宗教を弾圧するのに使われた。

▼米国大統領グラントのアドバイスと明治憲法の精神——日

王政復古では、摂関制と幕府の両方が廃止され、天皇のもとで公家も武士も分けへだてなく参加する新政府ができあがった。地方制度でも、1871年に廃藩置県が断行され、諸侯の政治的権限は全面否定され、始皇帝やナポレオンにならって中央集権に移行した。

四民平等で武士は公務員でも軍人でもなくなり、徴兵制による近代的軍隊が実現した。その優位を決定的にしたのは、維新の立て役者でありながら武士階級の存続を否定しきれなかった西郷隆盛《さいごうたかもり》が担がれた西南の役で、山縣有朋《やまがたありとも》らの徴兵制による軍隊が西郷軍を打ち破ったことだ。

議会主義は、幕末に雄藩連合のリーダーだった松平春嶽《まつだいらしゅんがく》の越前を中心に育まれ、春嶽と親しかった坂本龍馬は「船中八策」で「上下議政局を設け、議員を置きて、万機を参賛せしめ、万機よろしく公議に決すべき事」といい、福井藩の由利公正《ゆりきみまさ》が起草した「五箇条の御誓文《ごせいもん》」における「万機公論に決すべし」という言葉に結実した。

憲法制定も、1871年に欧米事情視察のために派遣された岩倉使節団に参加した木戸孝允《きどたかよし》がその支持者となることで、政府部内でもコンセンサスが得られた。ただ難問は、欧米の書籍から学んだ急進的な民主主義の主張が広まったことである。

しかし、これにブレーキをかけたのは、意外にも1879年に来日した米国前大統領ユリシーズ・グラント（南北戦争での北軍司令官）だった。日本の素朴な文化や貧富の小ささが気に入ったグラントは、明治天皇や岩倉具視《いわくらともみ》に親身になってアドバイスをした。つまり、いずれ議会設立や政党政治への移行が必要だが、準備なくそれをすると大混乱は必定であるから、議会開設を予告しつつ漸進《ぜんしん》的に進めるようにというものである。

このころ、イギリスやフランス式といわれる憲法草案が民間から提案されたが、その内容は、英仏でユートピア的に唱えられていたものにすぎず、現実に両国でそんな制度が機能していたわけではなかったのである。

結局のところ、岩倉具視やそれを引き継いだ伊藤博文らの主導でできあがった憲法は、天皇の専制は否定されるが、政府は天皇が任命し、議会は立法権や予算承認権を持つという当時のヨーロッパ君主国の常識に沿ったものであった。

民主主義を保障はしないが、否定もしないものであり、実際、伊藤博文自身が政党を主宰し、徐々に政党政治に移行し、大正の後半には政党内閣制も確立した。しかし、党利党略に傾き、野党が統帥権干犯《とうすいけんかんぱん》を提起して政府の軍縮を妨害するなどしたあげく、政党政治は自滅した。

それでも、自由選挙が太平洋戦争中も含めて、現在にいたるまで維持されつづけたのは驚異的なことである。

▼朝鮮王国のお粗末な外交が日清・日露戦争の原因——日中韓

明治初年は大英帝国の全盛期であり、イギリスとの関係がもっとも重要であったが、日本は他の国からのアドバイスも受けて、いいなりにはならなかった。陰謀史観チックな議論として薩長や坂本龍馬がイギリスなどの手先として動いたといいたい人がいるが、日本の尊皇攘夷運動の原点はアヘン戦争後の清国のようにならないということだったから、イギリスを利用しつつも呑み込まれないようにじつに慎重だった。むしろ、幕府、会津、榎本武揚《えのもとたけあき》などのほうがはるかにフランスやプロイセンに無防備だった。

一方、周辺諸国とは、東洋の伝統的な国際関係でなく、西洋的な国際法の原則に沿いながら国益を実現する賢明な方針を採用した。

清国には、西洋諸国と同じ待遇を与えることを要求し、1871年に、伊達宗城《だてむねなり》が天津で交渉に臨み、対等の関係に基づく「日清修好条規」が結ばれた。清国政府内でも議論があったが、曾国藩《そうこくはん》や李鴻章などが、もともと日本は中国を隣邦と呼び、元寇や倭寇を見ても、中国に屈することのない国であり、朝鮮などと同じ扱いは無理だと判断した。

問題は、朝鮮や琉球、ベトナムのような、清国が自分たちの従属国だと考えている国の扱いだった。清国としては、従来の関係をつづけるか、保護国などにしたかった。しかし、琉球の宮古島島民数十名が漂流先の台湾で原住民に殺される事件があり、日本は清国の対処の甘さをついて台湾を占領（1874年、台湾出兵）。賠償金を清国から取り、世界に琉球が日本の領土であることを認識させた。

また、琉球政府には、清国との交流差し止めや日本の法制度実施を求め、華僑系官僚の抵抗を抑え込んだうえで、1879年、沖縄県の設置と国王一家の東京居住を命じた（琉球処分）。

また、小笠原、竹島、尖閣などどこの領土ともいえなかった地域に国際法の原則をきちんと踏んで領有を明確にしたことも特筆ものだ。韓国や中国が歴史的に自分たちのものだというのは無茶だが、19世紀のあの時期に彼らが日本以上に高い国際法意識で行動していれば、逆の状況になったかもしれないのも事実だ。

朝鮮には、新政権樹立の通告と条約による近代的な国際関係を求める国書を持つ使者を送ったところ、大院君《テウォングン》は日本の欧化政策を批判し、中国の皇帝のみが使える「皇」とか「勅」の文字が使われているのは清国皇帝に失礼で許せないとして、受け取りを拒否した（書契《しょけい》問題）。西郷隆盛は征韓論を唱えたが、大久保利通《おおくぼとしみち》らは欧米諸国を納得させることを重視し、西郷の下野《げや》後に、日本艦船へ朝鮮側から発砲があったのをきっかけにした江華島《こうかとう》事件（1875年）を待って軍事行動を起こした。

「日朝修好条規（1876年、江華島条約）」では、朝鮮に「自主の国」として清国との特別の関係を否定させ、釜山《プサン》、仁川《インチョン》、元山《ウォンサン》の開港、治外法権の承認、輸入品への無関税、日本貨幣の通用などを認めさせた。

こののち、朝鮮政府では大院君と閔妃《ミンビ》が清国と日本をそれぞれバックにつけて対立し、壬午《じんご》軍乱、甲申《こうしん》政変、甲午農民戦争が起こる過程で、大院君が清国→日本、閔妃は日本→清国と組む相手が変わるなど、国益より自分の権力保持を優先する愚行をくり返した。

これが原因となって、朝鮮の支配権をめぐって日清戦争が勃発《ぼっぱつ》した。その結果、日本の勝利となり、朝鮮と沖縄についての清国の特別な関係は最終的に否定され、１８９７年には朝鮮王国は大韓帝国《テハンジェグク》に模様替えした。

しかし、大韓皇帝となった高宗《コジョン》は、ロシアを引き入れて日本に対抗させようとし、それが日露戦争の原因となった。米英も韓国の独立が世界平和の攪乱《かくらん》要因だという日本の懸念を認め、桂《かつら》・タフト協定（桂太郎《たろう》首相とアメリカ大統領特使タフト陸軍長官との間で取り交わされた秘密覚書。米国のフィリピン統治と日本の韓国に対する優越支配を相互に承認）を踏まえ、１９０５年、韓国は第二次日韓協約（乙巳《いっし》保護条約）で、保護国化され外交権を喪失した。

ところが、高宗はこれを反故《ほご》にする工作（ハーグ密使事件）をして退位させられ、初代韓国統監だった伊藤博文の暗殺ののち、１９１０年に日韓併合となった。

この過程にあって、独立党の指導者・金玉均《キムオッキュン》のように、日本式の立憲君主国への移行を日本の支援のもとで支持する勢力もあったが、結局のところ、国王・皇帝であった高宗が君主の独裁と贅沢な生活に固執し、明治天皇的な立憲君主となることを魅力的だと思わなかったがゆえに実現しなかった。

日本政府内では、伊藤博文が併合に慎重派であり、桂太郎らが積極派だといわれたが、どちらが良心的であるかという問題ではない。たとえば、伊藤は併合にも消極的だったし、併合後も自治を認めるべきだと考え、それは将来の独立にもつながりうるものだったが、日本人と同等の扱いを否定するものでもあった。

一方、首相の原敬《はらたかし》は併合にも積極的だったし、併合後は、内地化を強力に進めた。とくに、首相在任中に独立を求めて起きた三・一運動（１９１９年）ののち、同じ岩手県出身の斎藤実《さいとうまこと》を朝鮮総督に任命して、反乱に加わった人たちに対する融和政策をおこなった。

それは戊辰戦争における負け組の自分たちと同じように朝鮮の人々を善良なる皇民としようとしたもので、１９３９年における創氏改名、太平洋戦争末期における徴兵制の実施や参政権付与において完成するはずのものであった。

全般的にみれば、日本の朝鮮統治は順調に推移し、強い独立運動も起きず、北部でのゲリラ活動や中国における亡命政府（李承晩《イスンマン》らの大韓民国臨時政府）も半島に大きな影響を及ぼすこともなかった。

ただ、朝鮮からも国会議員が選出されるようになれば、帝国議会で与野党のキャスティングボートを握るような勢力になるわけで、イギリスにおけるアイルランド問題のような複雑な様相となったはずだ。

▼映画『ラストエンペラー』の時代を解説する ―― 中

清朝も近代化を否定し、座して死を迎えたのではない。障害のひとつは、「中体西用」に見られる中国の伝統へのこだわりである。もうひとつは、満州族の特権を維持することと、政治制度近代化の両立がむずかしかったことだ。日本が武士の特権的支配の維持を早々にあきらめて近代国家への移行に成功したのと、そこが違う。

19世紀中ごろに「同治《どうち》の中興」（1861〜74年）という前向きな時期があり、8代同治帝の母親で摂政である西太后《せいたいこう》によって登用された曾国藩とその部下の左宗棠《さそうとう》、李鴻章など漢人官僚によって近代化運動「洋務運動」が展開され、工場や学校の建設がおこなわれた。しかし、漢人を正式に宰相クラスに登用することはできず、彼らの軍閥が地方を任されて開発を進めるにとどまった。

日清戦争の講和条約である下関条約（1895年）のあと、9代光緒帝《こうちょてい》は立憲君主政の導入、科挙の改革、洋学強雨教育の重視など「戊戌《ぼじゅつ》の変法《へんぽう》」を、思想家の康有為《こうゆうい》や、（西洋の文献を日本語訳で学び、和製漢語を大量に中国語に導入した）梁啓超《りょうけいちょう》に命じたが、西太后などの保守派に挫折《ざせつ》させられた（1898年、戊戌の政変）。

光緒帝から西太后排除を相談された袁世凱《えんせいがい》（李鴻章の北洋軍閥を継承）が守旧派に転び、皇帝が軟禁された経緯は、浅田次郎《あさだじろう》著の『蒼穹《そうきゅう》の昴《すばる》』で描かれている。このとき、伊藤博文を顧問として迎えようとしたが、もし実現していたら極東はどうなっていたのだろうか、

外国人排斥運動である義和団事件につづく北清事変（1900年）ののち、西太后も改革の

必要性を認め、「光緒新政」をはじめた。科挙が廃止され日本などに留学生を送って新官僚とし、軍隊や行政機構の近代化がはかられ、1908年に憲法大綱を発布、9年後に議会を開設することを約束した。

しかし同年に、光緒帝と西太后が死去し、3歳のラストエンペラー・宣統帝溥儀《せんとうていふぎ》が即位したものの、1911年に「辛亥革命《しんがいかくめい》」が武昌《ぶしょう》での反乱をきっかけに起こった。

翌年には中華民国が成立し、清朝の総理となっていた袁世凱と孫文《そんぶん》の妥協で、袁世凱が臨時大総統となり、皇帝一家などに紫禁城に住みつづける特権を与える条件で、溥儀は退位し清朝は滅びた。

映画『ラストエンペラー』の舞台は、1920年代前半の北京で、溥儀が皇帝ではないのに紫禁城に住みつづけ、陛下と呼ばれていたのはこのためだ。

袁世凱は、総選挙で第一党となった国民党（のちの国民党とは別）の宋教仁《そうきょうじん》を暗殺したり、第一次世界大戦中に「対華二十一ヵ条要求」を大隈重信《おおくましげのぶ》首相から突きつけられると、巧妙に民衆の反日ムードを煽《あお》ったりして権力を強化した。帝制を復活させ中華帝国皇帝として即位すると宣言したが、内外の反対を受けて取り消し、1916年に病死した。

袁世凱の評判はいまも悪いが、近代中国が満漢蒙連合帝国、つまり多民族国家としての清国の領土を合法的に継承できたのは袁世凱のおかげだ。

その後、袁世凱を継承した北洋軍閥政権が内紛をくり返しながらも北京に存在したが、１９２８年に蔣介石の国民党政府がその「北伐」に成功して、首都を南京に移した。中華民国の時代といっても、北伐以前とそのあとは、まったく性格を異にするのである。

▼日本が中国に外交戦で負けたのが太平洋戦争の核心だ――日中韓

欧米諸国は新中国への利権縮小には遠隔地でもあり寛大に臨んだが、隣接するソ連や日本にとっては、そういうわけにはいかなかった。ソ連はモンゴルや新疆《しんきょう》の分離運動、そして毛沢東の中国共産党を支援して、巧妙に自国の伝統的利益を守ろうとした。

日本とは満州における権益の扱いにつき紛争が生じていた。やがて退位時の約束が守られないとして不満を持った溥儀が、日本の支援を受けて満州国皇帝として独立宣言をした（満州事変）。満州国の建設は大成功をおさめたが、反日運動や日本人襲撃も相次いだので、日本軍の一部は独断で軍事行動をくり返し、１９３７年の盧溝橋《ろこうきょう》事件から全面的な日中戦争に突入した。

国民党を率いる蔣介石は、日本との戦争より対共産党掃討戦を優先したかったが、前年の西安事件で自身が囚われ、共産党と協力して日本と戦うことになった（１９３７年、第二次国共合作）。

その過程で、首都南京が陥落したときに多くの中国人が不法に殺されたといわれる「南京事件」が起きた。それなりの規模の不当な殺戮《さつりく》がおこなわれたことは否定しにくい。だが現在、中国政府が30万人という非現実的な数字を主張していることが日中間の棘《とげ》になっている。少なくとも当時は、そのような大事件とは認識されていなかったのである。

日中間の対立につき、アメリカは共和国になった中国にシスターカントリーとして同情を示しつつ、日本の権益も否定しなかった。しかし、日本人はアメリカが中国寄りであるとして、反米感情を高めた。

しかも、国共合作にも日本国内の反中・反米世論の高揚にも、共産党の国際組織コミンテルンが関わっていた。とくに、コミンテルンのドイツ人諜報員ゾルゲの活躍が第二次世界大戦の帰趨《きすう》を決めるほど重要なものだったことは、最近のロシアでも広く認められている。ゾルゲの活躍を描いた日仏合作映画を少年時代に見たことが、プーチン大統領のＫＧＢ入りの動機になったといわれているが、日本のマスメディアや学会はあえて過小評価して、真実から目を背けている。

つまるところ、日本は中国との外交戦に敗れ、コミンテルンには踊らされ、無謀な戦争に追い込まれて自滅したのである。ルーズベルトがドイツとの戦争をはじめるために対日石油禁輸などで日本を追い込んだと批判する人もいるが、挑発されたことは、先に手を出したことの弁解にならない。

一方、太平洋戦争（１９４１〜45年）の開戦は、緒戦の真珠湾攻撃などでの勝利をテコに有利な和平条件を引き出す、独ソ戦でドイツが勝つかもしれないという期待などもあって、それなりの合理的な理由もあった。だが、最後の一年で約半数の戦死者と、大半の民間人死者、そして沖縄での地上戦、原爆投下、戦後の過酷な引き揚げなどの惨禍《さんか》が起きたのであるから、早期の終戦に踏み切らなかったことは、大失敗としかいいようがない。

中国では、日本との戦いで国民党は疲弊する一方、共産党は勢力を温存したため、戦後に再開された国共内戦で毛沢東の共産党が勝利をおさめた。南京に日本の支援で樹立された汪兆銘《おうちょうめい》政権の残党に厳しく対処しすぎたのも原因だった。江沢民の父親が汪兆銘政権幹部だったなどといわれるというのは象徴的だ。

朝鮮半島の南北分断は、日本にいっさいの責任はない。朝鮮の独立は講和条約で確定されるべきものだった。ところが、アメリカはソ連の参戦をうながすために、38度線以北をソ連の占領下に置くことを認めた（朝鮮分割占領）。また、日本の統治機構を無視して日本統治期間にあって海外で活動していた李承晩（李王家の遠縁）を南の政権につけて、日本人を不法に追い出し資産も没収した。

しかし、李承晩に統治能力はなく、北朝鮮ではソ連の支援を受けた金日成《キムイルソン》が農地解放で人気を博した。そこで、南の人民の支持が得られるとみた北は1950年に38度線を越えて侵攻し、李承晩は漢江の橋を落として釜山に逃げた。アメリカ軍が反撃したが、中国が義勇軍という形で介入。この朝鮮戦争で、半島では国民の5分の1が死んだといわれる。

毛沢東は1949年に中華人民共和国の建国を宣言して、党内の主導権を失わないために朝鮮戦争に参加したのだが、国際的な信用を失い、国連の議席は1971年まで台湾に移った国民政府が維持することになった。

毛沢東は、急激な社会主義化をめざす「第一次五ヵ年計画」(1953年)、党の政策への積極的批判を許す「百花斉放《ひゃっかせいほう》・百家争鳴《ひゃっかそうめい》」運動(1956年)、ブルジョワ右派分子への弾圧「反右派闘争」(1957年)と左右に揺れながら権力を強化したが、「大躍進」政策(1958年)で「農業は大寨《たいさい》に学べ、工業は大慶《たいけい》に学べ」の標語のもとで非現実的な生産拡大をはかって大失敗し、大量の餓死者を出した。

権力は劉少奇《りゅうしょうき》国家主席や鄧小平《とうしょうへい》に移って現実路線に傾いた。が、毛沢東は紅衛兵《こうえい》を使って大規模な大衆政治運動「文化大革命」(1965年)を起こして反撃。エリートへの追放やリンチが横行し、生産は停滞し、インテリは農村へ下放され、文化財は破壊された。10年にわたる混乱がつづくなかで毛沢東は死去し、鄧小平が権力を掌握した。

鄧小平は毛沢東を「偉大なマルクス主義者であり、偉大なプロレタリア階級革命家」であり「功績第一、誤り第二」であったと総括して闘争を終わらせた。

日本人には現指導部が毛沢東に甘いことを不思議がる人も多いが、清貧であった毛沢東に対する庶民の人気はなお高いし、それに鄧小平も最後は劉少奇を裏切ったのであり、親を批判してのし上がった太子党《たいし》も多く、毛沢東が全面否定されることは今後もないだろう。

▼戦後日本の経済発展が世界を社会主義から守った――日中韓

日本が降伏したとき、アメリカは核兵器を独占し、中国は蔣介石のもとで友好勢力として安定し、沖縄の基地は永久に支配すると考え、その前提で憲法第九条を押しつけた。

しかし、ソ連が核兵器を持ち、中国が共産化し、沖縄も将来の返還への路線が敷かれたことから、1952年のサンフランシスコ講和条約発効の時点で、軽武装と日米安保条約は存在したのであるから、戦後体制《レジーム》は発足の段階で非武装中立ではなかったのである。

新憲法の制定と東京裁判は、国体護持や昭和《しょうわ》天皇を戦犯として扱わないこととの取引の結果である。アメリカ政府とマッカーサーが、天皇制維持と昭和天皇に対して好意的だったとしても、中英豪ソなどの反発は強く、日本政府もやむなしとしたということに尽きる。

また、昭和天皇は「人間宣言」と間違って呼ばれる1946年年頭の詔勅《しょうちょく》で、民主主義は五箇条の御誓文の延長線上にあるといい、新憲法と明治憲法にも断絶がないという立場だった。

憲法学の宮沢俊義《みやざわとしよし》は、新憲法は旧憲法を否定して国民が新たに制定したとする「八月革命説」を唱えたが、昭和天皇も日本政府にも相手にされない、学者のあいだだけの空理空論だ。

戦後レジームにはいろいろな問題があるが、それを維持しているのは日本国民であって、マッカーサーに責任を押しつけるべき問題ではあるまい。憲法改正に厳しすぎる条件がついているが、これも、天皇制廃止の可能性を怖れた日本側の意図によるものでもあった。

講和条約の発効で独立した日本では、吉田茂《よしだしげる》は軍部の復活を怖れたこともあって軽武装と日米同盟重視路線をとったが、鳩山一郎《はとやまいちろう》は再軍備と中立化路線を志向し、日ソ国交回復を実現し（1956年）、石橋湛山《いしばしたんざん》は日中和解にも意欲を示した。

だが、岸信介《きしのぶすけ》は、日本が反共のためにイギリスのようなタイプのアメリカの同盟国となる路線を打ち出し、安保条約の改定を実現した（1960年）。

池田勇人《いけだはやと》は、軽武装路線を継続するが、高度成長と貿易や投資の自由化によってアメリカに市場を提供する路線を採った。ただし、自由化の前提として通商産業省（現・経済産業省）は、自動車産業など産業の競争力強化策を展開して成功させ、これがのちに東アジア各国の経済発展のモデルとなる。

韓国では旧日本軍人だった朴正熙《パクチョンヒ》が政権につき、（日韓併合無効論に基づく）賠償要求に拘泥《こうでい》せずに多額の経済協力を取りつけ、60～80年代の「漢江《ハンガン》の奇跡」と呼ばれる経済発展に成功した。そして、台湾もそれにつづいた。つまり、日本統治による教育の充実やインフラの基礎がある国において、日本モデルはまず成功をおさめたのである。

この日本の成功は、発展途上国が欧米に追いつくためには、「世界革命」しかないという中ソの主張への反証となったわけで、明治時代に富国強兵と立憲主義に基づく近代国家を非白人でも実現できるということを実証したことと並んで、近代日本の世界史的な貢献となった。

アメリカではキッシンジャー大統領補佐官が主導して、ソ連を抑えるために中国との和解の話し合いに入った。しかし、蚊帳の外に置かれた日本政府を窮地《きゅうち》におとしいれ、その結果、田中角栄《たなかかくえい》政権は1972年、それまで国交があった台湾を切り捨てる形での日中国交回復に踏み切った。

ニクソン政権が日本の頭越しに米中外交を展開したのは、沖縄返還の見返りとして繊維輸出自主規制での譲歩を約束した日米繊維交渉で、日本が誠実に対応しなかったのも原因といわれる。この齟齬《そご》は日米関係に深い傷を残したし、ロッキード事件での田中角栄の逮捕にもなにがしか影響したのかもしれない。

中国の鄧小平副主席は、日中平和友好条約の批准《ひじゅん》書交換のため来日し、昭和天皇と会見し、新日鉄、松下電産、日産自動車、瀬戸大橋などを視察した（1978年）。このとき、自民党幹事長だった大平正芳《おおひらまさよし》は、傾斜生産方式、所得倍増計画、貿易や資本の自由化など戦後経済政策の歩みを語り、適切な順序を踏めば、20年間でGDPを4倍にできるとアドバイスした。

それを聞いた鄧小平は「改革開放」に確信を持ち、その後の中国は、真っ当なマクロ経済政策、積極的な交通インフラなどの整備、IT化の徹底による後進性の克服などを完璧に実行して大発展をとげたのであり、大平正芳は中国で非常に尊敬されている。

▼韓国に甘い顔は禁物だと中国はよく知っている――日韓

その後、1978年に首相となった大平正芳は、経済成長を求めるだけでなく、成長の成果を生活や文化の質を高めるためにも利用する成長活用路線を提唱した。また、社会福祉を西欧並みにしながら、税負担は低い状況を解消するために、一般消費税やグリーンカード（少額貯蓄等利用者カード）という制度による資産課税を創設しようとしたが、国民に受け入れられず、大平の急死後には日本の経済政策は混迷した。

「増税なき財政再建」という不可能な目標の設定、バブル経済による資産高騰と崩壊、環境や生活重視だけで経済は発展するという幻想、金融機関の破綻処理の遅れ、景気対策を口実にした無駄な公共投資、医療など社会福祉の聖域化、低いままの間接税率、IT化への対応の遅れ、MMT理論（現代貨幣理論）の流行とコロナ対策を名目とした無意味なバラマキなど、惨憺《さんたん》たるものである。

私が呆れるのは、いつも珍奇なマクロ経済政策の新理論を世界中から探し出して、「魔法の経済学」による奇抜な政策を展開し、財政再建や地道で痛みをともなう競争力強化策を怠ってきたことである。

結果、平成の30年間の経済成長率は世界主要国最低水準で、対して平均寿命は最高水準である。

経済が成長せずに平均寿命だけ伸びたら生活水準を低下させるしかない。

韓国は１９７０年代までは北朝鮮より貧しかったが、漢江の奇跡で優位に立った。経済的に豊かになれば民主化要求が高まるのは当然だが、それは北朝鮮の工作と連動していた。日本の協力やベトナム戦争への派兵の見返りで経済発展したことを率直に認められない民族感情もあった。

民主化要求に直面して朴正熙大統領は独裁色を深め、１９７９年に側近に暗殺された。そのあと、全斗煥《チョンドファン》、盧泰愚《ノテウ》という軍人大統領の時代には、光州《クアンジュ》事件（民衆蜂起《ほうき》を軍が武力鎮圧し、多数の死傷者を出した）など不幸な出来事もあったが、着実な民主化が進み、１９８８年のソウル五輪は北朝鮮への優位が確立した象徴となった。

その後の、金泳三《キムヨンサム》、金大中《キムデジュン》、盧武鉉《ノムヒョン》、李明博《イミョンバク》、朴槿恵《パククネ》、文在寅《ムンジェイン》の歴代大統領は、任期後半に人気が落ちると反日デモンストレーションで人気回復をはかることをくり返し、日韓関係は最悪の状況にある。また、元大統領や関係者のほとんどが犯罪人として扱われ、収監されたり自殺する異常な歴史がくり返されている。

安倍《あべ》晋三《しんぞう》首相は再登板ののち、朴槿恵大統領の告げ口外交に対して辛抱強く対応し、慰安婦問題についてアメリカの仲介で、最終的かつ不可逆的な解決という条件で新たな基金に拠出したのだが（２０１５年、日韓合意）、文在寅政権はこれも反故《ほご》にした。

さらに、徴用工や慰安婦についての判決で、１９６５年の日韓基本条約の基本部分を否定しており、これでは韓国とのいかなる約束も取り決めも無意味である。韓国政府が自ら解消するまで話し合いに応じないという日本政府の方針は、当然すぎるものである。

外交交渉をする場合に、中国はメンツを立てれば存外に柔軟だが、韓国は厳しく罵倒するくらいのほうがまだしもよいことが多いのは、中国や北朝鮮が韓国政府にとっている強気一点張りの態度が結構うまくいっているのを見ればわかる。この国には、事大主義というか、強い者こそ尊重すべきだというメンタリティが強固に存在する。

韓国社会は日本と似たところも多々ある。勤勉で向学心が強い。ただ、個人としてなら韓国人が優れているが、集団になるとうまく機能しない。

向上心の強さ、表現力の高さ、行動の俊敏さなどに優れた韓国人は、ベンチャー経営者や芸能人などには最適である。これがサムスンなどの躍進、韓流スターの活躍の背景にある。一方、組織に対する貢献は苦手なので、政治でも企業でも内部抗争が激しく、地味な仕事に打ち込むのも苦手だ。

また、韓国が世界に誇るべきは、ここ半世紀における世界史的な驚異である経済発展であるが、もともと立派な国であったのが日本統治で貧しくなっていただけだという、一種の没落名門伝説をでっち上げて、日本にありもしない責任を押しつけているのはまことに遺憾だ。

一方、北朝鮮経済は、多くの社会主義国と同じように、比較的単純な目標を達成するには成功したが、それを達成すると機能不全におちいった。日本との関係では、民族主義的やせ我慢によって、国交回復の機を失い、拉致《らち》問題で日本の左翼勢力からも擁護されなくなった。

北朝鮮とは、非核化と拉致問題とが絡み合って、袋小路に入っている。２００２年の小泉《こいずみ》訪朝で、国交回復時には韓国に対するのに準じた経済協力をすることで合意に達しているが（日朝平壌宣言）、拉致問題がネックになっている。しかも、非核化が解決しないと、日本が北に援助することは不可能である。

北朝鮮は外交上手で、金正恩《キムジョンウン》総書記はトランプ大統領とは首脳間直接対話に成功し、韓国は北の顔色をうかがう僕《しもべ》のようですらある。しかし、それが経済的苦況から脱するどころか、かえって足かせになっている。

▼民主化しない中国に世界の頂点に立つ資格はない　日中

鄧小平の改革開放路線は、急激な改革を危惧する保守派と、急進改革路線派のいずれからも批判された。後継者として指名した胡耀邦《こようほう》は先進的だったが軽はずみな行動が目立ち失脚し、次の趙紫陽《ちょうしよう》はバブリーだったうえに学生運動と組んで地位を守ろうとして鄧小平と対立した。

鄧小平は、１９８９年の天安門事件で趙紫陽と民主派を排除する一方、江沢民や朱鎔基《しゅようき》を抜擢して、秩序は維持しつつ、経済と生活の自由化を推進する路線を選択し成功した。ついで、胡錦濤《こきんとう》は北京五輪開催に成功し（２００８年）、世界第二の経済大国にもなり（２０１０年）、生活の自由度も高めたが、幹部の利権追求に甘く、格差の拡大は危険水域に達した。

そこで、太子党と呼ばれる二世グループの習近平《しゅうきんぺい》が政権に就き（２０１２年）、腐敗の排除や地方開発で成果を上げた。利権で潤《うるお》っていた特権層の不満を抑えるために、毛沢東の「建国」、鄧小平の「富国」に対する、習近平の「強国」を並んで打ち出し、海外への経済進出や、軍事的な覇権の追求で国際的な地位を上げようとした。

世界はリーマンショック後の世界経済の救世主となった中国に好感を持っていたが、世界のイニシアティブをとることを許す気はなかった。また、経済優先であっても、いずれは政治的な民主化へ向かうと信じていたのに、習近平が『新時代の中国の特色ある社会主義』を党規約に盛り込み、将来の民主化をあからさまに否定したのに反発した。

「太平洋は米中二大国にとって十分に広い」といった発言や、「一帯一路」構想は、「大東亜共栄圏」に似た印象を与え、南シナ海での実効支配の強化は、東南アジア諸国だけでなく、日米印豪英仏にも脅威を与えた。

発展途上国に気前のいい融資などをするのは歓迎されていたが、発展途上国を債務漬けで身動きが取れなくさせることも明白になったし、ナチスやソ連を想起させる大規模な軍事パレードの映像は西欧諸国にも悪い印象を与えた。

アメリカの中国への警戒感は、トランプ大統領の荒々しいやり方で目立つようになったが、変化はオバマ大統領の二期目からはじまっていたし、ヨーロッパの見方も大きく変わった。

とはいえ、中国の経済発展が世界の希望であることに変わりはなく、また、コロナ騒動ではその原因となったことは批判されたが、その回復ぶりも驚嘆に値《あたい》し、中国のひとり勝ちだ。

一方、台湾や香港の民主主義と市場経済を基調とした「国づくり」は、華人にとっての希望であるが、それであるがゆえに、北京にとって目障りである。中国には自分たちのひとつの将来の実験場として、おおらかな気持ちで彼らの発展を見守ってほしいものである。

チベットやウイグルについては、私は中国が侵略したとも思わないし、国際法上、中国の正統な領土である。しかし、自治や分離を要求する権利は彼らにもあるわけで、それを尊重した対処を期待したい。

それでは、日中国交回復後の日本外交はどう展開されたか。

日本にとっての基本戦略は、中国に限らずアジア諸国の経済発展を助けて、平和を維持し、日本に対する感情を改善し、市場として活用していこうということであった。そして、米中二大国の専横を他の諸国との連携で許さないように枠組みをはめることだったし、こうした秩序のもとでの平和維持と市場拡大は米中両国にとっても悪い話ではなかった。

福田赳夫首相の東南アジアドクトリン（東南アジア外交三原則）、大平正芳首相の環太平洋連帯構想、そして、APEC（アジア太平洋経済協力）、TPP（環太平洋パートナーシップ）などいずれもそのような価値観に基づくものである。しかし、アメリカの自国の利益優先、中国の予想以上に速い成長と覇権主義、韓国の客観的な国益でなく情緒的な反日・反米も混乱要因である。

安倍政権のもとでは、日本の外交的な立場は非常な改善をみた。軍事的にも、集団的自衛権について定めた安保法制と日米豪印戦略対話（クァッド）や英仏との軍事協力で、存在感は飛躍的に向上した。オバマ政権時代には、米国議会での演説で歴史修正主義の印象を払拭《ふっしょく》しつつ、近代日本の歴史的役割をポジティブに再認識させ、広島と真珠湾の相互訪問で両国間の棘《とげ》を抜いた。

トランプ大統領の時代には、ボルトン補佐官が「安倍首相は、トランプを現実と重い鎖でつなぎとめていた」と表現したように、世界秩序を乱すような極端な方向にトランプが行かないように助言できる存在とみられた。そのおかげで、安倍首相は中国でも大歓迎され、中国では、日本が誠実な友好国であったことを再評価する機運が出てきた。

日本は安倍政権の時代に外交・安全保障については、混迷から脱したようにみえる。国民生活の水準は世界が羨《うらや》むものであることは、外国人観光客の増加や、東京、京都、大阪が世界でもっとも暮らしやすい都市のひとつとして評価されるようになったことでもわかる。

しかし、衰退期に入った老文明国とはそういうものだ。経済成長率が世界最低水準で、財政赤字が世界最大級である国の将来が明るいとは思えない。

さらなる心配は、皇室が大きな問題を抱えていることだ。若い皇族男子がひとりの少年しかいないうえに、眞子《まこ》内親王の結婚をめぐる騒動まで起きたが、根本的な問題は、皇室の「個人商店化」というべき現象だ。

日本の皇室のすばらしさは、朝廷とか宮中とかいわれるシステムの力であった。ところが、それが崩壊して、天皇や皇族個人とイエスマンとしての使用人しかいない。真の忠臣とは君主や皇族に諫言《かんげん》できる家臣であるはずだが、そういう意識があると思えない。また、政府との意思疎通もヨーロッパ君主国などにおける常識とかけ離れて疎遠である。

いうまでもなく、皇室の存在は、日本国家の２０００年にわたる独立と統一の維持の中核的な力であったことは、本書で日中韓三国の歴史を振り返るなかでも明らかにしてきたところだが、その皇室の動揺は憂慮すべき国家的危機であろうかと思う。

► 日中韓 歴代天皇・皇帝・王リスト

日本 時代	中国 時代	順位	名前	即位
縄文	三皇	1	太皞伏羲	?
		2	女媧	?
		3	炎帝神農	?
	五帝	1	黄帝	?
		2	顓頊	?
		3	嚳	?
		4	堯	?
		5	舜	?
	夏	1	禹	前2224-
		2	啓	前2197-
		3	太康	前2188-
		4	中康	前2159-
		5	相	前2146-
		6	少康	前2118-
		7	予	前2057-
		8	槐	前2040-
		9	芒	前2014-
		10	泄	前1996-
		11	不降	前1980-
		12	扃	前1921-
		13	廑	前1900-
		14	孔甲	前1879-
		15	皋	前1848-
		16	発	前1837-
		17	桀	前1818-
	殷	1	成湯	前1776-
		2	外丙	
		3	仲壬	
		4	太甲	前1753-
		5	沃丁	前1719-
		6	太庚	前1691-
		7	小甲	前1666-
		8	雍己	前1649-
		9	太戊	前1637-
		10	中丁	前1562-
		11	外壬	前1549-
		12	河亶甲	前1534-
		13	祖乙	前1525-
		14	祖辛	前1506-
		15	沃甲	前1490-
		16	祖丁	前1465-
		17	南庚	前1433-
		18	陽甲	前1407-
		19	盤庚	前1401-
		20	小辛	前1373-
		21	小乙	前1352-
		22	武丁	前1324-
		23	祖庚	前1265-
		24	祖甲	前1258-
		25	廩辛	前1225-
		26	庚丁	前1219-
		27	武乙	前1198-
		28	太丁	前1194-
		29	帝乙	前1191-
		30	帝辛(紂)	前1154-
	西周	1	武王	前1122-
		2	成王	前1115-
		3	康王	前1078-
		4	昭王	前1052-
		5	穆王	前1001-
		6	共王	前946-
		7	懿王	前934-
		8	孝王	前909-
		9	夷王	前894-
		10	厲王	前878-
			(共和)	前841-
		11	宣王	前827-
		12	幽王	前781-
	東周(春秋戦国時代)	1	平王	前770-
		2	桓王	前719-
		3	荘王	前696-
		4	釐王	前681-
		5	恵王	前676-
		6	襄王	前651-
		7	頃王	前618-
		8	匡王	前612-
		9	定王	前606-
		10	簡王	前585-
		11	霊王	前571-
		12	景王	前544-
		13	悼王	前520-
		14	敬王	前519-
		15	元王	前475-
		16	貞定王	前469-
		17	哀王	前441
		18	思王	前441
		19	考王	前440-
弥生		20	威烈王	前425-
		21	安王	前401-
		22	烈王	前375-
		23	顕王	前368-
		24	慎靚王	前320-
		25	赧王	前314-
			分裂時代	前256-
	秦	1	始皇帝	前221-
		2	二世皇帝	前210-
		3	三世皇帝	前207

日本			
時代	順位	名前	即位
弥生			
	1	神武	1-2c
	2	綏靖	1-2c
	3	安寧	1-2c
	4	懿徳	1-2c
	5	孝昭	2c
	6	孝安	2c
	7	孝霊	2c
	8	孝元	3c前
	9	開化	3c前

中国			
時代	順位	名前	即位
前漢	1	高祖	前206-
	2	恵帝	前195-
	3	少帝恭	前188-
	4	少帝弘	前184-
	5	文帝	前180-
	6	景帝	前157-
	7	武帝	前141-
	8	昭帝	前87-
	9	廃帝(昌邑王)	前74
	10	宣帝	前74-
	11	元帝	前49-
	12	成帝	前33-
	13	哀帝	前7-
	14	平帝	1-
	15	孺子嬰	5-
新	1	王莽	8-
後漢	1	光武帝	25-
	2	明帝	57-
	3	章帝	75-
	4	和帝	88-
	5	殤帝	105-
	6	安帝	106-
	7	少帝	125
	8	順帝	125-
	9	冲帝	144-
	10	質帝	145-
	11	桓帝	146-
	12	霊帝	167-
	13	廃帝	189
	14	献帝	189-
魏	1	文帝	220-
	2	明帝	226-
	3	廃帝(斉王)	239-

呉		
呉	大帝(太祖)	222-
	廃帝(会稽王)	252-
	景帝	258-
	末帝	264-

蜀		
蜀	昭烈帝	221-
	後主	223-

古代中国王朝の実年代推定			
	宋代邵雍	断代工程	吉川弘文館
夏建国	前2224	前2070	
殷建国	前1776	前1600	前1400
西周建国	前1122	前1046	前1027
西周滅亡	前771	前771	前771

古代中国の年代は西周において「共和統治」をおこなったという前 841 年以降は確定している。それ以前の推定として北宋の邵雍が『皇極経世書』に書いたものが華人圏ではよく知られているが、中国政府は「夏商周断代工程」というプロジェクトでの推定を発表している。また、日本では様々な説があるが、ここでは吉川弘文館の年表の数字を示す。左ページの皇帝在位は邵雍の数字である。

韓国			
時代	順位	名前	即位
新羅	1	赫居世居西干	前57 -
	2	南解次次雄	4-
	3	儒理尼師今	24-
	4	脱解尼師今	57-
	5	婆娑尼師今	80-
	6	祇摩尼師今	112-
	7	逸聖尼師今	134-
	8	阿達羅尼師今	154-
	9	伐休尼師今	184-
	10	奈解尼師今	196-
	11	助賁尼師今	230-
	12	沾解尼師今	247-

※居西干、次次雄、尼師今、麻立干は王号

※高句麗、百済はリスト最終ページに記載

日本			
時代	順位	名前	即位
弥生			
古墳	10	崇神	3c中
	11	垂仁	3c後
	12	景行	300頃
	13	成務	4c前
	14	仲哀	4c中
	15	応神	4c後
	16	仁徳	400頃
	17	履中	5c前半
	18	反正	5c前半
	19	允恭	440頃
	20	安康	450頃
	21	雄略	460頃
	22	清寧	5c末
	23	顕宗	5c末
	24	仁賢	5c末
	25	武烈	5c末

中国			
時代	順位	名前	即位
魏	4	廃帝(高貴郷公)	254-
	5	元帝	260-
西晋	1	武帝	265-
	2	恵帝	290-
	3	懐帝	306-
	4	愍帝	313-
東晋	1	元帝	317-
	2	明帝	322-
	3	成帝	325-
	4	康帝	342-
	5	穆帝	344-
	6	哀帝	361-
	7	廃帝奕	365-
	8	簡文帝	371-
	9	孝武帝	372-
	10	安帝	396-
	11	恭帝	418-
宋	1	武帝	420-
	2	少帝	422-
	3	文帝	424-
	4	孝武帝	453-
	5	前廃帝	464-
	6	明帝	465-
	7	後廃帝	472-
	8	順帝	477-
斉	1	高帝	479-
	2	武帝	482-
	3	鬱林王	493-
	4	海陵王	494
	5	明帝	494-
	6	東昏侯	498-
	7	和帝	501-

五胡十六国 主要帝王		
前趙	劉聡	310-
後趙	石勒	319-
	石虎	334-
冉魏	冉閔	350-
前燕	慕容儁	348-
前秦	苻堅	357-
後燕	慕容垂	383-
後秦	姚萇	384-
	姚興	394-

北魏	道武帝	386-
	明元帝	419-
	太武帝	423-
	文成帝	452-
	献文帝	465-
	孝文帝	471-
	宣武帝	499-
	孝明帝	515-
	孝荘帝	528-
	東海王	530-
	節閔帝	531-
	安定王	531-
	孝武帝	532-

韓国			
時代	順位	名前	即位
新羅	13	味鄒尼師今	262-
	14	儒礼尼師今	284-
	15	基臨尼師今	298-
	16	訖解尼師今	310-
	17	奈勿麻立干	356-
	18	実聖麻立干	402-
	19	訥祇麻立干	417-
	20	慈悲麻立干	458-
	21	炤知麻立干	479-
	22	智証王	500-

日本			
時代	順位	名前	即位
古墳	26	継体	507
	27	安閑	530年代
	28	宣化	530年代
	29	欽明	530年代
	30	敏達	572
	31	用明	585
飛鳥	32	崇峻	587
	33	推古	592-
	34	舒明	629-
	35	皇極	642-
	36	孝徳	645-
	37	斉明	655-
	38	天智	668-
	39	弘文	671-
	40	天武	673-
	41	持統	690-
	42	文武	697-
奈良	43	元明	707-
	44	元正	715-
	45	聖武	724-
	46	孝謙	749-
	47	淳仁	758-
	48	称徳	764-
	49	光仁	770-
平安	50	桓武	781-
	51	平城	806-
	52	嵯峨	809-
	53	淳和	823-
	54	仁明	833-
	55	文徳	850-
	56	清和	858-
	57	陽成	876-

中国			
時代	順位	名前	即位
梁	1	武帝	502-
	2	簡文帝	549-
	3	元帝	552-
	4	敬帝	555-
陳	1	武帝	557-
	2	文帝	560-
	3	臨海王	567-
	4	宣帝	569-
	5	後主	583-
隋	1	文帝	589-
	2	煬帝	604-
	3	恭帝侑	617-
唐	1	高祖	618-
	2	太宗	626-
	3	高宗	649-
	4	中宗	684
	5	睿宗	684-
	6	則天武后	690-
	7	中宗	705-
	8	睿宗	710-
	9	玄宗	712-
	10	粛宗	756-
	11	代宗	762-
	12	徳宗	779-
	13	順宗	805
	14	憲宗	805-
	15	穆宗	820-
	16	敬宗	824-
	17	文宗	827-
	18	武宗	840-
	19	宣宗	846-
	20	懿宗	859-
	21	僖宗	873-
	22	昭宗	888-
	23	哀宗	904-

東魏	孝静帝	534-
北斉	顕祖文宣帝	550-
	廃帝	559-
	粛宗孝昭帝	560-
	世祖武成帝	561-
	後主	565-
	安徳王	
	幼主	577

西魏	文帝	535-
	廃帝	551-
	恭帝	551-
北周	孝閔帝	557
	世宗明帝	557-
	高祖武帝	560-
	宣帝	578-
	静帝	579-
隋	文帝	581-

※隋は 589 年から統一王朝

韓国			
時代	順位	名前	即位
新羅	23	法興王	514-
	24	真興王	540-
	25	真智王	576-
	26	真平王	579-
	27	善徳女王	632-
	28	真徳女王	647-
	29	武烈王	654-
	30	文武王	661-
	31	神文王	681-
	32	孝昭王	692-
	33	聖徳王	702-
	34	孝成王	737-
	35	景徳王	742-
	36	恵恭王	765-
	37	宣徳王	780-
	38	元聖王	785-
	39	昭聖王	799-
	40	哀荘王	800-
	41	憲徳王	809-
	42	興徳王	826-
	43	僖康王	836-
	44	閔哀王	838-
	45	神武王	839
	46	文聖王	839-
	47	憲安王	857-
	48	景文王	861-
	49	憲康王	875-
	50	定康王	886-
	51	真聖女王	887-
	52	孝恭王	897-

日本			
時代	順位	名前	即位
平安	58	光孝	884-
平安	59	宇多	887-
平安	60	醍醐	897-
平安	61	朱雀	930-
平安	62	村上	946-
平安	63	冷泉	967-
平安	64	円融	969-
平安	65	花山	984-
平安	66	一条	986-
平安	67	三条	1011-
平安	68	後一条	1016-
平安	69	後朱雀	1036-
平安	70	後冷泉	1045-
平安	71	後三条	1068-
平安	72	白河	1072-
平安	73	堀河	1086-
平安	74	鳥羽	1107-
平安	75	崇徳	1123-
平安	76	近衛	1141-
平安	77	後白河	1155-
平安	78	二条	1158-
平安	79	六条	1165-
平安	80	高倉	1168-
平安	81	安徳	1180-
鎌倉	82	後鳥羽	1183-
鎌倉	83	土御門	1198-
鎌倉	84	順徳	1210-
鎌倉	85	仲恭	1221-

中国			
時代	順位	名前	即位
後梁	1	太祖	907-
後梁	2	郢王	912-
後梁	3	末帝	913-
後唐	1	荘宗	923-
後唐	2	明宗	926-
後唐	3	閔帝	933-
後唐	4	末帝	934-
後晋	1	高祖	936-
後晋	2	出帝	942-
後漢	1	高祖	947-
後漢	2	隠帝	948-
後周	1	太祖	951-
後周	2	世宗	954-
後周	3	恭帝	959-
北宋	1	太祖	960-
北宋	2	太宗	976-
北宋	3	真宗	997-
北宋	4	仁宗	1022-
北宋	5	英宗	1063-
北宋	6	神宗	1067-
北宋	7	哲宗	1085-
北宋	8	徽宗	1100-
北宋	9	欽宗	1125-
南宋	1	高宗	1127-
南宋	2	孝宗	1162-
南宋	3	光宗	1189-
南宋	4	寧宗	1194-
南宋	5	理宗	1224-
南宋	6	度宗	1264-
南宋	7	恭帝	1274-

遼(契丹)	太祖	916-
遼(契丹)	太宗	926-
遼(契丹)	世宗	947-
遼(契丹)	穆宗	951-
遼(契丹)	景宗	969-
遼(契丹)	聖宗	982-
遼(契丹)	興宗	1031-
遼(契丹)	道宗	1055-
遼(契丹)	天祚帝	1101-
金	太祖	1115-
金	太宗	1123-
金	熙宗	1135-
金	廃帝 海陵王	1149-
金	世宗	1161-
金	章宗	1189-
金	廃帝 衛紹王	1208-
金	宣宗	1213-
金	哀宗	1223-
金	末帝	1234
モンゴル	チンギス・ハン	1206-
モンゴル	トルイ	1227-
モンゴル	オゴタイ	1229-
モンゴル	グユク	1246-
モンゴル	モンケ	1251-
モンゴル	フビライ	1259-

韓国			
時代	順位	名前	即位
新羅	53	神徳王	912-
新羅	54	景明王	917-
新羅	55	景哀王	924-
新羅	56	敬順王	927-
高麗	1	太祖	918-
高麗	2	恵宗	943-
高麗	3	定宗	945-
高麗	4	光宗	949-
高麗	5	景宗	975-
高麗	6	成宗	982-
高麗	7	穆宗	997-
高麗	8	顕宗	1009-
高麗	9	徳宗	1031-
高麗	10	靖宗	1034-
高麗	11	文宗	1046-
高麗	12	順宗	1083
高麗	13	宣宗	1083-
高麗	14	献宗	1094-
高麗	15	粛宗	1095-
高麗	16	睿宗	1105-
高麗	17	仁宗	1122-
高麗	18	毅宗	1146-
高麗	19	明宗	1170-
高麗	20	神宗	1197-
高麗	21	熙宗	1204-
高麗	22	康宗	1211-
高麗	23	高宗	1213-
高麗	24	元宗	1259-
高麗	25	忠烈王	1274-

日本			
時代	順位	名前	即位
鎌倉	86	後堀河	1221-
	87	四条	1232-
	88	後嵯峨	1242-
	89	後深草	1246-
	90	亀山	1259-
	91	後宇多	1274-
	92	伏見	1287-
	93	後伏見	1298-
	94	後二条	1301-
	95	花園	1308-
南北朝	96	後醍醐	1318-
	97	後村上	1339-
	98	長慶	1368-
	99	後亀山	1383-
室町	100	後小松	1382-
	101	称光	1412-
	102	後花園	1428-
戦国	103	後土御門	1464-
	104	後柏原	1500-
	105	後奈良	1526-
安土桃山	106	正親町	1557-
	107	後陽成	1586-
江戸	108	後水尾	1611-
	109	明正	1629-

中国			
時代	順位	名前	即位
元	1	世祖	1276-
	2	成宗	1294-
	3	武宗	1308-
	4	仁宗	1311-
	5	英宗	1321-
	6	泰定帝	1323-
	7	文宗	1328-
	8	明宗	1329-
	9	文宗	1329-
	10	寧宗	1332-
	11	恵宗(トゴン・テムル)	1333-
明	1	洪武帝	1368-
	2	建文帝	1398-
	3	永楽帝	1402-
	4	洪熙帝	1424-
	5	宣徳帝	1425-
	6	正統帝	1435-
	7	景泰帝	1449-
	8	天順帝	1457-
	9	成化帝	1464-
	10	弘治帝	1487-
	11	正徳帝	1505-
	12	嘉靖帝	1521-
	13	隆慶帝	1566-
	14	万暦帝	1572-
	15	泰昌帝	1620
	16	天啓帝	1620-
	17	崇禎帝	1627-

北元	トゴン・テムル	1368-
	アユルシリダラ	1370 -
	トグス・テムル	1378 -
	イェスデル	1388 -
	エンケ	1391 -
	エルベク	1394 -
	クン・テムル	1399 -
	オルク・テムル	1402 -
	オルジェイ・テムル	1408-
	ダルバク	1412 -
	エセク	1415 -
	アダイ	1425 -
	タイスン	1438 -
	エセン	1453 -
	マルコルギス	1455 -
	モーラン	1465 -
	マンドゥグリ	1475 -
	ボルフ・ジノン	1479 -
	ダヤン	1487 -
	ボディ・アラク	1524 -
	ダライスン・ゴデン	1551 -
	トメン・ジャサクト	1557 -
	ブヤン・セチェン	1592 -
	リンダン	1603 -

韓国			
時代	順位	名前	即位
高麗	26	忠宣王	1308-
	27	忠粛王	1313-
	28	忠恵王	1339-
	29	忠穆王	1344-
	30	忠定王	1349-
	31	恭愍王	1351-
	32	禑王	1374-
	33	昌王	1388-
	34	恭譲王	1389-

李氏朝鮮	1	太祖	1392-
	2	定宗	1398-
	3	太宗	1400-
	4	世宗	1418-
	5	文宗	1450-
	6	端宗	1452-
	7	世祖	1455-
	8	睿宗	1468-
	9	成宗	1469-
	10	燕山君	1494-
	11	中宗	1506-
	12	仁宗	1544-
	13	明宗	1545-
	14	宣祖	1567-
	15	光海君	1608-
	16	仁祖	1623-

日本			
時代	順位	名前	即位
江戸	110	後光明	1643-
	111	後西	1654-
	112	霊元	1663-
	113	東山	1687-
	114	中御門	1709-
	115	桜町	1735-
	116	桃園	1747-
	117	後桜町	1762-
	118	後桃園	1770-
	119	光格	1779-
	120	仁孝	1817-
	121	孝明	1846-
近現代	122	明治	1867-
	123	大正	1912-
	124	昭和	1926-
	125	上皇	1989-
	126	今上	2019-

中国			
時代	順位	名前	即位
清	1	順治帝	1643-
	2	康熙帝	1661-
	3	雍正帝	1722-
	4	乾隆帝	1735-
	5	嘉慶帝	1795-
	6	道光帝	1820-
	7	咸豊帝	1850-
	8	同治帝	1861-
	9	光緒帝	1875-
	10	宣統帝	1908-
中華民国		1912-	
中華人民共和国		1949-	

後金（清）	ヌルハチ	1619-
	ホンタイジ	1626-
	順治帝	1643-

※清は 1643 年から統一王朝

韓国			
時代	順位	名前	即位
李氏朝鮮	17	孝宗	1649-
	18	顕宗	1659-
	19	粛宗	1674-
	20	景宗	1720-
	21	英祖	1724-
	22	正祖	1776-
	23	純祖	1800-
	24	憲宗	1834-
	25	哲宗	1849-
	26	高宗	1863-
	27	純宗	1907-

●高句麗

高句麗	1	朱蒙(東明王)	前37-
	2	琉璃明王	前19-
	3	大武神王	18-
	4	閔中王	44-
	5	慕本王	48-
	6	太祖大王	53-
	7	次大王	146-
	8	新大王	165-
	9	故国川王	179-
	10	山上王	197-
	11	東川王	227-
	12	中川王	248-
	13	西川王	270-
	14	烽上王	292-
	15	美川王	300-
	16	故国原王	331-
	17	小獣林王	371-
	18	故国壌王	384-
	19	広開土王	391-
	20	長寿王	413-
	21	文咨明王	492-
	22	安蔵王	519-
	23	安原王	531-
	24	陽原王	545-
	25	平原王	559-
	26	嬰陽王	590-
	27	栄留王	618-
	28	宝蔵王	642-

●百済

百済	1	温祚王	前18-
	2	多婁王	28-
	3	己婁王	77-
	4	蓋婁王	128-
	5	肖古王	166-
	6	仇首王	214-
	7	沙伴王	234
	8	古尓王	234-
	9	責稽王	286-
	10	汾西王	298-
	11	比流王	304-
	12	契王	344-
	13	近肖古王	346-
	14	近仇首王	375-
	15	枕流王	384-
	16	辰斯王	385-
	17	阿華王	392-
	18	腆支王	405-
	19	久尓辛王	420-
	20	毗有王	427-
	21	蓋鹵王	455-
	22	文周王	475-
	23	三斤王	477-
	24	東城王	479-
	25	武寧王	501-
	26	聖王	523-
	27	威徳王	554-
	28	恵王	598-
	29	法王	599-
	30	武王	600-
	31	義慈王	641-

参考文献

通史という性格上、多くの各国史、世界史などの一般的な資料を多数参照しているが、以下については具体的に参考としたので掲げておく。

『中国人の日本観　第1巻・第2巻』（『中国人の日本観』編集委員会編、社会評論社）、「1873年における清国皇帝への謁見問題～李鴻章と副島種臣との外交交渉」（白春岩、ソシオサイエンス vol.16、2010年3月）、『中国外交 苦難と超克の100年』（朱建栄、PHP研究所）、『漢字伝来』（大島正二、岩波新書）、『遣唐使』（東野治之、岩波新書）、『モンゴル帝国から大清帝国へ』（岡田英弘、藤原書店）、『朝鮮の歴史～先史から現代』（田中俊明編、昭和堂）、『人物コリア史』（尹姫珍、彩流社）、『古代朝鮮 三国統一戦争史』（盧泰敦、岩波書店）、『高宗・閔妃～然らば致し方なし』（木村幹、ミネルヴァ書房）、『新版世界各国史 2. 朝鮮史』（李成市、橋谷弘、山内弘一、武田幸男＝編、田中俊明、糟谷憲一）『新版世界各国史 3. 中国史』（久保亨、平勢隆郎、石井明、金子修一、宮澤知之、尾形勇＝編、岸本美緒＝編、杉山正明、並木頼寿、以上、山川出版社）

また、私は『○×でわかる［完全解説］なるほど！中国史』（PHP研究所）、『本当は分裂は避けられない!? 中国の歴史』（SB新書）、『誤解だらけの韓国史の真実』（イースト新書）、『韓国と日本がわかる最強の韓国史』『中国と日本がわかる最強の中国史』（以上、扶桑社新書）、『令和日本史記』（ワニブックス）などの通史を書いており、本書と同様のテーマを扱っている。

著者略歴

１９５１年、滋賀県大津市に生まれる。東京大学法学部を卒業後、１９７５年、通商産業省入省。入省後官費留学生としてフランス国立行政学院（ＥＮＡ）に留学。北西アジア課長（南北朝鮮担当）、大臣官房情報管理課長、国土庁長官官房参事官などを歴任し、１９９７年退官。徳島文理大学大学院教授を務めるかたわら、作家、評論家として活躍中。

著書には『世界と日本がわかる最強の世界史』『日本と世界がわかる最強の日本史』『歴史の定説１００の嘘と誤解』（以上、扶桑社新書）、『「領土」の世界史』（祥伝社新書）、『誤解だらけの韓国史の真実』（イースト新書）、『本当は分裂は避けられない!?中国の歴史』（ＳＢ新書）、『３６５日でわかる世界史 世界２００カ国の歴史を「読む事典」』（清談社Publico）、『日本人のための英仏独三国志』（さくら舎）などがある。

日本人《にほんじん》のための日中韓興亡史《にっちゅうかんこうぼうし》

二〇二一年四月九日　第一刷発行

著者　八幡和郎《やわたかずお》
発行者　古屋信吾
発行所　株式会社さくら舎　http://www.sakurasha.com
東京都千代田区富士見一-二-一一　〒一〇二-〇〇七一
電話　営業　〇三-五二一一-六五三三　ＦＡＸ　〇三-五二一一-六四八一
編集　〇三-五二一一-六四八〇　振替　〇〇一九〇-八-四〇二〇六〇

装丁　石間　淳
写真　アフロ
本文デザイン・組版　株式会社システムタンク（白石知美）
印刷・製本　中央精版印刷株式会社

ISBN978-4-86581-291-6